产品管理与运营系列丛书

GUIDE TO

STRATEGY PRODUCT

MANAGEMENT

策略产品经理
实践

韩瞳 —— 著

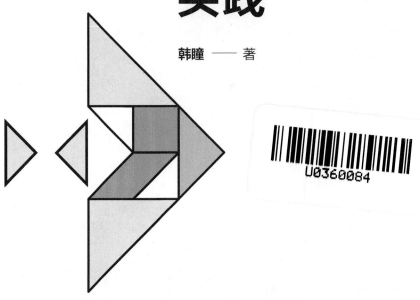

机械工业出版社
CHINA MACHINE PRESS

图书在版编目（CIP）数据

策略产品经理实践 / 韩瞳著 . —北京：机械工业出版社，2020.6（2023.11 重印）
（产品管理与运营系列丛书）

ISBN 978-7-111-65734-7

I. 策… II. 韩… III. 企业管理－产品管理 IV. F273.2

中国版本图书馆 CIP 数据核字（2020）第 093118 号

策略产品经理实践

出版发行：机械工业出版社（北京市西城区百万庄大街 22 号　邮政编码：100037）

责任编辑：董惠芝　　　　　　　　　　　　责任校对：李秋荣

印　　刷：固安县铭成印刷有限公司　　　　版　　次：2023 年 11 月第 1 版第 7 次印刷

开　　本：170mm×230mm　1/16　　　　　印　　张：15

书　　号：ISBN 978-7-111-65734-7　　　　定　　价：79.00 元

客服电话：（010）88361066　68326294

为何写作本书

2009 年，中国互联网行业成为一个巨大的增量市场。用户增长主要来自对用户需求的准确把握，谁能创造出更多、更新、更有趣的功能，谁就能占领新的市场。但是，不知从什么时候开始，互联网行业的从业者们逐渐发现，他们很难再凭借某种创意做出一款爆发式增长的产品。这些将体验或创意做到极致的现象级产品，虽然能在短期内迎来快速的用户增长，却很难获得持续稳定的用户。这意味着互联网行业结束了"跑马圈地时代"，已经来到使用技术对业务进行优化的"深耕细作时代"。中国互联网行业已经从"增量竞争"变为"存量竞争"，企业与企业之间的竞争变成"效率竞争"，谁能通过技术提升效率、降低人力成本，谁就能在残酷的"存量竞争"中生存下来。

策略产品经理正是在这样的时代背景下"孕育"而生的，其细分领域包括内容推荐领域、生活服务领域、商品推荐领域等。与传统的功能型产品经理相比，策略产品经理是第二代产品经理，是复合型人才，连接着传统功能型产品经理、算法工程师、数据分析师、运营经理和公司管理层，在企业中发挥着越来越重要的作用，因此企业对策略产品经理的需求量与日俱增。但是，对于大公司的策略产品经理而言，大多数人从事的项目往往是高度成熟的产品，只有很小的策略设计空间，从而缺少应有的全局意识。对于小公司的策略产品经理而言，他们缺少基本的理论指导和合适的基础工具，如 A/B 测试实验和数据仓库等。

笔者在内容推荐领域有 5 年工作经验，一直坚守在内容推荐领域的一线，曾经历国内某产品从 3500 万日活到上亿日活的全过程，"从 0 到 1"主导过 30 余个项目并总结了大量的实践经验和方法论。希望这些经验可以通过本书传递给那些对策略产品经理感兴趣的读者。

本书主要内容

本书共分 6 章，内容由浅入深展开。

第 1 章　主要介绍策略产品经理的定义、分类和团队合作相关的内容，旨在让读者对策略产品经理的细分领域有更多的认识。

第 2 章　介绍内容型产品推荐策略，主要为基础较薄弱的读者普及内容推荐的技术实现原理，以及根据不同内容形式选择不同推荐策略的原则。

第 3 章　介绍策略产品经理应该具备的主观评估技能，这也是策略产品经理的核心技能。策略产品经理擅长将不可测数据以科学手段量化，为领导层做决策提供更多维度的参考信息，以加快项目的推进速度。

第 4 章　介绍策略产品经理的数据分析技能，包括数据分析的方法论"四部曲"、数据分析常用的描述型统计量和常用的数据图的绘制方法，同时介绍了短小精悍的 SQL 入门教程。

第 5 章　介绍策略产品经理需要具备的 A/B 测试实验相关技能，以及 A/B 测试实验的历史背景和设计原则、A/B 测试实验所依赖的统计原理等，并详细介绍了实际工作中常见 A/B 测试实验问题。

第 6 章　介绍了 7 个实践项目和关键节点的决策方法论，融合了前 5 章的所有内容，希望对读者的实际工作有所帮助。

本书特色

关于"策略产品经理"，国内尚未有公开的出版物对其进行定义，本书作为一本系统讲解策略产品经理的专著，系统地介绍了策略产品经理与其他产品经理的区别。读者通过本书可充分理解这一职位，而且更多是站在"一线产品视角"。总体来说，本书有如下三大特色。

- ❏ 本书方法论和案例全部基于数学模型思维构建，通用性更强，读者可使用相似的数学模型举一反三。
- ❏ 本书是基于实践的推荐策略的产品方法论，具有实践性强、细节丰富、推导完善的特点。国内专注于推荐策略产品经理的书少之又少。
- ❏ 本书注重方法论层面的介绍，而同类图书往往集中在工具层面，即只介绍使用某种软件解决某个具体问题，笔者认为方法论对读者而言更重要。

读者对象

本书适读对象主要分为以下几类。

- ❏ 5 年以下经验并渴望转型的互联网从业人员。
- ❏ 对策略产品经理和内容推荐策略感兴趣的初学者。
- ❏ 与内容消费领域相关的产品经理、运营经理、市场经理等。

资源和勘误

为了方便解答读者的问题，大家可以通过微信搜索关注"策略产品经理实践"与笔者沟通。

若大家发现书中有错误或不准确的地方，可反馈至邮箱 hantong.pm@gmail.com。

致谢

感谢思圆、惊鸿、汪晔、海雯、肉熊等同事为本书提出修改建议和对笔者的鼓励。感谢兰军、刘飞、黄河、泽华等对本书的肯定，从各位老师身上笔者学习了很多。感谢杨福川、李艺、黄永鹏、董惠芝、李杨等机械工业出版社的老师们的配合与支持。

目录

第 1 章

全面认识策略产品经理

第 1 章将为大家介绍策略产品经理的定义、分类、发展前景以及具体工作内容。目前市场上系统讲解策略产品经理这个细分职位的书很少，甚至连相关公众号文章都很少。虽然"策略产品经理"这个提法出现于 2015 年或更早，但真正开始被行业认可是在 2017 年左右。在这样的情形下，本章基于笔者个人的项目经历尝试定义这个职位，希望能和大家求同存异。

1.1 策略产品经理的定义

笔者经常被问到一个问题："策略产品经理是什么？"无论是共事的同事，还是部分 HR，都对这个职位的具体定义缺乏明确的认识。比如一个研发工程师如果他会写后端代码，那么就可以称其为后端工程师；如果他会写前端代码，那么就可以称其为前端工程师；如果他会调模型，会写 PHP，会前后端，又会运维服务器相关的代码，那么就可以称其为全栈工程师。具体是哪种研发工程师，要根据他所掌握的技能的种类来定义。

同理，运营经理和产品经理、产品经理和研发工程师、研发工程师和测试工程师之间也可以通过掌握的技能种类进行区分。人们根据该工种掌握了哪些特定的技能来划定彼此间的边界。换句话说，人们可以很清楚地描述不同的工种到底是做什么的。

但在产品经理的分类上，似乎不那么明晰。大多数人对产品经理的认识可能是画原型图的、理解用户需求的、业绩不好时担责任的、推动项目上线的，这是因为产品经理主要负责偏复合型的工作，在项目中充当桥梁的作用，往往缺乏特别专一的技能。所以，很多人开玩笑说："如果你不会测试、不会写代码、不会做运营经理，那么你适合去做一个产品经理。"但果真如此吗？其实不然，在各大公司中，产品经理必须具有某种非常核心的竞争力才能够在职场中生存下来，没有任何一个 CEO 愿意为一个毫无价值的人支付薪水。

那这份"非常核心的竞争力"是什么呢？是项目沟通能力和对用户的深刻理解能力。

对于产品经理来说，这两项能力是不可或缺的，没有这两项能力就无法保证项目效果的顺利达成。无论是功能型产品经理，还是策略产品经理，都需要具备这两项核心竞争力。以笔者的观点看，策略产品经理与工程师打交道更多，也需要更强的技术能力，也就是说，策略产品经理是"懂算法的人中最懂用户、人性和商业逻辑，懂用户、人性的人中最懂技术"的中间型角色。

策略产品经理作为一个新兴职业，需要一个准确的定义，笔者给策略产品经理下的定义是：在限制条件内，通过推动项目、设定评估体系和全面评估项目收益三种手段，达到全局最优解的产品岗位。

在这个定义中，有三个关键词，分别是限制条件、手段、全局最优解，如图 1-1 所示。而这三个关键词是笔者对策略产品经理职位的三个关键认知。

关键词 1：限制条件

"限制条件"是指在任何项目中都有一些限制条件，这个条件可能是上级领导、公司高层、政府机构等给出的"策略红线"。常见的限制条件如下。

❑ **法律法规限制**：如"禁止搬运有版权的内容""禁止获取用户协议之外的用户信息"等。

❑ **用户体验限制**：如"对每个用户，每天最多推送 5 条内容""禁止使用未经用户允许的批量关注行为"等。

❑ **项目资源限制**：如"项目只有两个后端开发工程师，无法在截止日期之前完成全部需求"等。

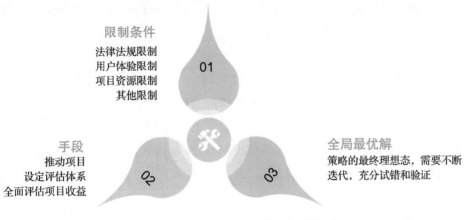

限制条件
法律法规限制
用户体验限制
项目资源限制
其他限制

01

手段
推动项目
设定评估体系
全面评估项目收益

02

全局最优解
策略的最终理想态，需要不断
迭代，充分试错和验证

03

图 1-1 三个关键词解读策略产品经理

□ **其他限制**：如"当前硬件条件下，无法获取用户的心率数据"等。

策略产品经理做任何项目都无法摆脱这些限制，这些限制条件很像"运筹学"中的"约束条件"。当然，约束条件只是列举了一些常见的情况，在实际工作中不同约束条件的可操作性也是不一样的，需要具体情况具体分析。

关键词 2：手段

"手段"是指在完成目标的过程中，策略产品经理经常使用的可行性方法。定义中提到了三类手段。

□ **推动项目**：在负责的项目中，以负责人的角色，从最初的策略设计开始，逐步推动完成之后的需求评审、项目启动、项目开发、项目验收等工作，最后还要进行数据分享及筹划下一次的迭代，从而使项目流程形成一个完整的闭环。

□ **设定评估体系**：在负责的项目上，设定客观指标体系和主观指标体系，厘清各项指标的换算关系。举个例子，在指标优先级排序上，要求点击率 > 互动率 > 人均时长，点击率的权重是互动率的两倍，是人均时长的三倍，同时点击率和互动率指标允许的最大跌幅为 1%，人均时长允许的最大跌幅为 5%。这就将三个不同的客观指标进行了排序，同时设定了指标之间的权重关系，给出了底线阈值可接受的最大折损。任何一个项目的评估体系设置都需要与项目各参与方达成一致。

□ **全面评估项目收益**：在"设定评估体系"的基础上，通过主观评估、数据分析和 A/B 测试实验数据评估方法，进行全面的项目收益评估，根据评估后的结果，决定策略是否上线。

关键词 3：全局最优解

"全局最优解"是"数值分析"这门学科中提到的概念。选择用这个词来描述策略产品经理的原因是其代表着策略的最终理想态，一旦确定了"评估体系"并掌握了"评估项目收益"的方法论，每一次"推动项目"都只能完成一个项目闭环。这时候就像爬山，数据收益远没有达到理想态，需要不断地迭代项目，充分进行试错和验证才能找到全局意义上的"最优解"，将项目做到极致。

事实上，基于商业目的的考量，因为人力资源总是有限的而项目需求总是无限的，所以在大多数策略选择上难以做到绝对意义上的"全局最优"，往往选择的是带来妥协性质的"局部最优解"。策略产品经理会不断挑战自己，追求极致，从而让我们离"全局最优解"越来越近。

1.2 策略产品经理的分类与职责

策略产品经理既需要有深入的业务理解能力，也需要有优秀的沟通表达能力，同时还需要有极强的数据感知能力和技术理解力。1.1 节中对策略产品经理给出了一个标准定义，用三个关键词描述了策略产品经理。但这还远远不够，要想准确地得到策略产品经理的定义，需要找到它和其他类型产品经理的边界，即它们之间有着怎样的共性和区别，这个边界应该是清晰且分工明确的。

同时，我们也需要知道策略产品经理的不同分支与策略产品经理的职业前景。

1.2.1 策略产品经理 vs 功能产品经理

在绝大多数产品经理面试过程中，面试官通常需要从两方面来考察产品经理候选人，即用户心理模型、数据策略模型。

用户心理模型是产品经理能力模型中的感性部分，主要分为同理心和人性策略两部分。简单地说，同理心是"一秒变小白"的能力，即产品经理可以快速将自己对产品的所有已知信息抹除，让自己和用户具有相同的视角，时刻审问自己：如果我是用户，会使用这个功能吗？如果是，那我如何使用这个功能？这种能力就是将自己的心智快速切换为男女老少心智的能力。人性策略部分要求策略产品经理掌握较多的心理学实验的结论数据，即通过控制变量实验的方法探知人性心理。其中，根据用户的锚定心理设计定价策略是比较常见的用户心理模型。

数据策略模型是产品经理能力模型中的理性部分，这种能力在本书中会有较多涉猎，如驱动的基本方法论、统计学知识、常用数据工具、A/B 测试实验理论、评估指标设定和主观评估的方法论等。

策略产品经理和功能型产品经理有三点不同，如图 1-2 所示。

策略产品经理
· 对数据策略模型要求较高
· 追求全局最优解
· 定量评估，更准确

功能型产品经理
· 对数据策略模型要求较低
· 较难找到全局最优解
· 很难得到准确结论

图 1-2　策略产品经理 vs 功能型产品经理

不同点 1：策略产品经理对数据策略模型的要求更高。

策略产品经理是一个更加偏向于数据、理性的职位，对数据策略模型的要求更高。大多数功能型产品经理往往更注重对用户人性的思考，目的是做出更易用、更友善的产品，在数据策略模型的要求上相对较低。

以登录界面为例，功能型产品经理的切入点如下。

❏ 如何设计一个更易用、更友善的登录界面。

❏ 如果用户点击了"忘记密码"按钮，应该怎样逐步引导用户。

❏ 用户在输入密码的时候应该如何打码。

❏ 是否提供展示一个明文密码的按钮。

策略产品经理的切入点如下。

❏ 这个界面的评估指标是什么？答案是"安全性"。

❏ 安全性如何度量？答案是"用户针对该功能的投诉率以及平台自主进行

模拟攻防时成功防御的比例"。

- ❑ "安全性的级别是多少？答案是"非金融级加密，投诉率不超过十万分之一"。

- ❑ 安全性最大的问题容易出现在哪里？答案是"找回密码的验证过程和异地登录/不常用 IP 登录"。

- ❑ 对于找回密码的流程，如何设计用户需要提供的资料？答案是"提供好友关系信息和密码保护问题"。

以上所列切入点仅仅是举例，只为阐述策略产品经理和功能型产品经理在同一个产品功能上的思考差异。

不同点 2：策略产品经理往往追求全局最优解，而功能型产品经理较难找到全局最优解。

这是由于策略产品经理负责的项目一般以定量化评估体系为主。下面基于上述例子进行分析。

功能型产品经理在寻找解决方案时的迭代路径如下。

- ❑ 在输入密码的时候，有 20% 的用户使用了查看明文密码功能，所以需要将查看明文密码的按钮做得更醒目。

- ❑ 成功登录的用户占比约为 40%，主要是因为同时提供了用户名和密码输入框，这会让用户焦虑。从用户心智模型考虑，需要分两步引导用户输入手机号和密码。

- ❑ 7% 的用户点击了"忘记密码"按钮，但其中只有 49% 的用户完成了整套流程，而其中手机找回密码的成功率高于邮件找回，所以应该将"通过手机找回密码"按钮做得更醒目。

策略产品经理在寻找解决方案时的迭代路径如下。

- ❑ 安全性目标为用户投诉率不超过十万分之一，当前投诉率为十万分之六。

- ❑ 经过数据分析得知，57% 的问题是找回密码时出现信息冒用导致的，其他的问题较为琐碎，所以优先解决最重要的信息冒用问题。

- ❑ 对找回密码时信息冒用行为进行特征分析，发现绝大多数情况是失主同时丢失了手机、身份证等重要物品，所以需要使用非定制信息，比如社交关系、历史上使用过的头像等难以了解的冒用者隐式信息对用户身份进行鉴别。

❑ 经过不断迭代，逐渐找到距离目标最近的优化点，从而逼近最终理想态。

从这个例子中可以发现，策略产品经理在解决具体问题时是有较为清晰的定量评估指标的，同时通过拆解路径，找到最大价值优化点进行策略优化，经过多次策略迭代逐渐逼近全局最优解。而对于功能型产品经理来说，评价体系中的定量指标较少（即可测量的指标较少，很多是体验型指标，功能型产品经理很难定量描述体验优化程度），并且功能型产品经理能采取的产品设计方式无法穷举，也就是说不可能穷尽所有样式并迭代尝试。而且不同于策略产品经理可以不依赖发版、按小时级迭代产品的特点，功能型产品经理大多数需要依赖发版迭代产品，这带来很高的尝试成本。高成本成为迭代速度的天花板，即产品的发版周期受到限制，这意味着很难得到全局最优解。

不同点 3：策略产品经理的定量评估更精确。

本书第 3 ～ 5 章将会介绍三种主流的评估方式——主观评估、多变量的数据分析、单变量的 A/B 测试实验数据。

功能型产品经理在论证效果时，往往更多的是看时间序列上的趋势变化，如同比增长和环比增长，但这种情况往往运用的是多变量的数据分析，例如受季节、日活用户数、产品界面、版本覆盖速度等诸多因素影响，而综合考虑多因素的数据分析，很难得到定量的准确结论。

而策略产品经理在论证效果时，往往更容易计算得到项目收益。原因一是策略一般可以用 A/B 测试实验看单变量对效果的影响；原因二是即使不采用单变量实验，策略的影响范围也是容易预估的，其不受版本覆盖程度的影响，甚至可以将变量因子控制在三个以内，在这种情况下进行数理统计时可选用一些方法来控制某一个因子，通过对该因子的改变来看其他因子的变化。

这种统计分析方式有一个好处，正如《对伪心理学说不》一书中提到的，不同的因子之间也会有组合交互作用。比如在"618"活动时，用户在参与"满减"活动的商品的消费频次比没有参与"满减"活动的商品高 20%，有优惠券的商品比没有优惠券的商品高 25%，但是这两个因素作用在一起时，也就是说同时参与"满减"活动和优惠券活动的商品的用户消费频次可能远远超出 1.25×1.2 的提升，这是因为不同的策略之间也会有相关性。这种统计方式不仅可以得到单变量对论证效果的影响，还可以得到变量相互作用后的非线性影响。

1.2.2 策略产品经理的三种类型及其职责

现阶段的互联网公司里，策略产品经理主要集中在三个方向：推荐/搜索策略、基于地理位置的服务策略、反垃圾策略。以下内容是基于笔者对多边市场分析得到的。

1. 推荐/搜索策略产品经理

这类策略产品经理的工作主要集中在内容类、电商类的信息流推荐上。

推荐策略产品经理被重视，主要得益于近年来内容型产品逐渐被市场接受。内容型产品的发展改变了人们对信息的获取方式，使得信息时代从"搜索+门户"走向了"个性化"。正因如此，推荐策略的相关人才开始被企业需要。推荐策略产品经理的主要工作内容将在 1.3 节中详细介绍。与其他几个方向的产品经理相比，推荐策略产品经理需要兼具客户端、后台产品的设计能力。

因为诸多推荐算法、推荐策略的实现需要客户端中有相关入口（比如微博 App 中，关注了某个用户以后马上弹出相似账号推荐），因此，负责推荐策略的产品经理不仅需要完成客户端的功能上线，还需要对策略进行反复迭代调优。将一个以客户端埋点、客户端交互等为主的"前台功能"，转换为以信息流打散策略、推荐候选集的筛选条件等为主的"后台功能"，是很考验策略产品经理能力的。策略产品经理不仅需要为整个项目负责，同时需要协调后端开发工程师、数据分析师、数据产品经理（负责埋点规划）、算法工程师和客户端开发工程师等多个角色，通过多次会议逐步敲定所有细节。同时，策略产品经理应该成为所负责项目的专家，因为无论是在产品上线后针对用户真实行为进行数据分析以制定相应策略，还是回答类似"哪些用户更喜欢关注哪些用户"问题，都需要做到胸有成竹并且对答如流——这是对一个优秀策略产品经理的基本要求。

内容/电商产品本质上所处的是双边市场。之前内容推荐策略产品经理主要是负责内容输入端的工作，追求内容生产端相关人员的利益，同时保证不过分损害用户端的利益。他们使用各种数值手段进行指标分析、论证和指标间的换算，以获得内容生产端和内容消费端的指标平衡。

与此类似，广告平台的本质是用户和广告主的双边市场；电商类产品的本质是店铺和买家之间的双边市场。比如对于淘宝的策略产品经理而言，他们将负责平衡个人小店铺、大品牌店铺、自主品牌店铺（如"天猫国际直营"）之间的利益。他们需要考虑如何达到全盘最优解，并实现公司内部利益关系的均衡。双边市场往往比三边市场好做，但难度同样不小，做任何决定都需要顾及生态。对于大公司而言，还需要平衡不同部门之间的利益。

对于少部分的内容平台而言，它们所处的是单边市场，比如资讯聚合抓取类平台。但是在大版权时代的今天，没有独家精品内容的资源聚合类平台越来越难做。

电商类产品的策略产品经理在经济模型方面要求更高一些，因为电商类产品更需要运营驱动，所以策略产品经理需要具备一定的经济学知识和商业判断能力（比如优惠券策略如何使用）。

2. 基于地理位置的本地服务类策略

什么是本地服务产品？简单来说，需要获取用户地理信息位置的产品就是本地服务产品，这类产品需要为用户提供基于地理位置的服务，比如在线打车服务、O2O 美食点评服务、在线机票和酒店的预定服务等。

对于本地服务类策略产品经理要了解一个关键词——POI（Point of Interest，兴趣点）。滴滴、美团、微博、百度等公司都有基于本地服务的策略产品经理职位，笔者在这几家公司面试的过程中都被反复问及 POI。在地理信息系统中，POI 可以是一栋房子、一个商铺、一个邮筒、一个公交站等，通常由名称、类别、地理坐标共同组成。

本地服务类产品和内容类产品在用户的心智模型中是有区别的。对于内容类产品，用户往往花费的是碎片时间，大多数用户抱着"逛一逛"的娱乐心态，将其作为打发时间的手段。而本地服务类产品则更具有工具属性。用户对工具的预期是好用（比如要求数据更新及时、数据提示准确等）。同时，工具属性的产品会让用户的单次使用时间变短（这并不难理解，相比于抖音这种短视频产品，百度地图就是工具属性产品）。所以，对于本地服务类产品而言，策略产品经理需要在用户需求最强时推出自己的产品，以此快速满足用户需求。这很像是张小龙说过的"用完即走"。笔者认为，工具属性的产品需要在主流程上足够好用，然后再想办法让用户多待一会，而不是在主流程上设置层层阻拦，让用户在主流程未完成前就气愤地离开。

基于地理位置的产品的策略产品经理也可以根据产品是处于双边市场还是多边市场来进一步区分。举两个例子，高德地图、美团外卖，这两者的业务模式在本质上其实是不一样的。

❑ **双边市场**：高德地图的驾车导航所处的就是双边市场。该业务的主要参与角色是高德用户和平台，业务目标是清晰明确的。由于不需要平衡多端利益，平台方可以将全部精力投在如何提升导航准确率、地点定位准确率等指标上。

❑ **多边市场**：美团外卖的接单/派单业务所处的就是多边市场。该业务的主要参与角色是美团外卖的点餐用户、商家客户、骑手和平台，所以策略产品经理在设计策略时不仅需要考虑外卖用户的就餐等待时间和点餐体验，还需要考虑商家客户、外卖骑手这两方的利益。外卖平台本质上是一个撮合平台，需要同时兼顾多方利益。这对策略产品经理来说挑战是极大的，注定不会使某一角色利益最大化。

其实无论在双边市场还是多边市场，对策略产品经理而言，定指标的思路永远是不变的。多边市场中这些角色的"忠诚度""成熟度""竞争压力"都是不同的，在定指标的时候要予以充分考虑。比如在网约车大战早期，策略产品经理应多关注乘客（需求端）的体验，当吸引到足够多的乘客并且获得足够高的评价之后，资源应逐渐向司机端（供应端）倾斜，逐渐实现供需平衡。

3. 反垃圾策略产品经理

反垃圾一般由独立的反垃圾/作弊部门单独负责。他们的主要工作如下。

❑ 定义垃圾内容的类型。

❑ 评估垃圾内容的比例和严重程度。

❑ 找到模型。

❑ 继续迭代评估效果。

反垃圾本质上仍然是做内容画像，目的是及时洞悉作弊行为的类型，比如网页防抓取、垃圾评论过滤等。反垃圾策略产品经理的工作内容相对而言较为枯燥且琐碎，但优点是容易做出成绩，每一天每一点的进步都会显示在数据上。

关于反垃圾策略的"术"，笔者有以下几点心得。

- **不宜过度频繁**：如果作弊者是灰色产业从业者，则应控制反垃圾的频率，不宜过快，在此基础上再进一步研究并设计预防策略。因为作弊的成本要远低于反作弊的成本，要让灰色产业从业者逐渐感知平台的反作弊策略，等到策略逐渐完善，灰色产业作弊者会减少或放弃作弊。

- **正则表达式往往优于模型识别效果**：在反垃圾的模型出现负例时，与其寄希望于快速优化模型效果，不如快速尝试几个正则表达式，这是因为模型的训练需要数据积累，模型的调参也有时间成本。作弊行为的主体是人，所以模式相对固定，正则表达式的效果往往更好。

- **检验反作弊效果，需要做模拟攻防**：笔者曾经使用模拟攻防的办法找到了一些策略上的漏洞。通过模拟攻防能体会并理解作弊者的动机和行为模式。

- **反垃圾追求标本兼治**：无论是 SEO 作弊还是评论中的广告作弊，作弊者总会变换不同的"马甲账号"、更换不同的 IP 进行作弊，只解决评论中的广告作弊或"马甲账号"问题是不够的，追根溯源还是要从账号准入角度制定反垃圾策略，这样才能实现标本兼治。

除此之外，常见的策略还有增长策略产品经理，但由于增长策略产品经理属于另一个系统，一般在招聘职位中也会将增长策略产品经理单独出来，故本书不将增长策略产品经理列入介绍的范畴。

1.3　策略产品经理的职业前景

策略产品经理是一个新兴的职位，而关于策略产品经理未来的就业前景，目前业内的观点是有所不同的。一部分人持"看跌"的态度，认为策略产品经理当前存在溢价，之后的几年里市场价值会越来越低，并且供需关系会达到均衡。另一部分人则持"看涨"的态度，认为在当前市场规模下该职位的需求量会持续走高，所以人才价值也会持续走高。

笔者的观点相对乐观，认为这个职位在较长的时期内都将处于有利位置，但"吃香"的幅度会有所下滑。笔者主要是依据"供给侧"和"需求侧"这两个维度进行判断的。

1. 策略产品经理有职业门槛

如 1.1 节中所讲，因为策略产品经理需要具有深厚的业务理解能力、优秀的沟通表达能力、极强的数据感知能力和技术理解力，所以一般需具有数理统计和计算机类学科教育背景（文科专业出身的策略产品经理比例较低）。理工科背景的人在学生期间接触过离散数学、数理统计方法和数据结构等知识，所以相对而言具备更强的技术理解力。而所谓的"数据感知"和数学工具的使用，往往需要策略产品经理具备一定的编程语言基础。

2. 技能积累需要业务复杂度较高的项目经历

和一些可以通过短期培训快速上手的岗位不同，策略产品经理岗位趋近于"学徒制"，初阶策略产品经理需要其他高阶策略产品导师在关键策略制定上给予指导，只通过看书学习基本上无法成为一名优秀的策略产品经理。另外一点也非常重要，只有在业务复杂度足够的公司，才有机会真正接触挖掘大量用户数据和策略制定的工作，这注定了策略产品经理成长需要有大公司的背景。

在笔者看来，一线互联网公司已普遍结束"跑马圈地"式发展，目前只有较少的"赛道"处于野蛮生长的阶段。对于小公司而言，成为巨头可能性越来越小，而策略产品经理所需的千万级用户量在小公司很难被满足，所以小体量的公司很难培养出优秀的策略产品经理。

另一方面，每家大公司在主赛道策略上已经完成多年的迭代优化，留给新人的成长空间已经不多。只有少部分幸运儿可以得到从 0 到 1 设计策略的机会，大多数人要么做着主赛道中非常成熟的策略体系的维护工作，要么做着没有做起来的新业务而得不到充分锻炼。

3. 从供需的角度分析

从供给侧来看，4G 时代中策略产品经理的供给侧有瓶颈，而 5G 时代中基于物联网可能会诞生大量新业务，预计会有较多策略产品新人在 5G 时代得到锻炼。

从需求侧来看，即使是现在，策略产品经理的数量也远未饱和。随着 5G 商用和物联网的兴起，将有更多新业务和新商业模式诞生，那时的世界是一个拥有更多维数据的世界，一定需要更多的策略产品经理和机器学习研发人员。随着每年几百万高校毕业生涌入互联网行业，缺乏方法论和复杂项目经验的低段位策略产品经理会受到冲击。

所以我的预判是，虽然未来策略产品经理会不如现在这般"吃香"，但该岗位的寿命较长且非常依赖项目经验，所以掌握了核心方法论的策略产品经理的竞争优势较强。

1.4 策略产品经理的工作内容

1.4.1 团队配置：策略团队的工作分工

大多数规模较大的公司，产品策略是团队协作完成的，所以策略团队内部会涉及一些分工问题，在此将做一些简单的整理。

除了策略产品经理外，策略团队中往往还有研发工程师、运营经理、功能型产品经理、标注专员、数据分析师等岗位。

- ❑ **研发工程师**：主要以推荐算法工程师、服务端工程师为主，较少涉及前端 / 客户端开发工程师。

- ❑ **运营经理**：包括用户运营经理、内容运营经理和平台运营经理。

- ❑ **功能型产品经理**：不同公司的合作模式也会有所不同，比如，有些公司是纵向合作模式，策略产品经理从后台做到前端；有些公司是横向合作模式，策略产品经理和功能型产品经理分别做自己擅长的部分，共同完成某一个项目。

- ❑ **标注专员**：当涉及后台流程且由策略产品经理主观评估时，经常要与标注专员打交道。

- ❑ **数据分析师**：主要负责一些数据库表的口径、埋点咨询工作，同时还要负责提出一些高难度的数据需求。

策略产品经理小组内部也会进行分工，具体分工如表 1-1 所示。

表 1-1 策略产品经理小组内部分工

策略类型	职责描述	关键词
通用策略	会影响全体用户的策略	优质、及时、相关、多样
垂类策略	会影响部分用户的策略	高净值用户、新用户、召回用户
用户画像和基础数据	以用户理解和内容理解为主的策略，为其他策略提供数据支持	可解释推荐、推荐白盒化
平台生态和功能体验	对算法策略要求较高且针对用户端产品进行设计	生态、体验

另一方面，算法工程师一般分为 4 类，分别是负责系统架构的工程师、负责推荐算法的工程师、负责内容画像的工程师和负责策略评估的工程师。产品经理和研发工程师是有某种对应关系的，在大多数公司中策略产品经理往往和后两者交集较多。

接下来，将概述策略产品经理与其他角色的工作交集，并分别介绍策略团队 4 个方向的日常工作及在数据方面的通用技能。

1. 通用策略

通用策略其实主要以优质性、相关性、及时性、多样性 4 个考察指标为主，如表 1-2 所示。

表 1-2　通用策略的 4 个考察指标

指标	主要角色	常见问题	常用手段
优质性	模型算法工程师 + 产品经理 + NLP 算法工程师 + 推荐架构算法工程师	哪些是优质的产品 优质的产品怎么加权 加权到多少是最优解	定义优质内容 设计加权实验方案 全面评估策略收益
相关性	模型算法工程师	定义相关性及相关指标	通过模型和特征优化来解决
及时性	产品经理 + 内容运营经理	如何定义及时性 及时性内容如何发现 如何将及时性内容推荐给用户	设定评估指标 潜在热点内容准备机制 快速触达用户的产品手段
多样性	产品经理 + 模型算法工程师	如何定义多样性 多样性与其他通用策略指标如何平衡	找到多样性的评估指标

在信息流产品中，以上策略在实现过程中遵循筛选、过滤、排序策略和信息流规则（比如打散、置顶等）。

- ❑ **筛选逻辑**：比如"选择过去近 30 天所有含有图片的图文动态内容"。
- ❑ **过滤策略**：比如"过滤掉居于类型 A 的内容"。
- ❑ **排序策略**：比如"对全体用户，将类型 B 的内容权重提升 50%"。
- ❑ **打散规则**：比如"连续 5 条内容中，最多连续出现两条类型 C 的内容"。
- ❑ **置顶规则 / 沉底规则**：比如"类型 D 的内容需要置顶、类型 E 的内容需要下沉至第 10 位"。

不过，有一个规则容易被大多数策略产品经理忽略，即所谓的"规则优先级"。对于很容易出现冲突的策略规则，需要制定规则的生效优先级，并且制定在规则发生冲突时的优先逻辑。

也许你会问，刚刚列举的这些规则怎么知道是对的？规则之间发生冲突时有没有更好的解决办法？这通常是困扰策略产品经理的两个比较棘手的典型问题。别着急，答案会在第 6 章中给出。

2. 垂类策略

垂类策略是另一类重要的策略，它和刚刚讲过的通用策略有共同之处，但也有许多的不同。接下来将通过对比的方法来帮助读者理解垂类策略。

垂类策略和通用策略的第一个不同之处是用户比例和评估指标的不同。垂类策略会根据用户群体的不同有不同的业务指标，不像通用策略，各家公司的总体指标是接近的。垂类策略针对的用户如下。

- ❑ 新增用户：比如来自应用商店、手机预装等的新增用户。
- ❑ 召回的流失用户：比如通过各种渠道召回的流失用户。
- ❑ 潜在流失用户：比如通过各种数据手段定义的将要流失的用户。
- ❑ 低活跃用户：比如通过数据手段定义的产品使用频率较低的用户。

垂类策略不是只针对上述这几类用户，毕竟原则上说只要某个策略的覆盖人群比例不足 100%，就属于垂类策略。对于细分的垂类用户，策略产品经理会根据不同的项目制定不同的评估指标，这一点是和通用策略不一样的，所以在做垂类策略的时候往往没有做通用策略时那么体系化，毕竟用户群的种类较多。

第二个不同之处是策略强度不同。由于垂类策略是对少数用户做的定制化策略，所以与温和的通用策略相比，垂类策略相对会更激进，甚至有时可以突破一些既定的产品规则，比如正常对用户做应用推送每天最多推送一条消息，但是单独针对低活跃用户时可以每天推送两条定制化的消息。

第三个不同之处是应用垂类策略时用户生命周期特征会增强。所谓"生命周期策略"，与自然年、自然月、自然周相区分，它是针对用户在前 X 天或者前 X 次进行某种行为（通常是登录）时会触发的策略。

通用策略中虽然也有一些基于用户生命周期的策略（比如，对于全量用户，首次登录时赠送大礼包，每隔 30 天进行一次问卷访问），但是针对垂类用户应用这种策略效果会更好（比如，对于新用户的前 3 次登录，给予新用户"新手大礼包",并且在前7天给予某种激励)。这是由于随着用户群的缩小,策略产品经理对用户的理解更加深刻,从而制定出更加个性化的生命周期策略。

3. 内容画像和用户画像

第三部分要介绍的是内容画像和用户画像方面的策略,这部分工作包括对已有特征的评估、对已有特征的生产维护、对新特征的构建,如表1-3所示。

表1-3 内容画像和用户画像的主要工作

类别	阶段	定义	常用手段
对已有特征的评估	未知→已知	应用离线评估和主观评估手段,对特征准召率进行评估	分析负例,并找到准召率提升的方向 为标注专员提供更多的训练数据 清洗更多的训练数据
对已有特征的生产维护	1→2	为模型训练样本的有效性负责,为已有特征的准召率提升负责	定义评估数据+设计后台+设计数据流程
对新特征的构建	0→1	获取新需求,提出新建某个特征	重复上述两个流程

算法职位和业务职位哪个更需要用户画像?答案其实是负责业务的相关职位。这并不是说模型算法不需要用户画像提供的数据,只是在机器学习中可以使用矩阵分解等效果更好的隐向量方式来运用用户行为数据,对用户画像依赖程度没有那么高。

但大多数模型都是不可解释的,比如某篇文章为什么推荐给你,算法工程师大多数也只能说这是模型计算的结果而不能给出更通俗的解释。用户画像就是这样一种帮助公司业务人员理解用户的手段。有了用户画像,策略产品经理和运营经理才能更好地通过标签来多维度理解用户。

换一个新的例子,比如"用户点击来自小红书的SKII洗面奶广告",对于小红书内部的运营经理来说,可以对这种用户行为进行归因解释,经过数据分析可能得到以下信息。

❑ 点击SKII洗面奶广告的用户89%是女性,但也有11%是男性。

❑ 点击SKII洗面奶广告的用户28%在广东省,11%在北京市。

❑ 点击 SKII 洗面奶广告的人群中，设计师最多，产品经理次之。

❑ ……

本例是虚构案例，目的是方便各位理解用户画像和内容画像的作用。策略产品经理和运营经理可以根据这些画像基于数据分析制定更细致的规则，毕竟推荐算法的可理解性也是非常重要的。

用户画像和内容画像的构建工作主要分为两个大的部分。

❑ 首先要建立画像体系，其中所用特征部分是自动生成的，部分是平台标注专员标注的。策略产品经理要时刻监控特征库的完备性，保证准确率与召回率的提升，并且要设计好后台和数据流程、定义监控特征完备度的描述统计量。需知，算法模型效果与特征的准确率和召回率是息息相关的。

❑ 有了画像体系以后，通用策略、垂类策略的产品经理会根据不同的业务目标制定不同的策略规则。特征做得越好，实现平台共享越容易。业务各相关方共用一套基础数据体系，再融合中台体系，可充分发挥公司的规模效应，从而助力业务人员取得更好的业绩。

4. 平台生态和功能体验

策略产品经理当然还属于产品经理，在平台生态和功能体验方面的主要工作分为如下三类。

❑ 前台体验：处理与后端、策略有关的用户端体验。

❑ 生态把控：平衡创作者、读者和平台的利益。

❑ 完成用户反馈的收集，进行用户访谈。

第一类：前台体验

仅就前台功能而言，策略产品经理与功能型产品经理的区别主要是前者负责一些策略相对较多的功能模块，比如大多数内容型产品都会有的"相关推荐"模块，再比如滴滴拼车的"拼车流程"，这些都是需要进行精细策略设计的产品模块。这部分的数据导向相对前三个方向的策略工作偏弱，需要综合考量用户体验和数据指标。

在一些小公司，策略产品经理也需要做一些横向的工作。在完成客户端产品功能设计后，策略产品经理还要根据功能型产品经理提出的一些需求进行策略设计，在这种合作模式下策略产品经理更像是支持角色。在这类公司中策略产品经理可以接触更多的产品线逻辑，但是受功能的限制也会有策略无法全力发挥的不足之处，同时因为增加一个角色会增加整体项目的人员复杂度，所以笔者不很推荐这种合作模式。

第二类：生态把控

生态把控通常由策略产品经理小组的负责人主导。如果是社区这种涉及三方参与者的产品，负责人需要平衡平台、内容消费者和内容生产者三方的利益。如何设置调配指标？如何让公司内部的其他角色认同该指标？如何在多策略设计冲突的时候进行取舍？这些都是生态把控的决策者需要考虑的事情。

第三类：用户反馈收集＋用户访谈

在"用户反馈收集＋用户访谈"方面，策略产品经理和其他产品经理不一样，其他产品经理的用户数据来自用户体验研究团队，但用户体验研究团队为获取用户数据而设计的调研问题往往较少涉及推荐策略、效率方面，即使有涉及，也往往难以满足策略产品经理的要求。而推荐策略、效率方面的用户数据是策略产品经理的主要关注点之一，所以策略产品经理需自己设计这方面的调研方式。

接下来，介绍策略团队在数据方面的通用技能。

数据方面的通用技能

虽然策略产品经理主要分为 4 个方向，但有一个工作技能是上述每一个方向的策略产品经理都必备的——数据分析能力。

策略产品经理本身需要具备较高的数据分析能力，但这并不说明策略产品经理可以和数据分析师"划等号"，所以需要厘清哪些事情应该由数据分析师团队来完成，哪些事情应该由策略产品经理来完成。

数据分析师需要完成的工作如下。

- ❏ 为较为复杂的业务数据提供零散支持：比如为急需的、获取难度较高的、需要较多计算资源的数据提供支持。
- ❏ 客户端埋点的字段定义：主要由数据分析师以及前端相关人员、后端相关人员、数据产品经理共同完成。
- ❏ 日常数据变更：App 发版以后，处理一些埋点变更、报表口径的改变梳理等工作。

❑ 日常数据（尤其是核心指标）的涨跌分析：策略产品经理发现数据问题→策略产品经理简单排查数据问题→数据分析师深度排查并形成深度报告。

❑ 生成页面级／战略级的项目数据报告。

策略产品经理需要完成的工作如下。

❑ 为简单的业务数据提供零散支持：比如为常用表单、日常业务数据提供交叉分析。

❑ A/B 测试实验的通用指标日报设计和与具体实验相关的特异性指标设计。

❑ A/B 测试实验开启前与数据产品经理确认埋点有效性。

- 对 A/B 测试实验数据的涨跌进行预估及实验数据分析，包括数据排查和涨跌原因的分析。
- 给出实验数据报告，报告中应包括时间、数据、结论和下一步工作。

❑ 生成非页面级／战略级具体子模块相关的数据报告。

1.4.2　个人配置：策略产品经理的日常工作内容

介绍完策略产品经理小组的分工与日常工作内容，你是否对这个职位有了更多的了解呢？本节从更微观的视角来看看策略产品经理这个职业方向。

先从身边的事情说起吧。你可能在各种会议室看到策略产品经理忙碌的身影，那他们到底在忙些什么呢？列举几项工作中常见的策略产品经理工作的场景。

❑ 与客户端开发工程师、功能型产品经理讨论某个强策略项的产品需求，比如内容类产品中的相关推荐页面的逻辑。

❑ 与后台开发工程师讨论某项特征的后台维护流程、日报格式以及特征准确度的计算方法。

❑ 与算法工程师、数据分析师和当时做该数据埋点的数据产品经理共同讨论某项实验数据的异常情况，并追溯原因。

❑ 充当"翻译"，与运营经理、功能型产品经理就产品某项体验需求与算法团队沟通，将运营经理和功能型产品经理的需求转化成 if…else…语句（比较逻辑化的表达）描述给算法工程师，同时将算法工程师的反馈以及需要降低预期的部分合理地转述给运营经理、功能型产品经理。

以上描述的几种场景是策略产品经理日常工作的一些"切片"，实际工作内容因为岗位设置和项目设置的不同会有一些差别，但是整体的工作框架是不变的。

策略产品经理日常工作内容可以分 5 部分，如图 1-3 所示。

图 1-3　策略产品经理的日常工作

1.收集和评估实例

这部分工作是最重要的，但也是最常被忽视的。在 1.1 节中提过策略产品经理最主要的工作是评估和推动，而评估实例（大多数时候叫作 Case）是评估工作的一个重要环节。评估实例包括评估推荐算法中推荐的文章是否符合预期、搜索结果中的不当结果是否被过滤掉、评论是否被反垃圾分类模型误处理等。

有时候，笔者会和朋友开玩笑说，策略产品经理实际上一半时间是在做标注专员的工作，这部分工作像是做智力测验题，看着枯燥但其实很有乐趣，通过每天修正一些策略，可以让负例（通常叫 Badcase）的比例减少。不要小瞧一点一滴的策略修正，没有任何一款产品是通过一个满分策略而成功的，通常是上线了 10 个还不错的策略最终达成一个还不错的结果，所以这部分工作的积累是有意义的。

通常，有以下几种评估实例的思路。

☐ 将自己分别放在实验组和对照组，让自己真实体验并据此对用户做判断。自己每天坚持用产品，并逐渐雕琢，使产品达到自己心目中的理想态。

☐ 收集内部反馈和外部反馈，包括实验组内外的用户有哪些评论，区分这些评论中哪些是需要关注的，哪些是不需要关注的。

☐ 对于已确认的负例，要思考是通过正则解决还是模型解决，找到负例的模式（通常叫 Pattern），评估各负例的占比和解决优先级。

2. 科学系统的评估

策略产品经理通常上班第一件事就是查收邮件，看最近上线的项目的埋点情况，以及最近上线的 A/B 测试实验的评估结果。这里的评估主要分为 4 种情况：非 A/B 测试实验的数据分析指标、A/B 测试实验指标、主观指标、无指标，具体内容将在第 3 ~ 5 章展开介绍。

- ❑ 非 A/B 测试实验的数据分析指标：主要是指大盘指标的波动观察（通常由数据平台构建），重要数据需要有数据日报，日报中没有的，需要分析一些最近上线项目的数据报告。因为非 A/B 测试实验中多个变量是相互影响的，所以需要看近日相关数据的波动、环比 / 同比情况。对于一些潜在异常情况，要综合最近上线项目的日活变化一起评估。

- ❑ A/B 测试实验指标：成型的公司一般都有 A/B 测试实验系统和数据可视化系统，随时观察实验结果的变化并做猜想和假设，此时需要观察实验周期、置信度、样本量，还要考虑产品上线可能会带来的干扰、分流情况等潜在因素，并一一予以排除。

- ❑ 主观指标：用主观评估的方法论可确定新的策略带来的收益，主要用于某个项目上线效果的补充评估。主观指标的目标是输出科学定量结果，比如分类准确率高于某个数值。也有一些问卷包含主观评估指标，比如通过用户问卷得到的反馈投诉率等。

- ❑ 无指标：有一些项目存在没有评估指标的情况，项目的决策者可能会进入什么都没有、什么都想要的纠结期，这时候需要策略产品经理想好解决方案，并尽快推动领导定下合理指标。

3. 项目跟进

关于项目跟进通常有以下几个关键点。

- ❑ 管理领导预期：在大多数公司中，领导的需求主要是基于商业目的而非技术成本和策略难度。在这种情况下，策略产品经理需要管理领导预期，让领导了解部分项目需求是不合理的，以及为什么不合理，在战略层面影响高层决策的同时让项目得以在正确的轨道上前进。

❏ **紧盯项目**：项目开始以后并不会一切顺利，策略产品经理需要紧盯自己项目的进行情况。一般来说，公司实行项目制，所以已经推动的项目要持续推动，策略产品经理要为某几个指标负责。有两种常见的情况需要注意，情况一是某些需求被延期，而这个消息没有被相关人员周知；情况二是研发工程师的实现逻辑和策略设计不相符。

❏ **解答研发工程师的项目细节问题**：项目开发过程中会出现一些问题，这些问题可能是服务器的性能问题，也可能是一些依赖的功能模块可复用问题，还可能是一些需求是否可以忽略、拆两期等，这部分工作需要策略产品经理与研发工程师一起解决。

❏ **判断问题优先级**：判断优先级是最能体现策略产品经理判断力的工作，一个好的策略产品经理要敢于说"不"。对不合理的需求要拒绝，对合理的需求要评估具体的项目预期收益。对于这部分工作，大多数产品经理是一样的。

❏ **历史项目的复盘**：产品经理作为项目的负责人，通常需要主动开复盘会议。复盘无论是为了庆功，还是为了反思，都需要策略产品经理遵循"对事别对人"的原则进行理性复盘，复盘是为了下次做得更好。

另外一点特别要注意的是，策略产品经理负责的算法和代码逻辑是无法让测试人员介入的，因为大多数测试人员只负责客户端版本的上线而很少去检查策略代码的实现。策略产品经理要想做好相关工作，一个比较常用的办法是"以请教问题的方式，让研发工程师从头到尾讲一遍策略代码的实现细节"，这种方式屡试不爽。很多情况下研发工程师在时间要求比较紧的项目中会通过复述的方式，让策略产品经理知道了项目具体的实现细节是否和自己的策略设计相同，同时达到了测试的目的。

4. 文档撰写

大多数公司使用的是共享文档，这有利于形成团队"公有知识"。笔者通常从以下4个方面写文档。

❏ **判断问题的本质**：从"道"的层面，判断项目是否要启动，也就是"Yes or No"的判断，如果是"No"则不会进入下一步的流程。判断依据主要是这件事是否有收益，是长期收益还是短期收益。

❏ **分解解决方案**：把解决问题的所有方案都列出来，分析每一个方案大概能解决百分之多少的问题。

- ❏ 判断 ROI：ROI 也称投资回报率，回报率的计算体现在 OKR 指标的预期
  涨幅上，成本体现在预期的工作量上，在技术细节上要有一个先行的经
  验判断。（不要求换算为具体工作人数、累计开发天数等。）
- ❏ 写详细策略：这部分内容主要在第 6 章介绍，笔者的方法是依赖数学模
  型和数学建模的思路来写策略文档。实际上，每个策略产品经理的写作
  习惯都不一样，所以找到适合自己的方法最重要。策略方案追求的是高
  效、没有歧义，让开发工程师觉得清晰易懂。一图胜千言，尽可能地用
  流程图、交互图展现方案。

5. 问题发现和行业调研

这部分工作是策略产品经理能力模型中"学习力"的体现，主要包括以下
内容。

- ❏ 竞品监控：大多数策略产品经理手机中会至少安装 50 款应用，其中不少
  于 3 款是竞品，以求随时关注行业内竞品又加了什么策略。这部分工作
  更有挑战性，因为策略的变化比产品功能变化更难发现。发现渠道主要
  有公开报道、自己体验、人脉关系了解。对于任何竞品的新策略，策略
  产品经理都要思考一下竞品方为什么这么改，自己要不要跟进。策略型
  产品的难点就是很难借鉴竞品，这既是挑战也是机遇。
- ❏ 技术论文：这部分工作因人而异，对于有技术积累的策略产品经理来说，
  他们需要了解业界的前沿信息，比如"机器学习的顶尖会议上的获奖论
  文"，不求看懂但需要知道他们做了哪些改进，比如"在视频理解方面，
  世界最高水平的公司大概做到了什么程度"。一旦有了新的信息，要同步
  给团队的工程师。
- ❏ 抬头看路：主要是看自己手头的业务线有哪些明显的问题。举个例子，
  如果你是携程的产品经理，就要看自己能不能推动平台建立信用体系，
  以提升用户的购票体验。
- ❏ 对工具使用方法的学习：找到自己工作中制约效率的部分，学习使用更
  高效的工具。
- ❏ 行业报告：获取权威平台发布的信息，如 36 氪、虎嗅等公众号发布的科

技动态，又如每年互联网巨头发布的财报、一些可信的第三方数据公司发布的数据分析报告等，再如小镇青年、银发经济、男性消费的变迁等发布的数据小趋势。这些数据将提升你对大盘信息的认识。

1.5 对策略产品经理的认识

这部分内容是笔者对策略产品经理的理解，所以注定是一个比较个性化、容易引起争议的小节。在策略产品经理方法论的基础上，不同的价值观会衍生出不同的理解。而本书是笔者个人的总结，所以不可避免地需要阐述笔者理解的策略产品经理，希望能和各位读者求同存异。

1. 关于工作的价值观

有一些人是人文主义者，而有一些人则是数据主义者，每个人的职业路径、专业技能和对产品经理的理解都不同，体现在产品观念上也会有所不同。

很明显，笔者是一个数据主义者。这和笔者自己的专业有关，更和笔者职场的第一家公司——字节跳动的产品价值观有关。尽管自己已经离开该公司两年，但这些价值观一直是笔者认同的。

字节跳动最开始的价值观是"始终创业、极致、坦诚、开放、有判断力"，这些在笔者离开字节跳动以后才慢慢地体会到。

❑ 始终创业体现为能够未雨绸缪，居安思危。

❑ 极致体现在大多数策略迭代可帮助自己在考虑 ROI 的时候逼近全局最优解。

❑ 坦诚体现为对同事和对自己说实话。

❑ 开放体现为不设边界，对事不对人，并且允许别人质疑自己的工作。

❑ 有判断力，笔者认为是最重要的一条价值观，需要每个人在自己的业务上成为专家，做符合公司最大利益的决策。

关于一直饱受诟病的词汇——"数据导向"，笔者的看法是数据尽管不会告诉我们所有的事情，但至少能帮我们评估一部分事情，所以我们应该选择相信数据。这样对团队的执行力和节奏感都有益。

如果一家公司是调性导向，则会使工作人员在协同作战时迷失方向。数据导向就不会如此，因为每个人对目标的理解是不同的，对数据指标的理解是趋同的。

2. 策略产品经理的"道"

笔者在和同事沟通的时候，会习惯性地使用"道"和"术"两个字眼。用职场的语言来解释，"道"就是价值观、目标、评估指标，"术"就是方法论、具体怎么做。

在"术"的层面，各行各业都有比较成型的方法，而且只要在"道"的层面得到了统一，"术"的层面就不会有特别大的分歧。

笔者在价值观层面有以下几点总结。

❑ 少替用户做决定，不要过于自我。

❑ 坚持做大众需求，坚持做符合人性的需求，永远不做损害他人的需求。

❑ 产品层面追求平台化，追求可复用，追求底层特征准确。

❑ 项目以假设驱动，在假设的基础上还要进行数据验证，少做会议室里讨论出来的需求，少做没有先验数据的需求。

❑ 不要忤逆用户，可以适当引导但不可以寄希望于大幅度改变用户心智。

（1）少替用户做决定

其实，很多产品从人性层面推演是成立的，但是从数据层面推演是不成立的。而这些产品做成后，的确可以让一部分用户访问产品中的每一个页面，探索产品中的每一个功能，但没办法让大多数用户做到这一点，这其中的差别主要在于定量化的思考。

因为这个真实的世界和我们自己的认知是有很大差异的，比如人口的贫富差距、大学生的比例、懂英语的比例、发布朋友圈的比例等，这里有很多影响因素。比如某个产品的信息发送键，有一个版本用的是英语单词 GO，然而很多用户在后台反馈说："G、O 到底是啥意思？"产品经理一定高估了这个最简单英文单词的受众比例。

可以看出，只利用自己的用户模型容易对产品误判。对客观世界的认知，首先要对世界的多样性有所敬畏，其次是多看一些行业分析报告从而得到用户画像，建立自己心中的用户模型。

所以贸然替用户做决定是不科学的，因为用户是多元的、复杂的、流动的，你上个月掌握的用户画像、看的行业分析报告，在这个月就不一定成立了。因为用户群的分布可能发生了变化，用户的心智模型也可能发生了变化，所以要敬畏用户，用科学定量的实验办法来验证自己对用户的理解。

（2）坚持做大众需求

市面上有很多小众产品，但小众产品往往健壮性较差。由于客观世界规模效应的存在，大多数资源会倾向于少数产品，而大多数人会使用趋同的热门产品。如果产品只是小众且美，但找不到自己独特的价值，是很缺乏竞争力的。

在策略上也是一样，策略分为通用策略、垂类策略两大类，一定优先做通用策略，再做垂类策略。如果你有100个用户，且100个用户的价值是相等的，那一定优先做100%用户都受益的策略，尽量不优先做小于10%的人群的需求，除非这类人群有着更大的价值。

举个例子，如果大盘用户的人均阅读数是7条，有一个垂类策略能影响10%的用户，会使这类用户的人均阅读数增加20%（也就是1.4条），那么对整体大盘数据的影响其实也只有0.14条（$(8.4 \times 10 + 7 \times 90)/100 - 7$）的人均阅读提升而已。除非这类用户是高净值用户，否则不优先做这个小策略。

尽管大众需求有很多，但有一条价值观还是要保证的，即永远不做损害他人的需求。这不仅是产品的价值观，也是做人的底线。

（3）平台共享

用户画像一直饱受争议，争议的点有以下几个。

❑ 从模型侧来讲，用户画像其实对算法模型有帮助但并不太大，毕竟用矩阵分解等机器学习算法模型的用户往往更多一些。

❑ 从产品、运营经理的日常工作来讲，用户画像又是一个不可或缺的工具，毕竟我们需要可解释的产品运营策略。

❑ 从公司领导层来讲，用户画像是一个需要高成本搭建（要维护画像准确率和召回率），同时需要高成本工具实现运用，用户画像若不运用是无法对线上指标产生作用的。

尽管如此，对于经济压力较小的公司来说，底层的基础数据是最为重要的，因为它是避免重复造轮子来实现规模效应的重要因子，所以优先做平台共享的模块、特征数据是非常重要的"道"。

（4）假设驱动迭代

举个例子，商场的扶梯设计和地铁的扶梯设计，理念明显是不同的。商场的扶梯设计理念是要以最长的路径让用户从 1 楼到 5 楼，而地铁的扶梯设计理念则是以最大效率让用户快速通过。这取决于顶层设计的目标是希望用户留下来，还是希望用户走出去。

所以数据验证服务于顶层设计，在顶层设计结束后，数据驱动的本质是假设驱动，无论是做数据分析还是 A/B 测试实验，都需要依赖假设的建立。

以不同的假设来验证假设的正确与否的目标，要通过数据分析和实验设计来达成。

假设驱动的方法是自适应的，是可以根据数据结果进行自我修正。在得到正确的数据分析结论之前，假设也在一步步地进行迭代与验证，最终达到理想态。

而顶层设计，往往是 CEO 完成的，是根据商业格局构建的理论模型做出的判断。顶层设计是无法进行自我修正的，只能以企业最高决策者的意志为转移，所以数据驱动并非是万能的。策略产品经理必须要认清假设驱动的壁垒，即假设驱动无法验证全局，只能验证局部，全局只能通过市场和时间进行验证。

（5）不要忤逆用户

永远做顺应人性的需求，可以适当引导但不可以寄希望于大幅度改变用户心智。人性是一个很复杂的系统，大多数人既有天使价值观也有恶魔价值观。

当我们做任何决策的时候，脑中往往会有两个"小人"在打，其中一个是天使，一个是恶魔。天使往往督促你做正确的事，这种事往往需要付出一些体力、脑力或者心力作为代价，而恶魔在诱惑你做舒服的事，比如躺下、吃甜食、刷短视频。

天使价值观包括自我实现、利他动机和利己动机等，恶魔价值观包括拖延懒惰、嫉妒他人、猎奇偏好等。

很多实验证实，用户的人格中正向价值观和负向价值观交相辉映，像是舞台中的两个彼此拥抱起舞的舞者，几乎没有人可以一直做正向价值观的事情。

但是在做产品的过程中，对用户的反人性需求只能加以引导，不能指望改变用户。比如我们的产品定位是希望用户学习英语，最佳策略是用循序渐进的办法让用户逐步完成学习最简单的英语单词的课程。要在每一个潜在的用户流失点上做好激励手段，而不是将用户强行塞入完全陌生的学习环境。

所有妄图直接改变用户心智来实现产品目标的手段最终都会失败。

1.6 本章小结

本章从宏观层面介绍了什么是策略产品经理，包括策略产品经理的定义，即在限制条件内，通过推动项目、设定评估体系和全面评估项目收益三种手段，得到全局最优解的产品岗位；还介绍了策略产品经理和功能型产品经理在思考问题时的思路差异、策略产品经理的分类、团队合作相关的内容，旨在让读者对产品经理的细分领域有更多的认识；最后介绍了笔者自己对于策略产品经理在产品价值观层面的一些看法。另外，策略产品经理的"道"是本书所述方法论的根基，愿与各位读者求同存异。

第 2 章

内容型产品的推荐策略

第 2 章主要介绍内容型产品的推荐策略。笔者曾参与三种不同形态的内容型产品设计，涉及的推荐策略也不同。现在就带领大家走近内容推荐系统，以一个策略产品经理的视角介绍策略产品经理如何与推荐算法团队实地配合，明确哪些事情是算法工程师完成，哪些事情是策略产品经理完成。

2.1 推荐策略初探

对于推荐算法、搜索算法和反作弊算法，读者可能很好奇，不熟悉推荐模型的人还可能会被它的"空架子"吓倒，但其实推荐模型并没有那么神秘，反而非常容易理解。

本质上，推荐模型是一种根据输入数据进行内部参数自适应的数学模型。我们先用一个非常简单的例子来理解算法。假设每个人的大脑都是一台复杂的计算机，如果现在有一道题目是："我在纸上写一个正整数，这个正整数大于 0，并且小于 500。你来猜这个数字。每次得到回答时，我都会告诉你此回答比正确答案大还是小。请问，你如何用最快的办法找到这个正整数？"

想必看到这里你会觉得方法非常简单。首先猜 250，如果大了则将目标区间锁定在 0 到 250 之间，反之亦然。第二次再猜 125，如果小了则目标区间就是 125 到 250 之间。以此类推。这个办法就是二分法，我们可以使用反复迭代的办法找到目标值，也就是 1.1 节中的最优解（在本题中最优解是唯一的）。

让我们重新分析这个过程和"推荐模型"的关系，这个例子中其实有几个关键因素和推荐模型是一致的。

❑ 起始状态：已知目标数值在 0 到 500 之间，起始状态为第一次猜的 250。

❑ 迭代：进行多次相同逻辑的循环，得到"大或者小"以后，计算出新的目标区间，下一次就猜新目标区间的中间点。

❑ 反馈：本例中的反馈为"大还是小"。

❑ 终止状态：本例中的终止条件为找到目标数值。

上述流程就构成了所谓的算法：从一个初始状态开始，经过一系列有限而清晰定义的状态，最终输出并终止于一个状态。

推荐模型和这个"猜数字"游戏在原理上是接近的，模型同样需要输入数据（比如不同用户对不同内容的偏好程度的定量数据），同样会收到反馈（比如模型预测用户会点击的内容，用户是否真点击了），经过有限而清晰的状态，最终自适应地修正公式内部的参数，输出一份"你可能喜欢看"的内容列表。

本节主要介绍三部分内容：内容推荐定义、推荐系统的指标体系、推荐系统的极限。

2.1.1　内容推荐定义

1. 推荐系统的定义

在给推荐系统下定义前，不妨梳理一下不同来源对推荐系统的定义。

❑ 推荐系统是一种信息过滤系统，用于预测用户对物品的"评分"或"偏好"。（维基百科）

❑ 推荐系统对用户模型中的兴趣需求信息和推荐对象模型中的特征信息进行匹配，同时使用相应的推荐算法进行计算和筛选，找到用户可能感兴趣的推荐对象，然后推荐给用户。（百度百科）

❑ 推荐系统就是根据用户的历史行为、社交关系、兴趣点、所处上下文环境等信息去判断用户当前需要或感兴趣的物品 / 服务的一类应用。（简书）

可以说推荐系统做了两件事：筛选和排序。筛选指的是推荐模型通过用户的历史行为数据，在算力允许的情况下，从全部内容候选集中把"你可能喜欢的内容"挑选出来的过程（包括但不限于时效性、内容稀缺性、内容及时性的过滤条件）。排序指的是使用排序模型对筛选出的候选内容重新排序，然后传递给服务端并推荐给用户的过程。其他一些更细节琐碎的工作其实也是为了实现筛选和排序。

图 2-1 推荐系统的的影响模块

2. 推荐系统的影响模块

推荐系统的最终效果其实是由图 2-1 的三个模块共同影响的，即算法、算力和数据。

❑ 算法其实包括模型选择、模型调参、模型评估、规则制定等工作。但本质上讲，算法很难做出壁垒。第一个因素是算法研究的阶跃式发展。虽然不同公司在推荐算法上的起步时间不同，导致各自的技术积累存在差距，但科学界的进展是阶跃式的，深度学习的红利正在被工业界消耗，如果学术界难以突破瓶颈，其在工业界的应用也会陷入停滞。第二个因素是公司人员的流动。相比于知识的扩散，人员流动带来的信息流动是更关键的因素。尽管大公司在算法上的选择非常接近，但是真正具有竞争力的往往是实践中总结的算法内部的细节（比如参数和架构设计）。所以仅仅从算法层面突破，公司难以保持长期竞争优势。

❑ 算力受算法复杂度、技术架构、服务器计算能力共同影响。算法复杂度是指算法在编写成可执行程序后，运行时所需要的资源（包括时间资源和内存资源）。在现实情况中，算法复杂度的优化效果好于堆积服务器。算力是可以通过优化系统架构、优化代码、购买更多更快的服务器解决的，不依赖于外部因素，所以仅从算力层面突破，公司同样难以长期保持竞争优势。

❑ 数据是公司之间推荐效果的核心壁垒，用户数据量级越大、行为越密集，越能产生网络效应，能用于训练模型的数据量级也就越大。虽然在大数据量级上会有更多高并发性能的问题需要解决，但毕竟是可以通过调整内部因素来解决的。高质量的用户数据是无法用钱买到的（短期买量难以收获高质量用户数据），这也就让数据成为公司之间竞争的坚实壁垒。人工智能的核心在于数据量，即用最简单的模型以 10 倍的数据量训练，不见得比用顶级模型以 1 倍的数据量训练的效果差，这个逻辑可以用几个等式来衡量：

- 复杂模型 + 小数据 = 一般的效果
- 简单模型 + 大量的数据 = 很好的效果
- 复杂模型 + 大量的数据 = 更好的效果

值得注意的是，上述公式中的复杂模型并非越复杂越好，数据量才是决定模型效果的核心壁垒，也是同一个赛道竞争的小公司很难追上大公司的重要原因。这也就是为什么美团收购摩拜后对外宣称是一笔非常划算的生意，因为美团在 O2O 场景中掌握了"最后一公里"的数据。（用户搜索某家理发店，搜索去理发店的路线，从公共交通换乘共享单车到达理发店，在美团上完成消费，形成数据闭环。）有了数据闭环，美团能做的事情增加了许多，同时和其他 O2O 赛道的公司形成了竞争壁垒。

为了更好地理解推荐算法，来看一个简单的思考题。在一个村子的一家杂货店里，细心的管家记录了以下的账本，如表 2-1 所示。

表 2-1　杂货店的账本记录

时间	用户数（x）	收入金额（元）
第一天	1	10
第二天	2	20
第三天	3	30
第四天	4	40
第五天	5	?

根据表 2-1 已知的前 4 天的收入数据，预测第五天的收入数据。显而易见，问号处答案是 50。

表 2-2 同样是已知前 4 天的收入数据，但增加了年龄分布的信息，预测第五天的收入数据。此时本题的复杂度较前者有了增加，可能只有一部分人能答

对。分析发现，可能是因为收入低或无收入导致 20 岁以下的用户没有购买行为，而 20 岁以上的用户，平均每人消费 10 元，所以问号处答案是 30。

表 2-2　根据年龄分布信息预测收入金额

时间	用户数（x）	年龄分布（岁）	收入金额（元）
第一天	1	21	10
第二天	2	15、21	10
第三天	3	15、21、22	20
第四天	4	15、16、17、19	0
第五天	5	8、15、21、22、23	?

更复杂的情况也是一样，现实世界的数据隐含着诸多的模式，推荐系统遵循类似过程，通过大量的已知输入信息（如表 2-2 中的用户数和用户年龄分布）和已知输出信息（收入金额），其中"20 岁以下用户因为无收入或收入低没有购买行为"这个规则是通过推荐模型学习到的信息，从而预测出新的情况下（第五天）的输出信息。推荐系统的流程归纳如图 2-2 所示。

用于训练推荐模型的是几百维的高维数据，远比例子中的数据复杂，但原理都是一样的。所以，推荐模型本质上是一个通过已知信息预测未知信息的一个数学模型。

图 2-2　推荐系统的流程归纳

总之，策略产品经理需要了解推荐系统的主要工作是由从所有候选内容中筛选出可被推荐的部分、对筛选出的内容进行排序两部分构成的，而且需要从已知数据中，通过数学模型等种种手段进行数据挖掘，实现未知数据的预测。

2.1.2　推荐系统的指标体系

笔者熟悉的产品有专业生产内容（PGC）、连载形式的内容（漫画、小说）、"00 后"二次元社区（短视频、图文、图片）和职场实名社区（脉脉）。以笔者的经验来看，产品形态不同、用户群不同、融资阶段不同，其指标体系建设都是不同的。指标体系建设并没有标准答案，所以本节只列出通用框架。

指标体系更多是自上而下的推动，并且往往来自 CEO 或者投资人的意志，对于一线策略产品经理来说，目标设定更像是 1.1 节中所提到的策略产品经理定义中的"限定条件"，策略产品经理在限定条件内能够做到的是尽可能地影响决策，尝试自下而上地推动并去论证你所提出的指标体系的合理性。

既然是指标体系，那么一定分为一级、二级、三级这样的层级结构，如图 2-3 所示。层级结构是说，项目首先追求一级指标，在一级指标无变化的时候追求二级指标，在二级指标无变化的时候再追求三级指标，以此类推。

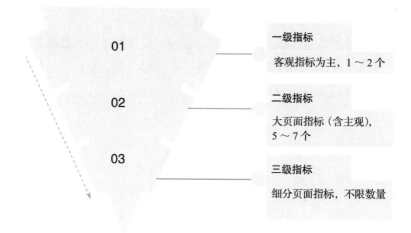

图 2-3　指标体系的层级结构

通常，影响指标体系的变量如下。

❑ 公司的情况：公司是否得到融资，公司的产品技术实力，公司是否有充裕的现金流或者清晰的盈利方式。

❑ 产品的形态：需要定义一个理想态，即平台方希望用户如何使用产品，根据理想态和现实态的差距制定指标体系。

那么，常见的一级指标有哪些？

一级指标一般以客观指标为主，比如次日留存、产品日活数据、人均收入、千次曝光成本、技术系统延时等，一般可以设计 1 到 2 个一级指标，并设定相对明确的上线规则。

在产品策略迭代上，如果一级指标上涨且统计上具有置信度，则该产品策略达到上线标准。最终决策人为策略负责人或研发负责人（决定上线与否的负责人通常为该指标的责任人）。

在实际操作中可能会出现边界模糊的情况，比如一级指标共有两个数值，其中一个涨幅 5%，另一个降幅 3%。这时候是否上线取决于负责人的判断。上线规则应该是明确的，比如形成如下书面上线规则。

❑ A 指标和 B 指标存在互斥关系，且同为一级指标，A 指标与 B 指标的重要性相同。

❑ 在 A 指标有涨幅，并且 B 指标小于 1% 的跌幅时，可以上线。

❑ 在 A 指标有任何跌幅，并且 B 指标有涨幅时，不可以上线。

❑ 对上线有疑虑时，产品策略申请者需要将完整实验结果发给负责人，请其决策并在 24 小时内通过邮件 / 即时通信等应用告知确认。

上述例子中的细节完全是杜撰的，但清晰的上线机制和指标体系关系是决定一个公司中齿轮能否快速运转的重要因素，其中清晰的人事分工和流程化的负责人决策机制是这套上线规则的核心。只有这样，策略产品经理和推荐算法团队才能将整体策略很好地运转起来。如果读者所在的公司策略进展缓慢，可以试图从流程上寻找原因。

下面介绍二级指标。二级指标一般同时包含主观指标和客观指标。主观指标是基于科学的主观评估方法论得到的长期稳定的定量数值指标，通常反映一些不可直接测量的变量情况（如内容生态的资源倾斜情况）。主观指标之所以被列入二级指标，原因有两点。

❑ 尽管主观指标有相对科学的方式，但稳定度低于客观指标，易受评估方式和评估员的影响。

❑ 市场认可度较低，投资人不会只根据产品的主观评估指标决定是否进行下一轮投资，而必须依靠客观存在的数据，所以主观指标无法直接影响融资进程。

主观指标一般分为公司内部员工基于平台价值观的评估和用户价值观的评估。前者一般是公司内部员工参与评估，基于一套平台整理并达成一致的评估标准；后者一般是引导外部真实用户参与评估。这两种方式的问卷设计和最终评估结论的方式有着很大的差别。一般来说，内部评估追求内部价值观统一（比如清晰可执行的标准），外部评估追求回答问卷的用户分布与目标人群的使用程度分布一致，但共同点是都需要对得到的原始数据做精加工，得到统计上具有置信度的描述型统计量。

二级指标中客观指标和一级指标的选取基本类似，但在二级指标上，策略产品经理的话语权会增大。具有充分话语权的策略产品经理可能还会参与到二级指标的制定中。换句话说，一级指标往往是自上而下的高层意志，二级指标是公司的中层意志，由项目负责人进行决策。一般在内容型产品中，二级指标中的客观指标以大盘数据的直接行为数据为主，比如点击率、人均消费时长等。

通常，二级指标数量为 3 ~ 7 个，一般会有指标之间的重要性排序，不宜过多也不宜过少。过多时会让团队分散精力，过少时则无法描述产品的理想态，可能会导致团队执行时过度看重某个指标。

三级指标往往是细分页面的细分指标，比如二级页面、三级页面的非大盘指标，本节不再赘述。

不同级别的指标对应的产品和策略上线规则可以统一设定。

- ❑ 首先，判断一级指标的涨跌情况，一级指标对应的产品策略的上线规则如上述模板。

- ❑ 其次，判断二级指标的涨跌情况，需要类比上述模板给出二级指标对应的产品策略的上线规则，二级指标（大盘指标）的个数较多，需要更为细致的比较关系。

- ❑ 最后，判断三级指标的涨跌情况，实际项目中对三级指标的决策是最多的，因为并非所有策略都能对前两级指标产生显著影响，因此，同样需要清晰的上线规则，同样需要三级指标之间的重要性排序。

但是所有的规则都是人来定义的，类比于交通规则中"如果同时存在红绿灯和交通警察时，需要听从警察的指挥"，在策略上线时也同样需要听从策略负责人的决策。制定清晰的决策流程是为了提升团队效率，但死板的执行则难以覆盖到所有情况。

项目目标是通过大家民主讨论、"独裁"决策出的"理想情况"的数值描述，指标体系则是尽可能降低真实世界中不可测指标比例和影响程度的有力武器，也是团队执行力的重要保障。

2.1.3　推荐系统的极限

在实际工作中，根据笔者的经验，推荐系统的极限可以总结为一句话："做好我们能做的，接受我们无能为力的。"如果业务突破只依赖推荐系统，那么在业务上能达到的效果实际上是有极限的，因此认清推荐系统的效用边界是业务发展的重要一环。换句话说，不能让一切关键指标都依赖推荐系统。

策略产品经理的一项重要能力就是极限推演能力，不妨建立两个极限假设。

- ❑ 假设 1：推荐系统的候选池中没有新作品进入，并且用户在应用内的全部需求只有消费型内容，用户对非消费型内容完全没有意愿。
- ❑ 假设 2：我们有"超能力"能够知道每个人潜在喜欢哪些漫画。不妨用一个诙谐的描述，试想用户坐在我们面前，主持人询问他是否喜欢看某作品，并假设用户被提问时就能准确地回答喜欢或者不喜欢，然后将所有的候选池中的作品遍历一遍，记录他喜欢的作品并统计数量。

基于这两个假设，试想下述三种用户的行为。

- ❑ 用户甲在所有可推荐候选池中没有喜欢的作品（或者内容），下载应用后就流失了。
- ❑ 用户乙在所有可推荐候选池中有两个喜欢的作品（或者内容），下载应用后不久就流失了。
- ❑ 用户丙在所有可推荐候选池中有 37 个喜欢的作品（或者内容），下载应用一段时间后也流失了。

在许多场景下难以想清楚的问题，在极限推演场景下会变得十分清晰，在这个极限推演中我们可以看到推荐系统能做到的极限情况是让"用户乙"和"用户丙"产生充分消费行为，而对于"用户甲"则丝毫没有办法。

推荐系统解决的是效率问题，解决的是如何在信息过载时把推荐系统的候选池"物尽其用"，推荐系统的瓶颈是候选集的数量。"巧妇难为无米之炊"，没有"米"再好的"巧妇"也难以做出"好吃的饭"。而如何提升候选集的数量则依赖于内容生产端的策略、市场宣传、发布体验、正向激励等多方面因素，这部分工作通常也是由策略产品经理完成的。

让我们回溯一下这种思考过程，无论是"天花板"的估计还是"理想态"的定义通常要经历这样的过程：找到主要因素，忽视次要因素。在本例的推演中，我们使用的方法也是一样的。第一个问题是推荐系统"天花板"的估计，换言之是"推荐系统在什么时候无法再进行优化"。这个问题的另外一种表述是："推荐系统的哪些功能点是可以得到优化并逼近极限的"，用这个思路进一步思考，可以找到如下次要因素。

❏ **用户对产品的使用深度**：真实情况中用户对产品使用深度和忠诚度是较低的，不可能遍历产品的每一个功能。

❏ **推荐算法的供需匹配精度**：真实情况中推荐算法不可能实现 100% 的精准匹配，尤其是在每个用户对内容的预期阈值不同的情况下。

❏ **用户对自己喜好的清晰程度**：真实情况中用户对自己的潜在需求是不清楚的，即使将用户会喜欢的内容推荐给他，他也不一定愿意点开（可能由于内容包装不够有吸引力，或者有一篇更有趣的文章吸引了他，或者只是用户接了个电话）。

上述的每一项在真实情况中都是无法 100% 达到的，但至少上述次要因素是可以通过提升推荐系统效率来改善的，而忽视这些次要因素的影响才能帮助我们找到主要限制因素：候选集数量，因为只有候选集数量这个变量与推荐系统效率无关。

2.2 推荐系统的基础知识

本节主要介绍推荐系统的一些基础知识。2.1 节尝试以策略产品经理的视角回答了三个问题：内容推荐定义、推荐系统的指标、推荐系统的极限在哪里。但这还远远不够，作为一个推荐策略产品经理，应该清楚推荐系统的基础知识。对于没有技术基础的读者，本节可能有一些理解难度，实在难以理解可以先跳过，继续学习之后章节。

2.2.1 推荐模型的基础知识

如前文所述，个性化推荐的成功需要具备两个条件。

第一，需要存在信息过载。如果候选集少，用户可以很容易地从所有物品中找到喜欢的物品，那么就不需要个性化推荐。

第二，用户缺少明确需求。如果用户有明确的需求，就可以直接通过搜索引擎找到感兴趣的物品，不需要个性化推荐。

1. 用户行为数据——推荐系统的"弹药"

推荐系统的"弹药"是用户行为数据，最简单的存在形式是日志，比如用户在电子商务网站中的网页浏览、购买、点击、评分和评论等活动记录，或用户在视频资讯类应用上的视频播放、评论、跳出等行为记录。

用户行为在个性化推荐系统中一般分两种——显式反馈和隐式反馈。

显式反馈通常较为稀疏，指用户通过某种操作明确地传达了对物品的喜好、厌恶，比如在新闻客户端点击"不感兴趣"按钮、在电子商务应用中对购买的商品评分、在出行类 App 对司机的正负向打分反馈等。

隐式反馈指一切非显式反馈，能反映用户喜好的用户行为数据，通常是推荐系统经常使用的数据类型。隐式反馈的数量通常比显式反馈多很多。比较有代表性的隐式反馈是在新闻客户端的页面浏览行为、为用户推荐哪些内容、真正曝光了哪些内容、用户点击了哪些内容。同时按反馈的正负向又可以分为正反馈和负反馈：正反馈指用户喜欢该物品，负反馈指用户不喜欢该物品。

在显式反馈中，易于区分一个用户行为是正反馈还是负反馈；而在隐式反馈中，则较难明确区分。

2. 物品召回方式分类

物品召回方式分为以下几种类型。

❑ 基于用户协同推荐：核心思想是为用户推荐与用户喜欢相似的、但该用户未消费过的物品。主要步骤是先找到与目标用户兴趣相似的用户集合，再找到这个集合中用户喜欢的、且目标用户没有听说过的物品，然后推荐给目标用户。

❑ 基于物品协同推荐：核心思想是为用户推荐和他们之前喜欢的物品相似的物品。它不是利用物品的内容属性计算物品之间的相似度，主要是通过分析用户的行为计算物品之间的相似度。该算法认为，物品 A 和物品 B 具有很大相似度的原因是喜欢物品 A 的用户大都也喜欢物品 B。

❑ **基于隐语义（统计学习）推荐**：核心思想是通过隐含特征联系用户兴趣和物品，找到用户的潜在喜欢物品。基本思路是对于某个用户，首先得到他的兴趣分类，然后从分类中挑选他可能喜欢的物品。

❑ **基于上下文推荐**：核心思想是根据用户所处的上下文环境进行推荐。这些上下文环境包括用户访问推荐系统的时间、地点等。

❑ **基于物品标签推荐**：通过自然语义理解、专家系统等方式对物品做画像，根据物品画像计算相似度进而推荐，比如常见的是根据内容分类进行粗粒度推荐。

举例来说，新闻类应用会优先使用基于用户协同推荐，而电商类应用一般优先使用基于物品协同推荐。在新闻类应用中，用户兴趣趋同，对新闻类应用的预期是更新及时的热文，因此重点是热门程度和时效性，个性化是相对次要因素。而且在该类应用中，内容更新速度大于新用户增长速度，对新用户推荐热文也通常有较好效果，因此一般优先使用基于用户协同推荐。

但是在电商类应用中，用户在购物意愿上相对个性化且稳定，购物意愿取决于长期收入水平和身份定位，现实生活中身份跃迁的概率是较低的。个性化推荐的任务是帮助用户发现相关物品，同时要求物品更新速度较低，因此，做基于物品系统推荐时，以天为单位更新物品相似度矩阵是可以接受的。每一种召回方式都有其优缺点，如表 2-3 所示。

表 2-3　召回方式的简单分类

	优点	缺点	使用场景
基于用户协同推荐	如果有新物品上线，且只要有用户访问过，就可以推荐新物品	一般用户列表越大，系统开销越大；可解释性较差	用户兴趣趋同 用户数小于物品数
基于物品协同推荐	推荐多样性较好 用户冷启动较好 推荐可解释性更好	物品冷启动较差，需要实时更新物品相似度表	用户兴趣分散 物品数小于用户数
基于统计学习推荐	模型效果较好，冷启动效果较好	推荐结果不可解释，性能开销大且难以实行在线推荐	离线计算场景
基于上下文推荐	反馈实时性更好，根据近期行为进行序列推荐	系统需要有实时性，且开销大	适用于使用深度更高的高频产品
基于物品标签推荐	可解释性强，冷启动效果好	标签生成需要额外工作量	对于需要建立内容画像的业务场景都可使用

3. 推荐冷启动

推荐冷启动问题主要分为用户冷启动和内容冷启动两类。用户冷启动指的是当缺乏新用户行为信息时如何对用户做推荐，内容冷启动指的是新内容在刚发布、缺乏用户行为数据时如何做内容推荐。对于冷启动问题，主要看可以获取到何种粒度的有效信息，一般解决用户冷启动问题有以下方法。

- ❑ **定制列表**：提供千人一面热门榜单，通过用户分析得到用户画像的兴趣定制列表。
- ❑ **注册信息**：利用手机厂商的 IMEI 信息、手机型号、IP 归属地、下载渠道等通用信息或者注册身份信息中的年龄、性别做个性化推荐。
- ❑ **关系链**：如果能通过用户授权获取通讯录、社交网站好友列表，则可以使用关系链进行冷启动推荐。
- ❑ **冷启动兴趣选择页面**：使用轻交互的手段收集用户的兴趣信息，根据兴趣信息进行推荐。

实际情况中，我们比较常用的是注册信息挖掘和冷启动兴趣选择页面。但冷启动问题对于推荐系统而言始终是一个难题，根本原因是缺少用户的先验信息，所以如何合理地设计产品注册流程，让用户快速体验产品，就变得十分重要。

在冷启动问题中有一个经验结论是，用户留存与推荐系统的实时性高度相关。在今天，大多数用户已经有足够的耐心调教自己的信息流，但其耐心并不是无限的，需要推荐系统更快地收敛，用户在短时间内能觉察到与前几次刷新的变化，能感受到算法似乎越来越懂我了，这种心理会诱发用户的兴趣并建立信心，最终促成全体指标的提升。性能优化的临界点是主流用户每次刷新的间隔时长（自行选取合适的描述性统计量），目标是让用户在每次刷新后感受到推荐变化。

2.2.2 树状结构与网状树形结构

策略产品经理在理解底层标签的基础数据结构时，经常会遇到两种数据结构：树状结构和网状树形结构。不同于数据结构中经常提到的栈、队列等研发工程师需要了解的计算机数据结构，策略产品经理需要了解的往往是基础数据的几何结构。

在图论的定义中，"树"是任意两个顶点间有且只有一条路径的图。或者说，只要没有回路的连通图就是树。简单说，树形结构是一种递归的结构，比如地球分为陆地和海洋，陆地又分为洲，如图 2-4 所示。这种结构便是一种树形结构。

- ❑ **父节点**：地球包含陆地和海洋，则称地球是陆地的父节点，陆地是地球的子节点。
- ❑ **根节点**：如果某个节点找不到父节点，该节点就被称为根节点（树根）。
- ❑ **叶子节点**：如果某个节点找不到子节点，该节点就被称为叶子节点（树叶）。
- ❑ **深度**：在叶子节点上，比如将"亚洲"

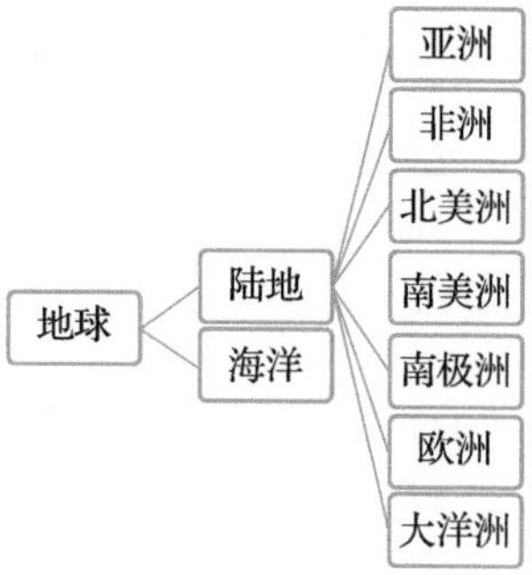

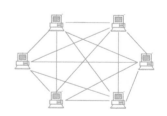

图 2-4　一种简单的树形结构

的所有父节点写全，"地球 – 陆地 – 亚洲"，则称树的深度为 3。
- ❑ **度**：每一层中的节点个数称为"度"，比如图 2-4 中第二层的度为 2，第三层的度为 7。

关于树，本节只做通俗易懂的解释，在实际工作中只需要使用以上几个名词即可（主要是与研发工程师讨论数据结构设计时会用到的基础知识点），感兴趣的读者可自行查阅相关知识进行更深入学习。

网状树形结构是树形结构的变体，在树形结构中某一层的每个节点可以对应相邻层的多个节点，也就是说子节点可以有多个父节点，父节点也可以有多个子节点。网状树形结构如图 2-5 所示。

以上两种结构在实际工作中经常用到，大多数平台价值观的分类体系是树形结构，而大多数用户生产标签的分类体系则是网状树形结构。

图 2-5　一种网状树形结构示意图

2.2.3　分类 / 标签体系设计的基本原则

2.2.1 节介绍了基于物品的分类标签进行推荐的召回方式，这种召回方式在各种产品形态中非常重要，比如在新闻类应用中按照内容分类进行人群匹配推荐，在漫画类应用中按照漫画标签进行人群匹配推荐。该召回方式一般用于用户冷启动阶段。

几乎所有应用到个性化推荐的产品都或多或少地建立了自己的标签体系，其中开展最早、规模最大的产品之一是国外的网飞公司（Netflix）。通过对其公开披露信息的调研可以得出三条结论。

- □ 该产品的标签主要由人工标注，为此网飞公司投入了巨大的人力并建立了科学的评估标准、评估流程（网飞构建了 36 页文档训练并要求看视频的人按照统一标准打标签）。

- □ 标签是多维的，如影片的地域、年代、适合观看年龄段、结局类型等，每一种维度都有许多细分的标签，每个标签的评分是 1 ～ 5 分。

- □ 网飞构建了一个可解释推荐理由策略，该策略可以输出一个通用文案（如 20 世纪末最惊悚电影），使用不多于三个子标签描述一个影片。

网飞公司的标签体系的建立和国外用户通过分类来寻找影片的习惯是分不开的。对长视频内容的消费，用户不再是几十年前的"有电影看就可以"的诉求，当下看电影是一件消耗时间成本较大的事情，所以需要加先验信息，如电影评分、观众评论、平台分类和剧情梗概等辅助决策。网飞提供的标签系统不仅帮助推荐系统构建内容画像、用户画像，同时对内容做重组织，方便强兴趣用户在特定分类完成更多消费。

一般说来，标签系统的生成方式分为两种：专家系统标签和用户生产标签。

- □ 专家系统标签：基于专家系统定义标签结构体系，再借由人工标注或者自然语义识别的方法进行标签补充。对于数据量不大的物品库，可以全部由人工标注；对于数据量较大的物品库，需要通过训练模型的办法实现机器自动分类。

- □ 用户生产标签：用户给物品打标签，部分平台会对用户生产标签做审核判断，只保留审核通过的标签并对外展现，也有的平台直接使用用户生产标签作为最终标签。

一般而言，专家系统标签对推荐系统效果更好。它综合了平台价值观和用户价值观，使得每一个分类的数量较为均衡，类目的可解释性也更好。专家系统标签的缺点有两个。一是对于新生事物难以做到标签体系的及时更新，比如最近某个流行品类热度很高，专家系统需要较长的周期才能将该品类融合到分类模型中。二是需要投入较大的公司资源建立标签体系，标签的标准制定、体系化生产、多人共同协作时的审核一致率保证都需要合理的流程安排和较长的开发周期。

用户生产标签则弥补了专家系统标签的两点不足，使流行品类可以快速融入标签体系，而且开发成本更低。但用户生产标签分布偏向于幂律分布，同时标签在用户生产过程中可能会偏向于小众化用词，大多数用户可能无法理解。Bilibili 网页版的用户生产标签如图 2-6 所示，图中的 litterzy 是上传者自己补充的标签内容（Bilibili 网站早期甚至允许观众创建视频标签）。

图 2-6　Bilibili 网页版的用户生产标签

图 2-7 是基于专家系统的树形结构标签。阿里巴巴网页版的商品分类是标准的树形结构，是深度为 3 的树形结构（叶子节点上的"母婴市场—婴儿洗护—宝宝指甲钳"）。电子商务类应用通常选择专家系统标签，原因有以下两点。

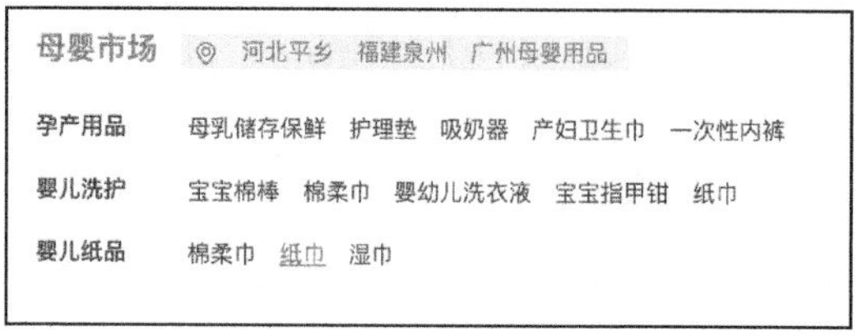

图 2-7　阿里巴巴网页版的专家系统标签

❑ 电子商务类商品和线下超市场景基本接近，所售卖的商品类型和数据分布同样接近，因为用户长期受到超市品类的影响，所以对线上品类的认知同样是清晰的。

❑ 现实中，商品新增品类是较为低频的事件，不需要经常更新专家系统标签体系。

专家标签体系常见的问题是：标签体系设计时应该遵循怎样的基本原则？笔者的经验表明需要 5 个标签原则，下面借用数学语言进行叙述，如图 2-8 所示。

❑ 原则 1：树形结构中同一层的维度之间保持互斥，假设 A 和 B 分别是两个维度，则不存在某个叶子节点同时属于 A 和 B，或者称 $A \cap B$ 为空集。

❑ 原则 2：树形结构中同一层的维度的数量并非越多越好，维度数量的标准是"双人盲审一致率">70%。

❑ 原则 3：如果某个子维度占比超过父类 50%，就需要再次切分。假设 A_1 为 A 的子节点，并且统计结果上 A_1 类型占比超过 A 的 50%，则需要将 A_1 拆分成更细粒度。

❑ 原则 4：维度之间的并集为全集。假设 A_1 为全集 A 的子节点，即 $A_1 \cup A_2 \cup ... \cup A_k$ 为全集 A。

❑ 原则 5：维度的表意清晰，并可以充分枚举，能反映出兴趣特点，选择有实际意义的词。

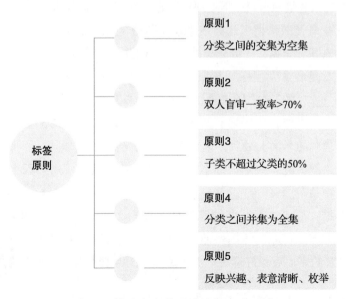

图 2-8 专家标签体系设计的 5 个原则

下面结合实例对这几条原则进行解释，前 4 条原则是数学原则，第 5 条为表意型原则。

❏ 原则 1 是互斥性。如图 2-7 所示，深度为 2、维度为婴儿洗护、婴儿纸品的两个品类，这两个品类中不应该有概念交集，否则用户在寻找具体商品时不知道该从哪个品类名寻找。

❏ 原则 2 是维度数量。实际工作中，经常出现专家系统标签体系在建立时存在动辄 30 多个子维度的情况，比如在影片的人设分类上可以有单主角、双主角、男一女二的暗恋故事、男二女二的分手故事等人设配置，但这时在人工标注标签的时候就有着极大的难度，标注员每次标注时需要在 30 多个标签中选择一个，这就降低了标注员之间的双人盲审一致率（即不同标注员在双盲情况下标注同一物品给出完全相同结果的比例），导致标注结果失效，无法用于推荐系统。

❏ 原则 3 和原则 2 用来控制维度数量的上下限。当维度数量过多时，会导致双人盲审一致率降低；当维度数量过少时，会导致推荐系统可以使用的粒度过粗，进而影响推荐的数据效果。比如家居用品类目如果只分为两类——整理箱和非整理箱，则非整理箱的实际数量占比一定远超 50%，这样会导致非整理箱商品得不到较好的分类，需要拆分为更细粒度的子节点。

❏ 原则 4 是召回率指标。标签体系要覆盖全部的物品，所以一级分类的并集应该等于全集，一级分类的子节点的并集应该等于一级分类。

❏ 原则 5 是表意型指标。首先标签应该满足句式"物品是_____"或"物品是_____的"，比如"物品是民谣"或者"物品是录音机播放的"。其次，专家系统标签需要有清晰的表意，作为标签的词汇不只是能被大多数人理解的名词。最后，该名词应该能被表意为"兴趣"。那什么词能代表"兴趣"呢？兴趣词的金标准为能将该词代入"用户因为_____而喜欢该物品"。

做个小结：原则 1 是维度的互斥性；原则 2 和原则 3 是维度数量的标准，分别给出了上下限；原则 4 是保证分类体系能覆盖到所有物品。前 4 项原则在经过数学语言的表述后很好理解。关于原则 5，为便于理解，笔者构想了这样的一个场景。

试想你是某音乐产品的策略产品经理，有一天你接到上级要求，需要做一个音乐的分类体系设计（比如脍炙人口的音乐《外婆桥》），你该如何设计这个分类体系呢？

第 1 步，填空。"音乐是_____（的）？"在这个环节，我们可以列举出许多词，比如民谣、儿童音乐、录音机播放、被人们喜欢、放松大脑、无国界、妈咪妈咪轰。

第 2 步，选择被大多数人理解的词，不能是目标群体中的小众词汇，也不能是过分专业的词汇、自创词。经此步骤过滤后，发现"妈咪妈咪轰"明显不符合该标准。

第 3 步，判断剩下的备选词是否能表示用户兴趣，需要将该词填入"用户因为_____而喜欢该物品"中。"民谣"可以代入句式"用户因为民谣而喜欢该物品"，所以"民谣"符合成为标签的标准。比如某音乐是录音机播放类型的，"录音机播放"符合大众名词的标准，但并不能套入"用户因为录音机播放而喜欢该物品"的句式中，至少对多数人这个兴趣点并不存在。所以，经此步骤过滤后，剩余的备选词为"民谣""儿童音乐"。

第 3 步的兴趣点是否存在依赖于人的常识判断，这部分工作通常交给内容运营经理来判断。

平台方投入了大量的精力来完善标签体系，那将如何度量标签系统的收益呢？一般来说，评估标签系统收益有两个层次的指标，分别是召回率和准确率、推荐系统指标。

- ❑ 召回率和准确率。召回率表示有多少物品可以打上标签，如果是人工标注的标签，相当于人工完成了百分之多少的标注任务；如果是模型分类结果，相当于模型将百分之多少的物品打上了标签。准确率的评估方式主要是双人盲审一致率，依赖科学的任务抽检系统进行一致率评估，细节将在第 3 章的实例中介绍。

- ❑ 推荐系统指标。主要有两个指标：第一个指标是使用标签的召回结果占所有召回策略结果的比例；第二个指标依赖于 A/B 测试实验，对照使用新标签体系和现状的线上结果差异。

一般来说，标签系统小幅度迭代（比如细化 1 ~ 2 个分类）的收益在推荐系统指标上影响不大。正如第 1 章所述，标签系统的收益主要是平台用户画像和推荐冷启动，推荐系统的大多数效果并非依赖标签系统。

豆瓣 FM 中网状树形结构的标签如图 2-9 所示。

图 2-9　豆瓣 FM 中经过平台审核的网状树形结构标签

图 2-9 中豆瓣 FM 的"音乐基因名片"是网状树形结构，父节点是某测试用户，子节点是许多离散词语组成的"基因名片"，且子节点之间有交集。

对用户生产标签进行清理的主要方法有去除高频停止词、词根不同的同义词、分隔符同义词等。同时，从产品机制上设立用户之间自查自纠机制（如 Bilibili 网站的风纪委员机制）和低等级用户无法参与的门槛限制，这些产品手段对高质量标签的产生是有一定作用的。

网状树形结构和树形结构也可以一起出现，从内容理解的维度上通常分多个维度来刻画内容。以任意一个漫画作品来举例如下。

❑ 漫画题材分类：树形结构，比如"奇幻类 – 东方奇幻"。

❑ 漫画人设分类：树形结构，比如"霸道总裁类 – 冷酷总裁"。

❑ 关键词：网状树形结构，比如"吸血鬼、校服、表白、超能力"。

实际上，大多数产品的底层数据都是树形结构和网状树形结构共存的。树形结构的基础数据大多使用专家系统标签体系分类，而网状树形结构的基础数据则一般根据内容形式进行分类。如果内容形式是长文本，可使用自然语义理解的方式。如果是短文本或者富媒体，可使用从评论中提取关键词、用户生产标签的分类体系。

从笔者的经验来看，建立标签系统是一项繁重而系统的任务，它不仅需要以策略产品经理为连接点的全团队的力量，同时需要详尽的评审流程和烦琐的前期专家系统构建。但以笔者的经验来看，如果在理解本节所述的专家系统原则 1 到原则 5 的前提下建立标签系统，存在的最大的两个挑战是：标准统一问题、物品标注后台设计。

标准统一问题是指理想情况下团队中的所有人频率相同，对同一个物品永远标注为同一个结果（策略理想态的定义），现实情况中团队中每个人的理解都是不同的，这不只是靠制定了标准就能实现的，需要更强的机制保证双人盲审一致率达到 70%（主观评估项目的经验阈值）以上。解决上述问题的手段是设计物品标注后台，这部分内容将在后续章节阐述。

2.2.4　精确率和召回率的理解方式

精确率和召回率是策略产品经理在基础数据工作中的重要评价指标，本节通过实例带你理解其定义。

某品牌的黄桃罐头在正式出厂前需要经过一次食品质检，主要检查包装是否完整、是否存在鼓包等情况。现在有一个训练好的机器分类器可以根据照片来预测哪些罐头是次品。

此例中精确率和召回率的定义如下。

❏ 精确率 =1– 预测错误的比例
❏ 召回率 =1– 漏报的比例

预测错误的比例是指：如果一共有 1000 个黄桃罐头，分类器认为有 200 个都鼓包了，则人工检查这 200 个罐头，查出机器判断错误数量（比如错判 50 个），再除以 200，即为预测错误的比例（比如 50/200=25%），也就是说，机器识别有 25% 的错误率，此时精确率为 75%。

同理，漏报的比例是指人工检查 1000 个罐头中真正鼓包的罐头（比如 300 个），然后查这些真正鼓包的罐头中有多少被机器漏了（比如漏掉了 120 个，没被识别为鼓包），则漏报的比例为 40%，此时召回率为 60%。

分类器一定有对某种模式的识别能力（上例中为罐头鼓包），此时精确率指的是识别到的样本中的正确率，召回率指的是全局中符合该模式的物品中分类器识别正确的比例。由于二者定义接近，经常混淆，所以基于笔者的经验简记为"预测错误的比例"和"漏报的比例"，便于读者更好理解。

2.3 三种不同形式内容型产品的推荐策略

本节内容偏向于宏观的战略思考。笔者以亲身经历，针对三种不同形式内容型产品，分享一些策略制定的经验。下面简述一下笔者参与策略设计的产品。

- ❑ **国内某 PGC 内容平台**：内容形式以图文类型为主，短视频和图片类型为辅，用户以内容 MCN 公司、媒体账号为主，性别以男性为主。

- ❑ **漫画内容平台**：内容形式以强版权的漫画作品为主，主要人群为"00后"女性用户。

- ❑ **漫画社区内容平台**：内容形式以漫画配音类短视频、语音内容、短视频、短文本为主，内容形式多样，主要人群为"00后"女性用户。

- ❑ **职场社区内容平台**：内容形式以职场原创动态、职场类问答内容为主，主要人群为各行各业的男性用户，同时以高净值人群为主。

上述内容形式策略设计的共性如下。

- ❑ **长视频**：主要分为连载形式（比如电视剧 / 网剧）和非连载形式（比如电影、纪录片等）。目前，长视频已经属于强版权的内容形式，几家视频巨头网站需要抢占 IP，拿下王牌作品的强版权。长视频和漫画内容的情况比较接近，都属于候选集数量较少并且版权较强。

- ❑ **音乐或音频推荐**：热门歌手的专辑音乐也已进入强版权时代，音乐或音频推荐属于候选集数量较多但版权较强的情况。

- ❑ **直播间推荐**：直播的形式有时效性，在直播时间可以与主播互动，但窗口期较短，所以直播间推荐对时间更敏感，此时可以不只推荐给粉丝，在直播结束后还应提供直播回放。回放一般只推荐给有关注主播行为的粉丝。直播的内容形式其实可以和短视频的内容形式互为补充，大部分应用于短视频的推荐策略都可以应用于直播。

接下来将介绍不同内容型产品的策略设计。

2.3.1 PGC 产品的内容推荐策略

内容策略设计本身由公司的发展阶段决定，所有的问题都指向了同一个疑感："我们当下最缺少什么？"这是笔者在前三年工作中不断质询自己的问题。对于 PGC 产品的早期而言，最缺乏的是内容量。在内容类 App 中，内容是万物之本，缺乏充分的、有竞争力的内容将让平台成为无木之本。可以达成共识的是，内容类 App 当前最需要作者和优质内容。

对于专业内容生产者群体，其特点相对明晰：利益驱动型、影响力驱动型、兴趣驱动型。其中，前二者的比例最高，"利益驱动型"创作者以创作短视频和娱乐属性的内容为主；"影响力驱动型"创作者往往已经小有名气，不需要依赖微薄的平台广告分成而生存，内容形式以彰显个人影响力的机构内容或个人内容为主。"兴趣驱动型"创作者的比例较低，毕竟专业内容生产是需要长期坚持创作内容并需要一定资金投入的，很少有人可以仅仅凭借兴趣一直坚持下来。

专业内容生产平台的一个趋势是视频化，部分原因是文字易于被盗版和抄袭，不利于版权维护。相对而言，视频的盗版难度大，版权界定也更清晰，所以越来越多的专业内容生产者投身于短视频的制作中，但视频的创作成本较高。

另一个趋势是内容结构与国外产品 Twitter 类似，早期专业内容生产平台的"碎碎念式"的内容较多，内容质量良莠不齐却得到了同等强度的分发。随着策略和算法的不断迭代，在平台定位的价值导向和运营下，内容结构发生了很大的变化，"碎碎念式"的生活类随想文章越来越难得到算法的青睐，逐渐被真正的专业内容所取代。内容生产走入了成熟的流水线体系，缺乏持续更新能力的内容创作者也在社群内自发组织形成小团体共同打造内容品牌，种种趋势促使 PGC 平台在专业化的路上越走越远。

PGC 平台的策略制定是相对明晰的，如图 2-10 所示。对于"利益驱动型"创作者而言，平台处于相对强势地位，且"利益驱动型"创作者在决策时是理性自然人，分成策略和流量策略将直接影响"利益驱动型"创作者的用户行为，并且策略从生效到有用户反馈的延时很短。对于"兴趣驱动型"创作者而言，由于他们主要凭借兴趣写作，并且内容分布在更加长尾的分类上，因此，策略产品经理在制定策略的时候会在运营资源和推荐策略上对优质创作者有倾斜。对于"影响力驱动型"创作者，可以使用特权功能和外显的社交资本满足用户需求。总之，从策略设计上看，策略产品经理要对人群分类并"投其所好"。

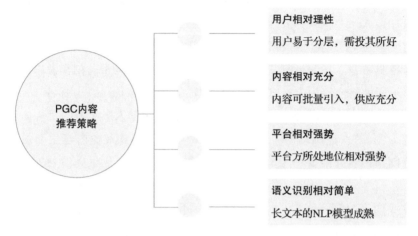

图 2-10　PGC 内容推荐策略

在资讯类产品中，PGC 平台的内容量是相对充分的，而用户无论在图文还是视频类内容上的决策时间都很短，可以在很短的时间内判断这篇内容是否是自己感兴趣的。PGC 平台是以长内容为主的模式，提供给 NLP（Natural Language Processing，自然语言处理，比如对文本信息进行关键词的提取）模型的信息较多，因此提取内容分类模式的难度更低且相关技术更为成熟。

做一个小结，PGC 平台的策略设计特点如下。

❏ 用户画像明晰，用户群体中的理性用户和非理性用户痛点明晰，需要"投其所好"。

❏ 推荐模型中内容候选集数量充分，用户可以快速决策是否对内容感兴趣。

❏ 在内容消费侧平稳的条件下，PGC 平台相对处于强势地位。

❏ 对长文本来说，更容易提取到内容的固有模式。

2.3.2　连载类内容的推荐策略

连载类内容指的是需要用户进行连续阅读的一系列的内容集合，比如漫画、小说、电视连续剧类型的内容等。

与 2.3.1 节的长内容推荐相比，此时的形势发生了变化，如图 2-11 所示。

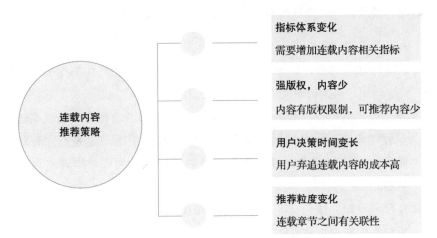

图 2-11　连载内容推荐策略变化

- 首先是评价指标的变化。策略产品经理在设计评估指标体系时不仅需要考虑用户点击连载内容的次数、在连载内容的每一节上消耗的时长，还需要设计新的连载内容阅读满意度指标。一种可行的办法是计算连载内容的留存率，但对于非周活产品而言留存率有数据过于稀疏的缺陷，还需要寻找更好的评价方式。

- 其次是候选集数量的下降。强版权内容会遇到候选集数量变小的问题，使得推荐系统的作用减小。上述章节也分析过推荐系统的极限是候选集的数量。对于候选集数量较小的推荐场景，需要设计非常精细化的轮询机制，保证用户不会快速遍历所有候选集内容，以保持用户对产品的新鲜感。

- 再次是内容决策时间的延长。相对于长文章，连载内容形式的固有特点决定了用户决策对一个连载内容的放弃与否需要更长的时间，且随着连载进程中每一个话题的更新，数据会产生新的波动，比如某一节表现精彩，会让之前流失的用户重新阅读，反之亦然。

- 最后是推荐粒度的改变。从推荐候选集的角度看，任意一篇专业生产的长文本内容只要满足推荐条件就可以进行推荐，但是连载内容形式的推荐则不能使用相同的策略，因为章节之间存在着剧情关联，所以对于需要根据作品的章节序列进行递进式推荐，不能进行章节跨越式推荐。

在笔者看来，连载内容推荐中，策略产品经理面临的最难的问题是作品冷启动问题和候选集的缓慢遍历策略。

1. 作品冷启动问题

冷启动问题指的是，如何让从未看过该作品的某个用户快速而准确地建立预期，并缩短用户决策的时间。这个问题有几个难点。

- ❑ 作品信息不完备。对于诸多连载内容而言，作者会根据市场反响情况创作后续章节，作品的结局走向和故事对推荐系统来说是不完备的，故而策略产品经理难以根据作品的最终结局设计为用户推荐适合作品的策略。

- ❑ 作品评分缺乏统一标准。电影、电视剧等拥有 IMDB 编号的内容形式有相对集中的评价数据源（如豆瓣电影），而小说、漫画类的内容形式则缺乏可信的评价数据源，这是由于喜爱该作品的读者会投出不理性的高分，并非是大量客观数据的加权平均值，只要内容读者人群小，就会或多或少出现极值评分现象。另外，在某些情况下对外评分可能还会受到内容出版方的压力，较难保证绝对公正。

- ❑ 用户心智改变。连载内容与资讯类内容的不同之处在于连载的内容形式以消遣为主，用户的兴趣口味取决于近期同类作品的阅读数量，大多数用户会在某一类内容看腻后换相近分类内容，而切换口味的动作在用户生命周期的任何时刻都有可能发生。

- ❑ 作品信息的展现不充分。仅仅依靠作品简介和简单的几个分类是难以描述一个连载内容的，在实际情况中会出现用户不喜欢"作品简介"但是对内容爱不释手的情况。这个问题的一种可行解决思路是：在作品点开以后跟进半屏详情页，将第一话和作品介绍以一种新的交互融为一体（有一定效果但从数据看还不够理想）。

2. 候选集的缓慢遍历策略

缓慢遍历策略指的是，如何让缓慢增长的候选集得到良好分发。分发得过快会导致用户多次看到重复物品，进而对平台失去新鲜感，不利于新加入候选集的物品推荐。笔者解决该问题的经验是拆分生命周期。与资讯类策略不同，候选集缓慢遍历策略需要从用户的不同生命周期构建通用策略，一般可分为三个周期：起始生命周期、小众爱好的兴趣探索期、预流失召回期。

- □ 起始生命周期。在此阶段，往往需要根据粗粒度的先验信息推荐热度作品。在强版权、强 IP 的限制条件下，10% 的热度作品可以满足绝大多数用户的兴趣。客观世界中由于马太效应的存在，热度作品往往兼具广袤的兴趣点和质量，同时可以兼顾"消费大热作品可以在社交圈子内成为话题焦点"的用户心理。在用户起始生命周期中，用热度作品将用户留下是最重要的事情。

- □ 兴趣探索期：如果起始生命周期将用户成功留下，那么在用户形成较为稳定的阅读习惯后，就可以使用从大众热度作品中获得的先验信息进行用户兴趣探索。探索的办法有诸如强化学习等机器学习手段，也有产品兴趣卡片等。在这个时期，策略产品经理可以将作品分为兴趣和质量两个维度，首先推荐兴趣和质量最好的一批物品，观察用户的反馈。如果用户无动于衷，就更换另一个兴趣点的物品。如果用户被"教育"得足够好，在几次反馈周期中会找到用户的模糊兴趣点。控制质量的原因有两个：一是越来越多好作品的涌现使得当今用户对强版权、强 IP 质量的要求较高；二是避免由于质量较差导致用户不喜欢，难以区分用户是由于质量原因还是兴趣原因不喜欢推荐的物品。

- □ 预流失召回期：前文已经论证了连载内容的推荐天花板是候选集的数量。假设前两个时期将用户留在了某个热度作品和一些满足兴趣的长尾作品上，同时平台也获得了充足的用户个性化兴趣数据，但推荐候选池总有枯竭的一天，用户的使用习惯可能会疲惫，需要在用户将要流失的时间点进行召回。此时的召回手段不只局限于可供消费的未浏览过的内容，还要想一些别的能留住用户的办法。常见的办法是构建内容社区，试图将用户从"内容消费时的工具心态"转化为"黏性更高的社区用户"，用和他相似的人群将用户留下。

与长文本的资讯类不同，在内容形式上，连载类内容有其独特的优势和劣势。

- □ 连载类的优势是内容质量更易于符合平台价值观，因为篇幅较长且作者门槛更高。

❑ 连载类内容的缺陷是用户行为不可控，表现出的"马太效应"更为严重。在长尾兴趣挖掘上，传统协同算法效果更差。同时，如果是图片、视频类的内容形式，那么其自然语义理解的难度更大。所以，此类产品的内容往往更依赖人工标注。

2.3.3　社区的内容推荐策略

笔者现在负责职场社区的推荐。2.3.1 节和 2.3.2 节介绍了专业生产内容（主要是长文本）和强版权连载内容两种内容形式的异同点，然而社区内容产品和这两者都不同，原因是用户结构发生了变化。无论专业生产内容还是强版权连载内容，在市场结构上都趋近于双边市场，内容供给侧是理性且恒定的，所以策略产品经理关注点只有平台和内容消费者这两个角色。但社区与以上两种情况都不尽相同。

在讨论具体的细节之前，我们首先需要讨论社区内容和资讯内容的差别。

社区内容与资讯内容相比，前者更具有人格属性。对于普通的读者来说，消费社区内容和消费资讯内容的心态是不同的：资讯内容的消费动机以工具为主，用户需要及时了解外面的世界发生了什么新鲜大事；而社区内容的消费动机往往兼具娱乐和工具属性。同时由于内容本身是普通用户发布的，用户在消费内容时有人格化的追随动机。

另外根据社区的数据特点，我们可以估算某个社区的日活用户天花板的数量级。若想估算社区的日活用户天花板，首先要估算具有符合社区调性的重度内容生产者的数量级。在成熟社区中，重度内容生产者、轻度内容生产者、普通消费者的比例接近 1 : 9 : 90，所以可以用生产者的比例估算社区的日活用户天花板。

关于社区的策略设计差异，笔者有三点经验，如图 2-12 所示。

1. 社区的价值与温和策略增长

首先大多数社区产品无法学习"趣头条"的用户增长手段（金币、签到等裂变手段）来实现飞速增长。"趣头条"类的产品是以打发时间为主需求，本质上解决的是用户消费动机中娱乐性的部分。

策略1：温和策略增长
社区的增长不适宜做快速增长，需要控制新用户在一段时间内的占比

社区推荐策略

策略2：保持"内容调性"
平台需把握内容调性，形成用户模仿行为

策略3：重视社交资本
用户浏览社区内容的三重动机分别是娱乐、工具和社交资本，平台需要重视社交资本，并设立清晰、可执行的用户成长路径

图 2-12　社区内容推荐策略变化

部分读者可能会问，"趣头条"等类型的产品中，用户可以在每一篇文章的评论区互相回复、发私信，为什么不是社交产品呢？这是因为用户的主需求还是打发时间而非交朋友，最多算是具有社交功能的资讯产品。另外，在此类产品中互相评论、发私信的用户密度较低，尚未达到能引爆社交燃点的阈值。

遗憾的是，社区产品的用户增长并没有捷径，因为社区产品追求的是用户网络的密度。社区产品的价值等于：

$$日活用户^2 \times 人均停留时长$$

这个道理很好理解，在 20 年前推行固定电话的时候，如果某个城市只有10% 的用户安装，固定电话就难以普及，因为你安装了电话以后只能联系上不到 10% 的用户。但如果这个数字变成 70%，那么大多数人为了生活便利会抢着去安装固定电话。所以，电话网络的价值不是线性的，而是正比于电话网络安装用户的平方。

笔者早期经历的最大社区是天涯（某些同事用过水木清华 BBS），该社区用户已经分散为各垂类社区的种子用户。喜欢使用社交产品的用户数量基本是恒定的，这部分用户群的用户总时间是 24 小时乘以人数。社区之间的竞争本质上是在用户总时间赛场上的竞争。

当用户有了更好的选择的时候，用户会从"大杂烩"的社区迁移到氛围更好的小众垂类社区。以自身经历举例，笔者从 2003 年左右活跃在猫扑社区，在

2008 年左右活跃在 QQ 空间和百度贴吧，现在则主要活跃在一些更小众的漫画讨论区，比如 TalkOP 论坛或者脉脉的职言讨论区。

其实在用户的心智模型中，对每一类需求都会有"Top1 社区备选"，但由于用户总时间恒定，每个用户能重度参与的不同社区个数很难超过三个。这也意味着社区之间的竞争异常残酷。

本质上说内容社区是三方市场，分别由内容生产者、内容消费者、平台组成。三方市场的难点在于需要平衡各方利益，在公司内部也会涉及不同部门的核心指标的合理权衡。

以知乎为例，知乎的 001 号员工在一次公开分享中提到，每个社区其实是一个城市，也就是一个人群的集合，所以要用城市管理的思路治理社区。这是一个很有意思的比喻，线上社区是线下社会的模拟，用户会做出和线下截然不同的行为，但同时也遵循着线下社会集体的某些规律。比如，社区的增长规律和线下的社会规律是一致的。

在讨论社区的增长手段之前，不妨做 4 个理想态的假定，看看会发生什么变化。

a. 一个社区里最近 12 个月没有一个老用户流失，也没有一个新用户加入。

b. 一个社区里 30% 是最近入职的新用户，70% 是老用户。

c. 一个社区里 70% 是新用户，30% 是老用户。

d. 一个社区里 100% 是新用户。

从社区新用户和老用户结构重新审视以上 4 种情况下社区管理的场景，哪个会更好呢？笔者的答案是 b 优于 d 优于 c 优于 a，原因如下。

❑ a 的情况是"一潭死水的社区"，在这样的社区氛围下，用户的话题终结往往是最快的。由于缺乏新增用户，社区失去了活力和新鲜感，尤其是经历长时间的社区接触之后难免心生疲倦。

❑ b 的情况是"新用户的数量低于老用户"，是以上 4 种情况中相对较优的一种。社区中老用户群体内的公共知识和公共文化以发表内容和评论等方式传递给新用户，而刚刚加入集体的新用户的数量比例也占到了 30%，新用户之间会互相抱团形成新的文化，同时新用户的基数足够，不会使得部分新用户有无法融入的边缘感。同时，新用户的文化也将反馈给老用户，形成新的社区文化，此时的社区是"一潭活水"。在这种比例下进行微调，将有不一样的用户体验。如果新用户占比太低，比如 10% 的新用户和 90% 的老用户，那么情况将有很大的不同，新用户将无可适从，从而对这个社群的归属感变低。

- ❑ c 的情况是"新用户大于老用户"，在该条件下，可能的风险是社区文化被迅速稀释。一些快速发展的公司在短时间内大量招人时也会遇到同样的问题。所谓的"社区文化"与"调性"本质上是一种可以被模仿的用户行为，而文化的传承是依靠人与人的关系完成的。一旦某些老用户流失，将使熟悉他们的原社区意见领袖失去归属感，下一个流失用户极有可能就是他。

- ❑ d 的情况则是一个社区刚刚建立的初期，此时如果平台方不予以充分引导，这个社区中的用户就无法找到可模仿的社区行为，从而流失。在这个阶段，平台方需要引领社区前进，设定清晰可行的社区成长体系。在社区起始阶段，所有用户地位平等且信息公开，这样逐渐会让意见领袖脱颖而出，从而带来社区的持续繁荣。

以上讨论说明，社区非常忌讳短期引入大量新用户，所以大多数社区增长不能使用传统裂变方法。这也是笔者对社区管理的一点经验，其实可以总结为一句话："社区是一个需要培养的温和策略的产品形态。"

2. 浅谈社区的内容调性和用户成长路径

在资讯类和漫画连载类产品中工作的策略产品经理往往意识不到内容调性的重要性，笔者也是最近几年才逐渐意识到社区中内容调性的重要性，这也是社区产品和其他内容型产品的重要差异。

为什么这么说？主要原因有两点。

- ❑ 社区用户需要明确的成长路径：涉及社区资本的成长体系的建设。
- ❑ 社区用户需要可以模仿的行为基础：涉及社区内容调性的传达。

在社区型内容产品中，内容运营的重要性也增强了，尤其是在社区初创时期需要内容运营去带节奏，用户需要知道社区是怎样的、第一印象是什么、哪些内容是鼓励的、哪些内容是要被删帖的。换句话说，社区的文化都需要通过内容的形式传达给用户。

在传达的过程中，社区运营人员需要设立非常明确的鼓励和不鼓励的内容形式。接下来，就是策略产品经理的工作了。策略产品经理和算法工程师通过推荐模型，将社区中的优质内容和优质作者挖掘出来（这里的"优质"是平台运营人员定义的期望内容的方向，比如"最右"的"优质"可能是追求最有趣的内容，"微博"的"优质"可能是追求最具有话题性的内容），策略产品经理需要设计有效的策略进行内容识别、分类和审核流程，并对优质的内容生产者和潜在的内容生产者进行定制化的扶持策略，实现个性化分发和信息传达，也就是传达社区的内容调性。

本质上说，社区的内容调性是一种形成用户模仿行为的必备手段。

另外，社区也需要设计明确的用户成长路径，对于有心重度参与社区的用户而言，给予他们非常明确的成长路径，如果用户进入社区以后不知道如何成为社区的"领袖"，甚至不知道社区的"领袖"应该是什么样的，这个社区基本上是缺乏前途的。关于用户成长路径体系的设计，第6章的项目经历分享中会谈到。

3. 用户为什么来社区

对于社区产品来讲，用户来社区的动机无非是以下三种。

□ **娱乐动机**：用户需求是消费娱乐性的内容，比如短视频、段子类内容；用户心态是消遣。

□ **工具动机**：用户来到社区是为了实现某种强需求，比如定向搜索某个关键词的社区内容，主需求为解决问题。

- **优点**：工具动机不会过度，用户不会因为某个社区产品的工具性产品做得过于出色而厌倦，比如用户并不会因为美颜相机的工具性过强、过于好看而弃用这款产品。

- **缺点**：如果某产品只有工具性强，而其他维度太弱，则该产品容易被用户定位成一个纯粹的工具产品，后续较难转型。

□ **社交资本动机**：用户为了提升社会地位来到社区，社区中的地位是平台"发行"的某种"工作量证明"，比如常见的"工作量证明"有QQ的用户经验值等级（太阳和月亮等级）、百度贴吧的等级、猫扑的论坛等级等。

1. 社区的工具性和社交资本的关系

关于工具性和社交资本的关系，笔者有一个经典的案例对比。A产品和B

产品都是含有社区属性的产品。A 产品在工具性上较弱，比如只能拍摄一定长度的短视频，每条视频的平均编辑时间更长。B 产品工具性较强，任何女性都能通过 B 产品的美颜滤镜得到非常出色的美颜效果，并且不限制拍摄时长。但反而 A 产品的数据表现更好，这是为什么呢？

对于工具性较强的产品，用户会倾向于将其当作纯工具使用，尤其是在毫无区分度的美颜后。用户的本性是喜欢通过比较来找到自己所处的社会位置，对于自身基础颜值优越的女性用户，在 B 产品社区中很难找到差异性（全部都是美女图片），这导致 B 产品用户很难找到自己的相对位置，毕竟用户自身的优越感来自对比。

社区的产品形态在某些方面和电子游戏十分接近，要想获得社交资本，用户必须付出工作量才能获得平台和其他用户的认可。

2. 社区的"社交资本"

熟悉比特币的定义会有助于理解"社交资本"的内容。

□ 社区的社交资本需要用户提供工作量证明，需要用户付出社区提倡的某种劳动来获得社交货币，比如论坛需要用户发表及回复一定的帖子才能获取论坛等级。该等级会对全体用户可见并成为该用户的"身份象征"。

□ 价值与稀缺性成正比，社交资本也是一样。在社区早期阶段，用户量较少，每个用户更容易积累起早期的人脉，形成社交资本的垄断。随着社区的逐渐壮大成熟，新入场的用户则越来越难以获得新的社交资本，但这对早入场的用户有着致命的吸引力。如果在某个社区体系下没有成为炙手可热的那群人，就去寻找下一个可能迎来快速增长的社区吧！

□ 社交资本的建立来自平台方的设计，正因为价值建立在稀缺性的基础之上，如果某平台与其他平台的社交资本在设计上过于接近，用户就会因为这个平台的社区资本不够独特而离开。比如某平台完全抄袭另一个平台的积分等级体系，则用户并不会有足够的迁移动力来抄袭者的平台。

□ 社交资本存在"胜者诅咒"的现象。比如 Facebook，由于过于受欢迎，以致于很多青少年和他们的父母都在使用，于是这些渴望拥有独立空间的青少年们就不想频繁使用 Facebook 了。另外，平台发展极快的时候快速涌入的新玩家可能会"赶走"平台的老玩家，而一旦某个资深玩家流失，就会给该社区带来较大的负面影响，可能会带动一批用户离开。

社交资本需要不断地实验，如果真的到达了"胜者诅咒"的临界点，解决办法主要是找到新的工作量证明的形式，将大家重新引入这个身份认同的游戏之中，但能否真的有效果还取决于新的工作量证明形式是否能取得大多数社区用户的认同。

本节从策略产品经理的视角出发，试图剖析专业生产内容、连载内容和社区内容的策略差异，列举了以下三点策略设计要素。

（1）温和策略增长：社区的增长不宜太快，需要在一段时间内控制新用户的占比。

（2）社区的内容调性：为了形成用户模仿行为，社区需要培养用户，并设立清晰可执行的用户成长路径。

（3）用户浏览社区内容的三重动机分别是娱乐、工具和社交资本。

2.4　本章小结

本章介绍内容型产品推荐策略相关内容。2.1 节为基础较薄弱的读者介绍了内容推荐的技术实现原理，比如内容推荐的主要工作是"筛选"和"排序"，推荐系统的指标会随着业务的不同而变化，但整体上可以分为一级指标、二级指标和三级指标，同时介绍了推荐系统的极限是候选集数量。2.2 节介绍了推荐系统的一些基础知识，比如用户行为数据、树状结构和网状树形结构、准确率和召回率的定义。2.3 节介绍了对于专业生产内容、连载内容和社区内容等不同内容形式的推荐策略的异同。

第 3 章

主观评估：科学的"玄学"

第 1 章中我们介绍了策略产品经理的两个重要职责，分别是"推动"与"评估"。评估包括对可测指标的客观数据评估以及对不可测指标的主观评估。主观评估是评估中的重要组成部分，本章主要介绍主观评估的相关方法。

并不是所有项目都有着明确的数据收益。在"技术派"的产品经理和研发工程师看来，似乎世界中的一切信息都是可以测量的，这或许在未来是正确的，但就当下而言，我们还远远达不到让所有的信息都可以测量的程度。很多情况下，我们做着认为正确的事情，但是并没有非常显著的数据收益。这时候该如何权衡呢？难道一切的产品迭代都必须在看到明确的数据收益后才可以全量上线吗？

笔者认为产品经理存在的意义正在于此，在项目推进的过程中，使用人类的智慧去加以判断。但这种判断并非完全基于经验，必须要以"主观测量 + 定量化"的方式去衡量项目的收益（在团队协作中，大多数情况下需要以数据说服其他人，仅仅提供自己的主观判断是难以服人的）。事实上，主观评估的结果往往更代表着公司与产品的长期利益，毕竟大多数客观指标的数据是短期的，即使是 A/B 测试实验这种应用广泛的科学定量手段，也存在着诸多的局限性。（第 5 章介绍 A/B 测试实验相关的内容。）

主观评估就是在这样一种背景下应运而生的，它是一种科学的"玄学"。之所以称之为"玄学"，是因为加入了主观设定的部分，这在对内容缺乏"感觉"的数据科学家看来是难以理解的。但因为的确是用数理统计的办法使得主观评估的定量化结果具有稳定性和准确性，所以它是一门科学。第6章列举了多个融合主观因素的案例，这些案例生动形象地描绘了主观因素在产品策略设计中的应用场景。

主观评估的技能是策略产品经理的核心技能。虽然研发工程师（尤其是算法工程师）相关职位对于A/B测试实验的方法论已经有了足够了解，但大多数研发工程师并不精通主观评估，有的工程师甚至对这套理论闻所未闻。而这部分工作恰恰是策略产品经理的长处，优秀的策略产品经理需要在"人的判断"和"数据判断"中找到自己擅长的平衡点，并让该能力成为自己长期不可替代的长板技能。

本章主要内容将分为4节。

3.1 节介绍对不可测指标进行主观评估的意义、分类和常用的手段。

3.2 节介绍主观评估在具体执行中遇到的问题，包括但不限于主观评估的标准应该如何制定，如何权衡平台价值观和用户价值观的关系，以及大多数主观评估项目失败的原因为什么是缺乏"最高裁判员"。

3.3 节简述关于抽样方法和置信区间的计算过程，并且介绍一个监督模型分类器在标注流程中的关键节点。

3.4 节将相对简短地介绍长项目周期中，一个产品将迎来爆发增长的"信号"是什么。尽管我们都知道应该"坚持做对的事情，等待时间的回报"，但是"对的事情"在多长周期内能收到用户的"信号"还很模糊。

3.1　主观评估的分类和常用手段

3.1.1　为什么需要主观评估

越来越多的科幻电影情节在生活中发生，人类的很多梦想都变成了现实。想象一下用意念控制屏幕上鼠标的移动、文字的输入，甚至只需要连接到因特网，就能熟练掌握一门新的语言，那些只存在于科幻电影中的心灵感应现象也将成为现实。以上畅想源于2019年7月份的大新闻——马斯克宣布脑机接口研究取得突破性进展。这可能是"脑机"里程碑一样的事件，抑或许只是一个天大的噱头。但不管怎样，21 世纪的人类大概率会实现"人机共生"。

让我们重新定义一下内容型产品中对某策略进行评估的理想态。当前通过 A/B 测试实验拿到的数据仅仅是用户的使用行为数据（用户点击了什么、在哪里停留、在哪里跳转、关注了哪些），我们并不知道用户的喜怒哀乐，也不知道用户内心真正想了什么。比如，一名上自习的学生打开手机看短视频。我们可以采集到用户的点击行为，却侦测不到他大脑中枢发出的应停止看视频去学习的指令，也就是拿不到用户的其他决策机制（4G 时代是以手机为主体的数据收集机制）。而在未来的 5G 时代用户可能佩戴更多的可穿戴设备，如智能衣服、智能手表、智能眼镜，甚至是智能大脑，我们可以收集到更多维度的数据，包括但不限于血压、脉搏、体温、嘴角弧度变化、眼球位置、体内的某种化学物质的浓度，这些数据将表征用户最真实的反应。

相信在笔者和各位读者的有生之年，大数据会朝着这样的趋势发展。至于该技术是否是一件好事情，这取决于使用技术的人的善恶，本书不予讨论。

在当前的技术条件下，主观评估成为弥补上述数据缺失的一种可行手段，它对理想态做了两个"近似估计"。

❏ 用平台评估员的感受来近似估计大多数用户的感受。

❏ 将大多数用户的不同程度的感受（如不同用户的体温变化、肾上腺素浓度变化等）近似估计为一个确定值。

当前的技术条件下，大多数用户感受是不可测的，而这些用户感受可能是用户使用产品时的最具价值的数据。当用户的某种情绪在漫长的周期内积累到临界点时，会爆发出意想不到的产品危机，所以主观评估测量的不可测指标对产品迭代十分重要。

举例来说，如果推荐算法认为一个用户喜欢看搞笑段子，就连续每天为用户推送搞笑的段子内容。在最初的几周内用户是高兴的，并且被推荐哪些内容就点击哪些内容。之后用户对产品逐渐厌烦，但仍然控制不住自己，依旧会点击那些被推荐的内容。在更长的时间后，用户大概率会腻烦，并且可能突然卸载 App 来杜绝自己每天把时间花在没有营养的内容上。

从客观数据来看，用户的点击数据一直很稳定，说明用户有长期兴趣。即使用户进入疲倦期，点击数据有稍小的跌幅，但仍然难以引起算法团队的警觉，直到一个特定的时间点，用户"良心发现"，从而通过卸载 App 来限制自己，这时候推荐策略产品经理才追悔莫及，应该早一些发现用户的情绪变化。

如果主观评估可以早一些介入，即使当前技术条件下获取不到用户大脑内部化学物质的变化数据，但通过平台主观评估人员对其推荐历史的模拟，是可以达到共情的，并且做一些用户价值观的近似估计。笔者所举的这个例子来自身边的某位朋友，如果不做主观评估，恐怕算法团队永远难以意识到问题。

主观评估不仅可以帮助产品团队理解用户的行为，更好地评判长期利益，同时对内容调性进行主观评估还可以帮助企业规避监管风险。比如，"标题党"等常见的自媒体内容，其客观点击数据一定更高，但如果纵容"标题党"，不仅容易引起用户流失，同时将导致可预期的监管处罚。策略产品经理做产品的同时需要通过主观评估的手段监控内容调性，肩负起产品的社会责任。

3.1.2 主观评估的三个特点

对主观评估的意义有所了解以后，下面笔者来介绍主观评估的三个重要特点。

- 主观性：主观评估是由人来做判断的。如前文所述，主观评估与客观指标的最大区别是主观评估中融入了人的因素，具有主观性。
- 重要性：对于开发内容型产品的公司而言，主观评估与客观指标相比，往往前者更能决定企业的命脉。大多数内容型产品公司会设立内容部门，公司核心高管内部往往对于产品的内容调性是有所要求的，而主观评估恰恰是使用科学的数据评估方法，对不合适内容及时调整，贯彻公司的内容方针。
- 稳定性：与客观指标相比，主观评估的数据指标容易受到评估员更换、对标准理解有偏差的影响，但这种误差是可控的。从笔者实际工作中的经验看，只要按照科学的评估方法进行，主观评估指标的稳定性是有保证的，即不同周期内主观评估基线变化不大。

事实上，关于主观评估的重要性有一则汇报技巧可以分享。笔者通常在汇报策略实验结果时会将客观指标和主观评估分开汇报，但汇报技巧是不同的。

对于客观指标的汇报往往不需要多费口舌，公司内部的大多数员工对于客观指标的理解程度和认可程度都较高，只需要例行进行数据展示，根据数据情况给出自己对于数据的理解即可。

对于主观评估的汇报往往复杂一些，主观评估的重要性尚未得到公司员工的广泛承认，在汇报主观评估的时候需要增加许多注脚。比如选择了怎样的评估员进行主观评估，评估抽样的方法和样本的大小如何，得到结果的置信度如何，秉持的主观标准如何（需要给出实例），秉持的主观标准和用户价值观的标准有哪些差异，本次主观评估和上次主观评估的基线变动情况（也就是说，是否可以和之前的结果进行比较），等等。

如果会上其他人员对于汇报无感，或者难以理解主观评估的结果意味着什么，此时甚至需要推动领导抽时间参与会议（大多数开明的领导将非常愿意接纳这个建议）。大家对于最终结果可能难以达成理解，但是在标注实例的过程中价值观会逐渐统一。尽早让领导参与到标准制定的过程，将有效地缩短项目周期。

以上的汇报技巧可以帮助策略产品经理论证该数据结果是真实有效的，是可以指导实践的，以推动更多人支持该方案。

3.1.3　主观评估的两种常用手段

实际工作中，主观评估有诸多任务类型，但总体上可以分为两大类。

❑ **用户价值观的主观评估**：通过用户填写问卷、与用户面对面沟通等用户调研方法得到用户的主观评估结果。

❑ **平台价值观的主观评估**：设定相应的评估标准，由一名或多名平台评估人员对某项具体的评估任务产出主观评估结果。

1. 用户价值观的主观评估

对于用户价值观的调研有许多方法，下面简单介绍三种，如图 3-1 所示。

❑ **无偿普通问卷**：对于全体或部分用户，通过 App 内部的产品功能（比如滴滴每次行程结束后弹出的询问问题）或者某些问卷网站设计好的链接来调查用户。该方法的优点是开发成本和经济成本较低，适用于多数快速迭代的产品类型。缺点是回答率很低，难以得到统计置信的结论。

❑ **有偿定向问卷**：向全体或部分用户发送问卷，并且回复问卷的用户是事先联系好的、有经济补偿的。与无偿普通问卷相比，该问卷可以根据问卷目的定向选择所需要的用户分布，此时的用户问卷回收质量将大大提升，可以得到统计置信的结论。缺点也不少，比如经济成本较高，为了锁定目标用户进行事前联系的人力成本较高，并且事前准备周期较长，不适用于日常快速迭代的场景，只适用于少数需要进行重大产品决策的情况。

□ **用户访谈**：对少数用户采取文本、语音、视频、见面等方式进行采访，可以对用户深度调研。这样可以与用户做朋友，建立长期友好的关系，有助于获取用户更真实的想法并改善产品。

另外，问卷的设计中有许多小技巧，笔者有几点想和大家分享。

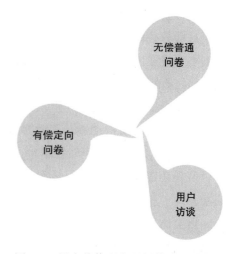

图 3-1   用户价值观主观评估的三种方法

□ 技巧 1，问卷的问题不要具有诱导倾向性。判断标准是选项之间的选择欲望是接近的，尽量选择客观中性的词语描述，不掺杂任何主观臆断的倾向性文案。

□ 技巧 2，描述型选项的准确率更高。根据心理学研究结论，用户对于文字描述比数字更敏感。举个例子，当前有一个量表题目，如"对于某产品，你的推荐意愿是 1 ～ 5 分，选项为 1 分、2 分、3 分、4 分和 5 分"。如果把题目换为"关于推荐某产品的意愿度，哪种情况最符合你的情况，选项是"我十分愿意推荐给朋友"等描述型的文字，则更能表现用户心中的想法。

□ 技巧 3，用户对问题文案不敏感，对选项文案更敏感。笔者曾经做过多次试验，对于同一批用户使用不同的问题文案（表意相同）而保持选项不变时，得到的数据结果是接近的。而对于相同的问题文案，将选项文案调整为同义词表达，得到的数据结果变化较大。这证明了用户对选项文案是更敏感的。

❏ 技巧 4，多用"我"，少用"你"。用户看着舒心的选项往往是"我"怎么样，而非"你更喜欢 A 颜色""你更愿意使用 B 功能"这种人格对立的表述。这样，用户会更快地代入自己的情绪，给出更加真实的答案。

❏ 技巧 5，用户是"口是心非"的，需要设计二次验证题。大多数心理学量表题中会在相隔较远的两题中设置具有相关性的问题。比如第 4 题中询问用户的某种行为，在第 24 题中使用前一题的逆否命题（原命题和逆否命题是等价的）再次询问一遍，如果两题的答案是完全相反的，就认为问卷为无效问卷，予以排除。

❏ 技巧 6，问卷的问题数量一般不超过 11 个，选项一般不超过 4 个，尽量不使用多选题。用户的时间非常宝贵，对于过长的问卷用户往往会知难而退，所以需要严格控制问题的数量。在问卷设计完成后，不妨先和同事事先测试一遍，然后反复校正问题和选项。如果大家能在几分钟内快速回答并提交，这份问卷才有投放价值。

但对于用户价值观的主观评估结果，策略产品经理需要调整好自己的预期。一般而言，在用户价值观的主观评估中，策略产品经理在做相关调研时有两个目的。

❏ 灵感提取。从用户反馈中洞察用户，这种用户洞察是基于策略产品经理对用户的理解而产生的信息发现。比如之前介绍的例子，策略产品经理在用户反馈中看到某个用户对于某即时通信软件的信息发送键上"GO"的含义不理解，此时的用户洞察是："尽管这个单词非常简单，但仍然可能有大量用户不理解，应该将单词改为发送。"此时，对于该类型用户群的规模估算是由策略产品经理完成的，而非统计置信的。假设策略产品经理看了 200 条反馈中只有 1 条类似的反馈，但判断出可能未填写问卷的用户中有更大比例的用户会有类似反馈，则这条反馈就是产品优化的点。在用户价值观的主观评估中，往往更注重"灵感提取"，也就是希望看到更多的产品经理认知之外的用户心理，实现从"信息孤岛"变为"信息大陆"。

❏ 得出主观统计结果。在用户价值观的主观评估中，做到置信的统计结论是很困难的。一般来说，统计结果置信需要两个假设：假设 1 是需要向用户群均匀地投放问卷；假设 2 是需要均匀回收问卷，此时得到的结果才是统计置信的。但实际情况中，大多数问卷回答率不足 10%，回答了问题的用户一定是平台中相对活跃的用户，不活跃的用户是不屑于花费时间回答问题的，所以得到的数据结果是偏向"重度用户"意愿的。

大多数项目往往使用平台价值观的主观评估，由于上述原因的存在，用户价值观的主观评估一般只用于"灵感提取"，而非"统计结果"。

特别提醒，一般语境中的"主观评估"一词，主要指代平台价值观的主观评估。

2. 平台价值观的主观评估

平台价值观的主观评估是最常见的主观评估方式，是指设定相应的评估标准，由一名或多名平台评估人员对某项具体的评估任务给出主观评估结果。一般分为一次性评估任务和例行性评估任务。

一次性评估任务主要服务于特定的目的，由于对某种现状缺乏测量而进行的临时评估任务。在实际工作中，一次性评估任务一般占比在 70% 左右，包括但不限于 A/B 测试实验中的平台人员的主观体验评估（比如，不同实验组之间的体验指标）。

一次性评估任务最大的难点（尤其是对于新人策略产品经理）在于缺乏类似项目的评估经验，不清楚采取何种方式得出怎样的输出结果。本节会介绍几种常见的场景与评估方式，但因为一个场景中可能涵盖的情况实在太多，所以很难遍历全部情况，相对而言比较依赖于个人经验和合理评估方法的设计能力。

举例来说，对于一款漫画社区产品封面策略设计，实验组为通过某种图片算法选出的优质封面图，对照组为作者选择的作品的第一张图。假设两组实验在客观指标上看不到任何的显著变化，团队希望通过主观评估的方式论证策略的效果。此时的主观评估应该怎么做？和所有策略设计一样，首先需要弄清策略设计的假设和理想态。

❑ 假设：部分用户对图片的清晰度是敏感的，用户更愿意点击清晰度更高的封面图。

❑ 理想态：平台可以获取实验组和对照组中每个用户在看到更清晰的图片

以后的真实反应（是否情绪上有变化）。

- ❑ 现实态：通过平台价值观主观评估的方式近似模拟用户的主观感受，如多位熟悉用户的评估员做 A/B 测试实验，对实验组和对照组中用户反馈的每一个帖子的封面图进行比较，选择更喜欢的封面图片，并统计评估员的评估结果作为用户价值观的近似。

本例中的疑难点主要是评估方式、评估样本数量和评估人员的选择（通用技巧在下一节介绍）。对于这个场景而言，有诸多可能的情况。比如使用某种图片算法选出的优质封面图，并不是最具吸引力的封面。或者对照组采用的策略——使用作者帖子中的第一张图作为封面图是刻意为之，更能提升该帖子的吸引力。或者图片算法选出的优质封面图需要耗费更多的流量，使得用户选择了低流量模式，从而完全看不出图片差异。也有可能大多数情况下实验组与对照组选择的是相同的封面（假设帖子自身只有一张图，则只能选择这张图）。

在评估 A/B 测试实验收益的一次性主观评估中，以上情况均有可能出现。既然客观数据没有显著涨幅，很可能评估出的结果是以上某种情况。也就是说，以上的几种情况相当于确定了新的假设。

- ❑ 归因 1，算法判断的优质封面图的吸引力不足。无论是 A/B 测试实验的客观数据指标还是平台主观评估指标，都认为算法选出的优质封面图与对照组的帖子第一张图效果没有显著差异，则应该重新优化图片识别算法。此时，我们可以选取高点击率的帖子封面和低点击率的帖子封面进行研究，看看差别到底在哪里。
- ❑ 归因 2，通过主观评估可以判断作者选的帖子第一张图是否具有刻意性，如果超过一半的帖子封面都是作者主动设置的，则平台方可以不用再对封面图做额外策略（保留作者对其内容的完全编辑权）。
- ❑ 归因 3，低流量模式导致两组实验封面图片显示无差异，这个假设主要源自开启低流量模式的用户比例。在主观评估中，策略产品经理可以模拟低流量模式下实验组和对照组封面图片的吸引力是不是真的没有区别，进而得到灵感，提取结论。
- ❑ 归因 4，实验组和对照组中封面图重合度很高。尽管这个结论可以不通过主观评估得到，但一般实际情况中，往往是通过主观评估发现两组选的封面图基本相同，我们才会去重新校验封面图重合度数据是否符合预期。

主观评估的手段可以逼近用户真实心理活动，经常被用于策略产品经理无灵感和迭代方向不明的场景。在上述的例子中，先是通过客观数据无变化，进而发起第一次的主观评估，通过主观评估找到了4种可能的因素。曾经某位高级策略产品经理，在笔者对某个实验结果百思不得其解的时候提示："不妨去看看Case，进行主观评估吧。"这句话帮助笔者找到了新的策略迭代方向，如果读到这里的读者也遇到了类似的问题，那这个建议也送给你。

例行性评估任务是每隔固定周期都要进行的主观评估任务，比如某种分类器模型的效果评估、对于人工审核进行的二次抽样质检任务等。例行性评估任务往往由专职团队完成，对于输入、输出结果和相关的流程要求都有着清晰的规范可以遵循。和一次性主观评估任务不同，例行性评估任务往往不需要策略产品经理本人进行评估，其目的也不是为了发现更多的产品洞察，而是为了例行监控某些不可测指标的变化（和客观数据指标的目的接近）。

但从笔者的经验看，例行性评估任务也是从一次性评估任务过渡而来的。策略产品经理往往是这套流程的建立者，需要做的工作包括但不限于协调资源（谁来做）并制定清晰可执行的流程（多久做一次；依据什么标准），确定输入（需要评估标注哪些内容）、确定输出结果（给出怎样的数据格式，邮件还是文档）。

3.2　主观评估的方法论

在科学的评估方式指导下，主观评估可以和客观数据指标互为补充，同时辅助业务决策。本节将主要介绍主观评估（平台视角）的相关方法论。

3.2.1　主观评估的三条关键准则

在摸索出以下三条关键准则之前，笔者在工作早期的主观评估项目多数以失败告终。失败的原因往往是主观评估数据无法取得广泛的认可，也就无法使用该数据推动决策。通常项目失败的原因如下。

❑ 稳定性差：在没有做大调整的情况下，上个评估周期的主观评估数据与这个评估周期的数据相差甚远，从而不知道应该相信哪一份数据。

❑ 其他团队对指标不认可：策略产品经理做了一份主观评估结果并发送邮

件给相关人员，但被其他团队质疑数据有效性。比如，对于某个通用分类器的召回率数据，算法工程师认为是 90%，而策略产品经理评估只有70%。当然这两个数值是随意杜撰的，但这件事情背后往往是不同团队 KPI 压力导致的，需要一种切实有效的手段来统一所有人的认知。

对于第一种情况，往往是抽样方法或者评估标准导致的。如果在上一次评估周期中抽取了小样本，而在下一次评估周期中抽取了大样本，两次结果的置信区间宽度差距较大，那么结果差异大。如果两次评估的抽样采用了不同的过滤策略，则抽取的样本实际数据分布不同（比如，第一次抽样过滤了无效状态，而第二次抽样并未过滤）。另外，两次评估的评估员不是同一人或者评估标准不清晰，数值也会有差异。但以上问题都可以通过相应的手段解决。

对于第二种情况，相信做过主观评估项目的人一定非常熟悉。由于团队内有多个"手表"产生了"手表效应"，不同视角数据（上例中的算法工程师和策略产品经理各执一词的两份数据）的增加，不仅没有为团队带来收益，反而导致团队内部变得更加混沌。

主观评估数据不被信任有多方面的原因，一个最大的原因是对于同一个事物，每个人的主观标准难以实现精准的"调和"。毕竟大多数人来自不同的省市，接受了不同的教育，在走上工作岗位时已经形成了完整的世界观，此时很难去统一不同人根深蒂固的底层认知，这也是主观评估项目的最大挑战。所以在汇报主观评估项目时，尤其考验策略产品经理的推动能力和汇报技巧，他们必须推动更多的人支持该方案。

经过对多方的广泛复盘和经验沉淀，笔者总结出了以下三条关键原则，如图 3-2 所示。

☐ "法律条文" —— "主观评估标准"的四要素。主要作用是使用客观清晰的语言统一团队内部所有人的认知，即对于任意的主观评估标准而言，必须具备完整的"法律条文"，具体包含以下 4 个关键要素。

● 标签。标签可以是连续的，也可以是离散的。体育分类的内容、美术分类的内容等属于离散标签，豆瓣上的电影评分属于连续的标签，标签的设定完全是由主观决定的。

● 标签定义，需要满足"形容词 + 名词"的组合。标签定义是为了让大多数人理解标签含义的重要手段，所选择的形容词和名词必须是有实

原则1："法律条文"
需要包含标签、标签定义、判例
和比例（可选）

主观评估
的三原则

原则2："最高裁判"
对判例具有最终解释权的内部
人员

原则3："用户/平台视角"
设定评估标注时应该选择大多数
目标用户的共同认知

图 3-2　主观评估的三原则

际含义的"{形容词}的{形容词}的{名词}"。比如豆瓣电影评分
为9分的电影指的是"值得多次回顾的（形容词）、立意深远（形容词）
的电影内容（名词）"，1分的电影指的是"浪费时间的（形容词）、毫
无主题（形容词）的电影内容（名词）"。

- 判例，通常以关键词或该标签的示例给出。和"法律条文"接近，在给
  出主观评估标准时需要给出非常具体的实例作为判例，数量越多越好，
  一般不少于5个。比如豆瓣评分9分的电影（标签）的判例为《肖申克
  的救赎》《这个杀手不太冷》等。判例是对标签和标签定义的具体补充，
  大多数情况下团队内部往往对于标签和标签定义不会有较大分歧，而对
  于判例的分歧一般较大。所以对于主观评估标准而言，判例是最重要的
  部分。请选取团队内部讨论通过的，并经由"最高裁判"确认的标志性
  示例作为判例，这是主观评估流程中一个非常重要的步骤。

- 标签的比例要求。对于离散型标签而言，往往没有比例要求。比如对
  于体育分类的内容，策略产品经理往往并不要求一定要保证体育分类
  的内容要占到全体内容的何种比例，而是顺其自然地符合自然分布即
  可。而对于连续型标签，往往需要对不同等级的标签设定预期比例，
  比如金字塔形分布（10分电影所占比例不超过1%，9分电影比例不
  超过6%，8分电影比例不超过12%等数值要求）或者纺锤形分布（即
  两极的占比低，中部的占比高）。

☐ "最高裁判"——主观评估的必要角色。主观评估项目中常见的现象是平
台内部对于最终的主观评估数据结果各执一词，造成这一现象的根本原
因是平台内部缺乏一个对于标准有最终解释权的"最高裁判"的存在。

关于"最高裁判"，笔者有以下经验可分享。

- 谁来推动。由于职场中大多数人对于主观评估的经验不足，一般来说"最高裁判"的选择需要策略产品经理推动相关角色选举产生，如果民主选举无法产生"最高裁判"，此时策略产品经理应该召开标准讨论会议，并邀请项目中职位最高的管理者参加。会议中推动项目最高管理者指定主观评估标准的"最高裁判"人选。该人选对于主观评估标准负责，具有最终解释权。

- 谁作为"最高裁判"。第一个条件是"最高裁判"应是对于主观评估标准制定最资深、最权威的人员（内容型产品中一般由运营经理负责）。第二个条件是"最高裁判"应是避免与该评估数据有直接利益关系的人（比如某 NLP 分类器模型，"最高裁判"的评估人员不应该是该 NLP 算法工程师，而应该是第三方中立的业务人员），杜绝"既当运动员，又当裁判员"的现象。

- 产生争议怎么办。当平台内部对于主观评估结论存在多个质疑的声音时，双方评估的人员、"最高裁判"可以在会议室内当场校对标准（以笔者的经验看，对于争议的实例，一般 60 分钟的会议即可完成双方标准的统一），并由"最高裁判"对主观评估结论给出终审判决。

☐ "主观评估标准"的用户视角和平台视角。对于标签定义而言，应当尽量贴合用户视角，设定评估标注时应该选择大多数目标用户的共同认知。以《火影忍者》的漫画分类举例来说，从平台价值观和用户价值观两个角度来看是不一样的。

- 平台价值观。《火影忍者》是"热血分类"动漫，其中"热血分类"是主观评估标准中的一个标签。

- 用户价值观。用户 A 可能会认为"火影挺好玩的，看着挺刺激的"，用户 B 可能会认为"火影好热血啊，是一个热血动漫"，而女性用户 C 可能会认为"火影是一部彩虹漫画，鸣人、佐助太甜了"。

可见，在本例中用户 A 和用户 B 脑中的第一反应都是"热血分类"，而用户 C 的第一反应是"彩虹漫画"，而此时的主观评估标准应该选取大多数人的认知。在进行主观评估标准设定时，策略产品经理应该考虑到用户的认知水平差异。

为了让大家更直观地理解主观评估标准的设计方式，表 3-1 给出了对于一个漫画属于何种漫画分类的主观评估标准示例。

表 3-1 漫画分类主观评估标准——最高裁判：张某

序号	标签	定义（形容词＋名词）	示例	比例
1	热血漫画	以友情、努力、胜利为主线的漫画作品	《火影忍者》等 5 部	不作要求
2	爆笑漫画	以取悦读者，令读者持续不断地发笑的漫画作品	《中国惊奇先生》等 5 部	不作要求

上述的主观评估标准示例是为了便于理解而杜撰的，在实际工作中，主观评估标准要细致得多，可以增加对于该标签与其他标签的区别（比如增加一列备注），该标签的正例和反例都可以沉淀到公共文档上，方便团队所有相关人员查阅。对于以上三条主观评估原则的实例应用，第 6 章将有更为完整的介绍。

3.2.2 用户价值观和平台价值观的关系

无论是在何种内容形式的平台，实际项目中收集到的数据往往呈现出以下特点。

- □ 用户价值观：数据表明大多数用户喜欢的内容往往是轻松愉快、贴近生活、能带来愉悦感受的，从行为数据上看大多数用户是本性驱动的。
- □ 平台价值观：不同平台设定的内容定位是不同的，但共同的特点往往是鼓励深度的、生动有趣的、创作成本较高的内容。

笔者对用户反馈的数据进行主观评估后发现，存在着两类截然不同的实例：一类是"用户不喜欢但平台觉得没问题"，另一类是"平台不喜欢但用户觉得没问题"。

第一类实例如"全国人民喜迎油价上涨"的新闻，此类内容往往会得到较多的用户负反馈，比如用户会在评论区留下差评，或者频繁使用举报按钮。但这些内容在平台看来是没有问题的，认为用户的负反馈行为只是一种情感宣泄，而非对于这条内容的理性评价。

第二类实例如"转发这张图，你的今日星座运势就会好转"等内容，这些在平台看来是不被鼓励的内容，但在评论区中往往能收到较多的用户正反馈，并伴随着大量的转发、收藏、点赞的用户行为。反而，平台认为的优质内容，比如"深度讲解 NLP 领域中 BERT 分类器的原理"，则呈现出"叫好不叫座"的数据表现，不仅极少有用户回复，即使有回复也是诸如"这个看不懂，下一题"的无意义评论，其他的客观数据表现也差强人意。

这种现象并非只在某一种产品中出现，笔者经历过的多款产品中都无一例外地呈现出相同的数据趋势。即使是垂直的内容社区中，平台认为的优质内容"叫好不叫座"的现象依然广泛出现。

不同平台设定的平台价值观是不同的，所以很难给出上述两类价值观的实例重合度，一般来说至少要做到 80% 以上的重合度，若太低则会造成平台标准与用户实际行为相差太远，但一定不要达到 100% 的重合度，否则平台将失去自己的视角，受用户视角的干扰而随波逐流。平台方一般会定期进行主观评估，再结合价值观重合度来间接评估用户价值观下的用户反馈情况。

3.2.3　抽样方法和置信区间的计算方法

主观评估的流程整体上可以分为从总体中抽出样本、标注员评估、统计计算、撰写数据报告 4 个步骤。本节主要以通俗易懂的语言简述主观评估中各个环节的通常做法和理论基础。

❑ 步骤 1：从总体中抽出样本。从样本中抽出样本有多种方法，但实际工作中常用的只有简单随机抽样、分层抽样和极值抽样三种。比如某个大教室中有 1000 个学生，想要评估这个教室的学生平均身高，但因资源有限无法对全体学生测量，所以随机测量其中的 100 个学生的平均身高来近似评估 1000 个学生的身高平均值。

● 简单随机抽样：简单随机抽样是最常使用的方法，抽出的样本服从独立同分布，举例来说，每个学生被抽到的概率都是 100/1000=10%。

● 分层抽样：分层抽样是按照某种特征将总体进行分层，然后在每一层中按照某种规则进行抽样。比如将 1000 个学生按照性别分为两队，从男性中抽取 50 个学生，再从女性中抽取 50 个学生，这种抽样方法叫作分层抽样。分层抽样主要是考虑到男性和女性的身高差别较大。按上述方法抽样不仅可以得到男性和女性的平均身高，还可以根据总体中男性和女性的比例，估算出总体学生的平均身高。

- **极值抽样**：极值抽样是按照某种特征进行排序，选取头部或尾部的部分样本作为评估样本。比如将1000个学生按照年龄排序，分别然后选择年龄最大（或者最小）的50个学生作为评估样本。极值抽样的特定场景有如内容型产品中监控一定周期内的"头部"曝光情况的内容质量，或者评估某种推荐算法召回模型中数据表现最差的若干用户的用户质量情况（通过最差的一批用户特征，辅助改进模型对于极端用户的推荐效果）。

☐ **步骤2**：标注员评估。标注员标注需要满足3.2.2节所说的三条关键准则，同时使用质检机制保证不同的标注员对于标准的理解是一致的，主要评估指标为双人盲审一致率，对于步骤2的详细案例见3.3节和6.4节。

☐ **步骤3**：统计计算实际工作中的大多数场景均满足正态分布或幂律分布（也就是常说的"二八原则"）。在大多数情况，我们都可以使用检验进行置信度的计算。本节将尽量使用通俗易懂的语言带你理解置信区间的概念。

☐ **步骤4**：撰写数据报告形成数据分析报告，一般需要提炼成公共文档或者以邮件形式发送给团队成员。不同数据分析师的数据分析报告风格各异，但主旨是相同的。报告中包括但不限于主观评估目的、评估员人选、评估抽样的方法和样本的大小、得到结果的置信度、秉持的主观标准，并需要给出实例、与用户价值观标准的差异、本次主观评估和上次主观评估的基线变动情况等。3.3节将给出一个通用分类器训练的主观评估汇报模板作为案例。

1. 统计学中的t分布与置信区间的计算

本节将简单介绍关于抽样方法的若干理论知识，旨在帮助读者了解统计学的基本原理，从而更好地输出主观评估结果。数学理论的部分共涉及三个概念。

☐ 概率

☐ 正态分布

☐ 置信区间

笔者将尝试用最通俗的语言介绍这三个概念。首先我们需要了解概率的定义。在统计学中有一个定理叫作"大数定律"，简单地说，概率是大量独立重复实验中某种事件发生的频率的极限值。

举例来说，计算圆周率有一个简单的方法。早期的数学家构建了一个直径为 2 米的圆，并以此圆外接正方形，如图 3-3 所示，通过投掷飞镖的办法，计算飞镖在圆内和圆外的频率进而推测圆的面积，再通过圆的面积公式和正方形的面积公式求得圆周率。（数学家曾经投掷并记录了数千次的结果，从而得到了相对精确的圆周率结果。）

图 3-3　投掷实验测量圆周率

上述概率的定义中有三个关键词。第一个关键词是"独立重复实验"，也就是说数学家每次投掷飞镖都是互不影响的，本次投掷结果和上次投掷结果完全没有相关性。第二个关键词是"频率"，在本例中频率的定义公式为"投掷在圆内的次数 / 投掷在正方形内的次数"。第三个关键词是"极限"，表示当投掷无数次的时候，频率将趋近于某个值。（感兴趣的读者建议复习数学分析的第一节中极限的严格数学定义。）根据统计学中的"大数定律"，频率的极限是概率。

概率是对不确定性的度量。生活中的大多数事情是不确定的，比如上班堵车是不确定的，天气晴朗还是下雨是不确定的。概率发生改变是因为有了新的信息输入。该怎么理解信息输入呢？不妨看以下的两个小例子。

❑ 在购买彩票时，中奖概率是几亿分之一，但在公布彩票的中奖号码以后概率就变成了 0 或者 1，在得知自己中奖或者没中奖之后（有了信息输入），不确定性被消除了，所以中奖概率也发生了改变。

❑ 在一个大房间中寻找手机的时候，如果房间共分为客厅、厨房、洗手间和卧室，且每个房间的面积都完全相同，此时手机在每个房间的概率为 1/4，但是在仔仔细细地检查过客厅以后并没有发现手机（有了新的信息输入），由于不确定性的部分消除（手机没有遗失在客厅），手机在其他三个房间的概率变为 1/3。

下面介绍正态分布。众所周知，日常生活中的大多数事件服从正态分布，即图 3-4 所示的钟形曲线。根据概率论中的"中心极限定理"，如果某个事件是受无穷个彼此之间完全独立的因素共同影响，那么这个事件服从正态分布。

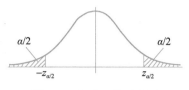

图 3-4　钟形曲线示意图

比如人类的身高是由性别、种族、营养条件、气候条件、地理条件等诸多因素共同影响的，并且这些影响因素之间几乎是完全独立的，所以人类的身高服从正态分布。社会的收入情况也近似服从正态分布，世界范围内比马云更有钱的人寥寥无几，负债几万亿的人也同样寥寥无几，大多数人集中在钟形曲线的均值附近。

正态分布是即将介绍的置信区间的理论基础。笔者在学习概率论时经常这样区分概率论和数理统计的差别：概率论是一门研究数据总体的学科，而数理统计更贴近现实情况，是一门如何从已知的部分信息往回推断全部信息的学科。

在主观评估中，我们经常面临的抽样问题是一个非常典型的数理统计中的场景。套用之前的例子：某个大教室中有 1000 个学生，想要评估这个教室的学生平均身高，但因资源有限无法对全体学生测量，所以随机测量其中的 100 个学生的平均身高来近似评估 1000 个学生的身高平均值。对于这个问题，如何使用科学的办法估算 1000 个学生的平均身高呢？仅仅选择 100 个学生（仅仅为总体的 10%）是否真的可以代表 1000 个学生呢？

即使我们完全不懂统计学，对于这个问题也有几点认识是毋庸置疑的。

❑ **抽样的比例越大，准确度越高**。从 1000 人中随机抽取 100 人的效果一定比抽取出 20 人的准确度更高（但抽取 100 人需要耗费的成本是仅抽样 20 人的 5 倍），同理，如果能全量抽取 1000 人进行测量，得到的结果是最准确的。

❑ **每次抽样的计算结果是不同的**。这个也非常好理解，因为抽样是纯随机的，所以第一次抽取出 100 人进行测量和第二次抽取出另外的 100 人进行测量，结果不太可能完全一致。

❑ **每次抽样的样本计算的结果的方差，比原始样本的方差更小**。这个稍微难理解一些，比如上述例子中两次抽样的结果分别是 1.68 米、1.71 米，第三次可能是 1.70 米，第四次可能是 1.69 米等，通过抽样取均值后的数值的方差往往比原始样本的方差更稳定（方差更小）。原始数据中可能存在着 2 米的篮球运动员和 1.4 米的小朋友，但经过抽样取均值以后的数值往往降低了不确定性，不太可能出现第一次抽样均值为 1.68 米，第二次抽样均值为 2 米的情况。

❑ **每次抽样的样本计算的结果的方差，应该与抽样比例呈反比关系。** 如上例所示，采用极限的思维，如果在 1000 人中每次只抽取 1 人，此时的抽样取均值相当于没有取（只有 1 个样本）。所以抽样的样本数量越少，每次抽样之间的方差差值就会越大。

如果你理解了上述的定性结论，就不难理解下面的数学结论："准确度的提升是非线性的，与抽样样本的平方根成正比。"也就是说，从 1000 人中抽取 400 人进行身高测量，和抽取 100 人相比，准确度的提升是 2 倍（而不是 4 倍）。对准确度的提升而言，并不是抽取的样本越多越好，因为抽取的样本越多，付出的测量成本是线性增长的，而对于准确度的提升只有其平方根的小幅增长。这也是为什么大多数情况下，主观评估并不鼓励无限制地提升准确度。但是，准确度提升到什么程度是比较合适的呢？

由主观评估的结果可得出抽样结果的置信区间，根据置信区间的精度预期来选择评估样本的数量。置信区间是统计学的概念，在上述例子中，使用极限法进行推演，即使完全不进行抽样，我们也可以根据生活经验判断 1000 个学生的平均身高在 0 米至 3 米之间，毕竟在通常认知中不存在没有身高的人类，也不存在身高超过 3 米的人类。

但是通过不断地对 100 人抽样，前两次抽样的平均身高结果分别是 1.68 米、1.71 米，第三次可能是 1.70 米，第四次可能是 1.69 米等，我们可以更确信 1000 个学生的平均身高在 1.70 米左右，但上下幅度的区间我们并不清楚。不过这至少比之前的 0 米到 3 米之间的模糊范围精确了许多。

置信区间是通过统计手段计算出来的，比如，95% 置信度的情况下，1000 个学生的平均身高在 1.67 米至 1.72 米之间，可以由数学软件求解得到。95% 置信度是事件发生的可能性，且大多数人的身高是服从正态分布的，所以多次抽样测量的结果不会距离真实值太远（不太可能出现抽样 100 人的平均身高是 2 米或者 0.5 米的情况，概率极低）。置信区间则是通过对不确定性的量化，选择了95% 的大概率情况下真实值的"上限"与"下限"。

而对于置信区间往往是通过数学软件计算得到的，实际工作中，常用的简化计算置信区间的方法一般是这样计算的。

❑ 在分类器的准确度评估场景中，评估人员对 100 个随机抽样样本的准确度评估为 80%。

❑ 由于置信区间宽度正比于 $\dfrac{1}{\sqrt{样本数}}$，所以置信区间宽度为 $\dfrac{1}{\sqrt{100}}$ =0.1。

❑ 最终准确的不确定度为 ± 0.1，也就是说准确度在 70% 至 90% 之间。

2. 程序语言中的随机抽样方法

这里简单介绍几种笔者常用的随机抽样方法。在 Excel 中，常见的手段是新建一个辅助列，然后在辅助列中输入 RandBetween（参数 1，参数 2）函数。RandBetween 函数是在所输入的两个数字中间随机产生一个整数，比较符合简单随机抽样的场景需求，如表 3-2 所示。

表 3-2　Excel 中的 RandBetween 函数可以实现随机抽样

学号	姓名	年级	辅助列（新建）
1	张某	3	=RandBetween(1,3)
2	李某	6	
3	王某	4	
4	朱某	3	
5	张某	5	
6	胡某	2	

❑ 在最右侧列的右侧新建辅助列。

❑ 在辅助列第一个单元格中输入" =RandBetween（参数 1，参数 2）"函数，参数 1 和参数 2 取决于希望抽样出的样本大小，如果总体有 1000 个样本，希望抽出 100 个样本，则可以选择从 1 到 10 之间随机抽取一个样本。

❑ 向下填充单元格，直到辅助列中的所有数值都算出来。

❑ Excel 中选择筛选功能，输入一个数字，直到筛选出的目标样本符合预期。

❑ 将筛选出的内容复制到另一个新的工作表中，即完成了随机抽样。

如果读者使用 SQL 语言获取数据，在数据库中常用 SQL 语句有 select *

from TableName order by rand() limit *N*，其中 TableName 是希望获取数据的数据表的名称，*N* 为希望获取的样本大小。这行语句含义按随机数升序排序方法，再随机取若干条，以实现随机抽样的目的。

如果使用 Python 语言，一般推荐使用 Pandas 进行抽样，常用语句为 Pandas.Sample() 函数调用语句。该函数可以指定抽样大小、是否有放回抽样。关于以上常用的数据工具部分，第 4 章会有更为深入的介绍。

3.3　项目实例：有监督模型的通用分类器标注流程

策略产品经理会经常与机器模型打交道，在机器学习学科前沿，无监督分类器是一个研究热点，但无监督模型与有监督模型相比需要更多的数据，所以工业界使用的比较多的是有监督分类器。

对于有监督分类器而言，选择的模型固然重要，但更重要的是训练数据的数量和质量。正如第 3 章所阐述，大量的数据即使使用非常简单的模型也能得到很好的效果。从笔者经手的多个分类器模型的经验看，提升分类器的准确率和召回率指标，最有效的办法还是从特征入手，从训练数据入手。

算法工程师和 NLP 工程师擅长的部分往往是模型训练细节，但较少有算法工程师擅长搭建科学的审核流程来获取数量更多、质量更高的训练样本。所以，策略产品经理的价值得以彰显，需要负责构建并推动整个数据流，协调标注资源（无论是内部标注团队还是外包标注团队），并为整体训练数据的质量和数量负责。

笔者在吸取了大量教训的基础上，总结出了以下通用标注流程，如图 3-5 所示。

❑ 获取待分类样本集。要训练通用的分类器，理想情况是选择最全的样本集合。举例来说，如果希望对所有中文的互联网的体育内容进行细分，那么理想态就是获取所有中文的、互联网的体育内容并进行标注。

● 对于内容体量大的产品而言，比如通过随机抽样评估，站内内容已经囊括了全网中文体育内容的 80% 以上，此时可以直接认为站内内容约等于全网内容，并且内容分布与全网内容分布接近，可以直接进入下一步。

● 对于内容体量小的产品而言，此时需要获取站内不存在的站外内容并进行标注，这个步骤的理想态是尽量使得待分类内容的分布与全网内容的分布一致，在获取了合适分布的内容样本以后，才可以进入下一步。

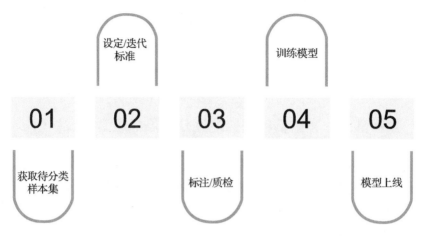

图 3-5　有监督模型的标注流程

☐ 设定 / 迭代标准。对于标准的讨论一般分为 4 个迭代步骤，如果项目追求严谨性，恐怕要开 3 到 4 次标准会议，这几次会议的意义和重点是不同的，最终目标是产出一份清晰可执行的标准文档。理想态是让所有参与标注评估的人员在价值观层面取得一致，具体细节将在下文详细给出。

☐ 标注 / 质检。在确定了清晰可执行的标准，并且所有参与评估的人员在价值观层面尽可能达成统一以后，即可进入有监督模型的样本标注阶段，最终目标是得到所有标注员价值观统一的大量标注样本，以提供给分类器进行学习。

☐ 训练模型。既有的有监督学习样本经算法工程师统计分析、数据清洗后提供给训练分类器模型。算法工程师不断根据特征性质尝试不同的分类器模型，最终选定某种分类模型和模型参数。最终目标是输出一份标准格式的模型数据。

☐ 模型上线。由策略产品经理推动各方达成模型上线标准，在模型相关数据达到上线标准后按照原定的上线计划将新版模型上线，发送上线邮件和数据效果让各需求方周知，同时收集模型中的 BadCase 进行下一轮的迭代。

训练有监督模型的工作流程总结如表 3-3 所示。

表 3-3　训练有监督模型的工作流程

流程名称	定义	主导角色	理想输出
获取待分类样本集	获取与目标样本相同数据分布的样本集合	策略产品经理 + NLP 工程师	和全体样本独立同分布的样本集合
设定 / 迭代标准	类似于建立 "法律条文"，对于分类器的分类个数和具体执行标准做文本化的规定，并不断修正	运营经理	所有业务相关人员认同的标准文档
标注 / 质检	根据设定的标准，使用包含质检机制的流程进行大量样本标注工作	标注团队负责人	大量经过了校准的分类标注数据（一般为万级）
训练模型	尝试不同人工标注的样本训练分类器模型，提升分类器的泛化能力	NLP 工程师	模型指标如 F1、AUC 等
模型上线	推动达到使用条件的模型上线，并充分评估模型效果，让各方周知及推动下一次迭代工作	策略产品经理	上线数据报告

即使上述 5 个流程中有部分流程的主导角色并不是策略产品经理，但策略产品经理是项目的整体负责人，需要对以上流程全程跟进并在必要环节 "拍板"。推动能力和各方资源协调能力是策略产品经理必备技能。

以下内容经过了脱敏处理，将介绍笔者在实际项目中经常遇到的关键决策节点。

3.3.1　标准制定流程中的 "求同存异"

正如前文所述，主观评估项目失败的最主要原因之一是各个业务方对于标准的理解不一致。对于一个项目而言，很普遍的现象是业务方之间（产品经理、研发工程师、运营经理、标注团队）的 "貌合神离"，大家经常陷入的困境是 "虚无讨论" 而不是带着项目实例讨论。

出现这种现象有两种原因。第一种原因是团队不够追求极致，所以内心深处尽可能避免产生对于项目实例判断不一致的 "冲突"，而达成 "虚假和平"。第二种原因是策略产品经理缺乏把控会议节奏的能力，未能将讨论从 "虚无讨论" 中抽离出来。

如果标准不一致，各业务方往往在模型已经训练完成（第 4 步）、即将上线之际才意识到在顶层标准上的冲突，这时已浪费了很多时间，项目进度也会延误。

以上困境笔者均多次亲身经历，一些情况下鉴于产品最终效果差异不大选择了 "带病上线"，但是一些情况下产品最终效果是不可调和的 "认知冲突"，只能从头再来一遍流程。

为了预防以上情况的发生，笔者总结出了"4次会议法"，可显著提升项目成功率。

会议1，建立初步标准。第一次会议一般需要与所有业务方讨论出初步的标准，仍然包括"标准四要素"（标签名称、标签定义、判例和比例），主要讨论的部分是分类器中标签数量、具体定义和初步示例，此时所有人对于整体样本的分布缺乏了解。这个阶段重点是确定标签的数量，表3-4中对于电影的分类数为12，并全部给出了标签名称、标签定义和示例。（标签的名称和具体数量参考1.3节的5条标准）

表3-4 初步标准会议的示例

《电影分类主观评估之初步标准》Version 0——最高裁判：李某

序号	标签	定义（形容词＋名词）	示例	比例
1	惊悚电影	惊悚情节的电影作品	《电锯惊魂》等5部	不作要求
2	动画电影	动画而非真人演出形式的电影作品	《你的名字》等5部	不作要求
……	……	……	……	……
12	恐怖电影	以恐怖为主线的电影作品	《寂静岭》等5部	不作要求

会议2，求同。在第一次会议结束后，策略产品经理推动各业务方独立标注同一份样本，数量一般为300～500个（根据业务情况不同酌情调整，目标是产出足够多的评估实例），一般情况下策略产品经理、研发工程师和运营经理都需要参与到独立标注中。（建议各业务方在独立标注的过程中充分地参与进来，笔者的项目中一般约定，如果某个业务方完全不参与标准样本标注，那么将在未来项目上线后失去对最终标准的质疑权力。）在完成约定数量的样本标注以后，策略产品经理将各业务方标注的完全相同的评估实例筛选出来，作为求同会议的样本，如表3-5所示。

表3-5 求同会议的标注样本汇总

序号	待标注样本	标注员1	标注员2	……	标注员N	是否完全一致
1	《肖申克的救赎》	悬疑电影	动作电影	……	悬疑电影	否
2	《这个杀手不太冷》	爱情电影	动画电影	……	恐怖电影	否
……	……	……	……	……	……	……
300	《少年的你》	爱情电影	爱情电影	……	爱情电影	是

比如在上述示例表中，《少年的你》所有的标注员都认为是爱情电影，并达成了一致，此时找出爱情电影标签中所有人都达成一致的电影，作为"公理"。采用该"公理"完善标准文档，并细化每一条标签的标签定义，如表 3-6 所示。

表 3-6　求同会议产出的评估标准举例

《电影分类主观评估之"求同"标准》Version 1——最高裁判：李某

序号	标签	定义（形容词 + 名词）	示例	比例
X	爱情电影	中心剧情主要围绕主角恋爱关系发展	《少年的你》等 30 部（表格中所有人认知相同的电影）	不作要求
……	……	……	……	……

求同会议的重点在于能够达成共识，各业务方形成合力。求同会议需要对评估实例进行分析并且需要修改标准，一般耗时为 1 ～ 2 小时，所以求同会议和接下来的存异会议一般分别召开。

会议 3，存异。在求同会议结束并修正文档后，将上述标注文档中最后一列"是否完全一致"为"否"的条目筛选出来，策略产品经理邀请所有参与标注的人员在会议现场逐个遍历实例，每个标注人员阐述自己的理由，以及是否愿意让步。由"最高裁判"对有争议的实例进行最终"拍板"，形成表 3-7 所示的评估标准文档。

表 3-7　存异会议产出的评估标准举例

《电影分类主观评估之"求同"标准》Version 2——最高裁判：李某

序号	标签	定义（形容词 + 名词）	示例	比例	备注
X	爱情电影	中心剧情主要围绕主角恋爱关系发展	《少年的你》等 30 部（表格中所有人认知相同的电影）	不作要求	与惊悚电影的区别在于……　与悬疑电影的区别在于……
……	……	……	……	……	……

存异会议最重要的是给出每一个标签与其他容易混淆的标签有哪些差别，设定一些基本的语言描述规则并更新至标准文档中。以笔者的经验看，在 1 小时内各方可以完成 30 ～ 50 个存异实例的讨论。同处一室的开会方式将有助于所有人收到相同的信息，对提升团队一致率有较大帮助。

会议4，完成最终标准。第4次会议对标准进行最终的修订。修订的重点如下。

☐ 分类的描述是否准确。

☐ 每个标签与其他标签的界限是否清晰可执行。

☐ 是否有一些标签需要重新拆分或合并。

最后整理出最终版评估标准，如表3-8所示。

表3-8 最终版评估标准的示例

序号	标签	定义	示例	比例	备注	修订记录
X	爱情电影	中心剧情主要围绕主角恋爱关系发展	《少年的你》等30部（表格中所有人认知相同的电影）	不作要求	与惊悚电影的区别在于…… 与悬疑电影的区别在于……	将原标签"青春电影"合入"爱情电影"
……	……	……	……	……	……	……

本节介绍的是技巧性部分，项目更深层次的探讨需要团队共同完成，没有互助友爱、就事论事的职场氛围是难以做成项目的。

3.3.2 样本标注的标准流程

在通过上述4个会议达成一致的标准以后，接下来学习样本的标注流程。标注流程有4个关键节点。

☐ 工具选择。不同的公司可能会选择不同的工具，常见的有Excel和后台两种。在Github上有一些开源的标注工具，但笔者的经验是当前的开源标注工具在实用性上不如Excel。

☐ 质检流程。标注流程中不可缺少的流程，质检员一般是"最高裁判"，项目中经常以抽样质检的准确率作为样本质量的评估标准。

☐ 纠偏会议。对于质检流程中发现的有差异的实例，一般需要召开会议进行集中"清理"，"最高裁判"引导会议节奏并输出最终标准。笔者的经验是一般只需要2～3次类似会议即可将质检一致率（抽样质检符合预期的比例）提升至很高的水平。

☐ 人事管理。项目中笔者的经验是"多数错误集中于少数人"，标注团队提升样本标注质量的办法往往是进行人员迭代，替换掉标注准确率较低的标注员。

1. 工具选择

在工具的使用上，我们一般有两种选择。

- ❑ Excel 标注。大多数公司一般使用比较原始的 Excel 方式进行标注，原因是 Excel 功能强大，可以使用 Excel 函数完成大多数工作。实际工作中如果是双人盲审标注，可以在在线文档上分为两个工作表进行独立标注。

- ❑ 后台标注。少数效率高的公司对于样本的标注可以在后台完成。后台标注的优点是可以提升标注效率，降低标注员之间的相互影响，数据取用对模型更友好；缺点是即使存在模块化的后台，开发成本也不算低，但与"万能"的 Excel 相比后台的灵活性较差，无法满足更多元的诉求，每增加一个新的诉求，一般都需要额外增加开发工作量。（另外后台经常由于各种各样的原因遇到问题，导致工作无法进行。）

基于以上的原因，笔者建议对大多数需要高灵活性的项目，在工具上选择在线表格来完成。当前在线表格的函数功能已经可以充分满足大多数使用场景需求。

2. 质检流程

在选择了工具以后，标注第二个要点是需要"最高裁判"在标注过程中进行随机抽检，一般抽检比例为 5% ~ 10%。如果工具选择是 Excel，实现方式一般是前两个工作表是完全一致的双人标注样本，第三个工作表是使用 RandBetween() 函数进行随机抽样出的少数相同样本。抽检样本由两位普通标注员和"最高裁判"进行完全独立的标注。

所有标注结果以"最高裁判"的质检结果为准，在 Excel 中可以设定公式自动计算质检一致率，该指标一般是日指标，以便于策略产品经理作为项目统筹人及时了解标注样本的质量。

在标注过程中，"最高裁判"需要作为顾问角色，及时响应标注员的疑问。良好的信息沟通机制和数据考核机制是标注质量的保障。

3. 纠偏会议

有监督模型的样本标注工作是非常枯燥的，保持团队持续地输出高质量的样本离不开好的组织机制。关于标注团队的组织建设，有两点很重要。第一点是需要让标注团队找到自己的工作价值，需要进行充分的愿景同步。第二点是需要把握好样本标注的节奏，标注员工作中难免会在体力和心力上逐渐不支，所以需要在标注过程中找到节奏感。（比如，分时段进行不同的标注任务。）

节奏感的一种表现是定期的会议制度，在质检流程中发现的有差异的实例，一般需要团队内部集体讨论，一般周期是每周一次。会议制度可以选择的轮值主席制，充分发挥标注团队中每一位员工的主观能动性，这都是项目成功完成的必要手段。

"最高裁判"在标准纠偏会议中需要将同类型的实例进行串讲，总结出这种类型的标注任务的注意要点有哪些，并推动落实到评估文档之中。一般两到三次的纠偏会议就能起到非常显著的效果。

4. 人事管理

"二八原则"无处不在，项目中的多数错误可能都是少数人犯下的。多数员工也能在纠偏后快速提升，提高项目的质检一致率。

但凡事都有例外，一些公司的模型分类器的标注团队可能是外包团队，公司对于外包团队并没有人事任免权，不能决定用或不用哪些标注员工。这种情况下需要在签订合同的时候，要求外包团队提供更多的数据，并订立相应的准确率条款（比如，准确率低于 50% 就有权利不支付尾款等），并在公司内部后台建立完善的抽检机制。

3.3.3　模型训练与汇报模板

整体模型的训练应当是研发工程师主导的，比如如何遴选标注样本，如何设置固定模式（正则表达式）作为模型效果对照组等。训练分类器的研发工程师就像是一个正在雕琢艺术品的艺人。他们负责选取分类器模型和决定如何使用训练样本的黑盒。

但是，在分类器模型训练中，策略产品经理应该只负责作为"研发鼓励师"的角色吗？当然不是。策略产品经理的主要工作是推动分类器模型训练项目中所有人的合理配合和对效果的评估。

而效果评估分为两部分：一部分是模型的效果评估，另一部分是项目上线后的数据评估。模型的效果评估是该分类器模型可用性的重要标准，本节简单展开介绍。上线后的数据评估主要是由 A/B 测试实验完成的，将在后续的章节展开。

模型汇报数据分为 4 个模块，一般在项目周会上由策略产品经理汇报。

- ❏ **标准盲审一致率**。在 3.3.2 节的样本标注流程中，"最高裁判"通过抽样质检得到的样本一致率数据作为样本有效性的观察指标。

- ❏ **F1 值**。一般需要同时给出准确率（一般称为 P 值）、召回率（一般称为 R 值）和 F1 值。F1 值是准确率和召回率的调和平均数，也就是准确率的倒数加上召回率的倒数，再取倒数。

- ❏ **混淆矩阵**。混淆矩阵是可视化工具，特别用于有监督学习中。混淆矩阵的列表示预测类别，每一列的总数表示预测为该类别的样本的数目。行表示样本的真实归属类别，每一行的数据总数表示该类别的样本实例的数目。每一列中的数值表示真实数据被预测为该类的数目，主要用于直观地看分类之间的真实值与预测值的关系。

- ❏ **学习曲线**。在机器学习学科中有一个概念叫作学习曲线，即衡量训练集样本数量和最终效果的曲线。该曲线可以告诉我们应该在什么时候减少样本的标注投入，同时方便我们观察机器学习算法是否为欠拟合或过拟合。

在汇报标准盲审一致率时，需要汇报标注人数、人力分配细节和样本一致率。示例如下：2019 年第一周某分类器的样本标注工作由 5 位标注人员共同完成，标准的"最高裁判"为王某，本周的样本是在过滤审核未通过的内容后均匀抽样得到的，单盲质检一致率为 60%，同比增长 3%。

F1 值、混淆矩阵和学习曲线一般由算法工程师提供。当前的机器学习模型大多已经充分实现模块化，以上数值在相应的机器学习平台输出时即可得到。策略产品经理一般只需要将数值和图表复制一份即可，但需要彻底理解以上常见评价指标的含义，只有理解了模型的表现情况，才能保障下一步的项目实验效果。

3.3.4　实际工作中的关键节点及决策

除了遵循上述流程，策略产品经理在实际工作中还是有许多需要做决策的关键节点，这些关键节点将直接决定项目的最终效果。下面笔者将分享这些关键节点的决策思路。

□ 标注流程和样本筛选规则的文本化。

□ 标注样本和真实样本的数据分布差别过大，需要随时修正标注样本与实际的偏差。

□ 评估模型效果时需要有实验组、对照组。

第一个问题是经常遇到的标注流程问题，即如果在项目的中前期团队使用Excel标注模式，不可避免地会使流程变得模糊。

举例来说，经常出现的情况如下。

□ 月度项目复盘时，发现由于种种原因（比如过滤条件错误）导致前几次的样本标注结果是不可用的，但模型中仍然使用了这些数据。更严重的是，由于标注是通过企业IM的即时通信窗口来完成任务分配的，很难清楚地找到当时的训练样本具体是哪些。

□ 样本标注的周期性很弱，团队很难形成固定的标注节奏。通过企业IM标注时经常遇到的情况是，产品经理和NLP工程师给出一份筛选后的样本，再由企业IM发送给标注团队负责人，负责人再进行分配，工期总是很难保证。

这个问题的解决办法是，所有的标注流程通过邮件提供，邮件中需要提供完整的样本筛选规则（比如，是随机抽样还是有过滤条件的随机抽样）、样本数量、期望交付的最终日期等。邮件需要抄送给项目的所有人知悉。如果标注团队工作有延期，在邮件的发送时间的时间戳上有体现。同时，邮件的方式不会像企业IM一样被大量聊天信息所干扰，并可以通过搜索的方式完成样本回溯。

第二个问题是标注样本选择问题，以笔者的项目经历看，经常出现的现象是，模型在标注样本中的F1值已经很高，满足了既定目标，但是在真实样本中F1值却差强人意。这主要是由于标注样本的分布与真实分布不同。

首先要明确两件事。第一，在标注样本时不应只追求样本数量，事实上处于分类器临界线的“临界样本”才是最有意义的。什么是“临界样本”呢？举例来说，就像是我们常常认为男孩经常穿着蓝色的衣服，女孩常常穿着粉色的衣服，“临界样本”就是穿着粉、蓝色衣服的样本。只有这部分处于临界线的样本对于分类器才有意义，如果我们标注了许多深蓝色、天蓝色等深色衣服的人属于男孩，穿着红色、玫红色等鲜艳颜色衣服的人属于女孩，在这种不具有区分度的样本上做得再多，对于分类器而言提升 F1 值也是相对缓慢的。第二，对于分类器样本选择的决策权在于 NLP 的工程师而不是策略产品经理，因为只有工程师了解他正在做的模型需要哪些样本。在机器学习领域有许多论文讲述"分类器的样本不平衡问题"，这部分的知识大多数策略产品经理是不具备的，所以谨记样本选择是 NLP 工程师的工作，策略产品经理只负责对最终模型效果的验收。

第三个问题是对照组的问题，在分类器训练的早期是缺乏对照组的。举一个最简单的例子，如果我们将某类均匀样本随机进行二值分类，那么有 50% 的概率会弄错。比如在一个广场中有 50 个男性和 50 个女性，主持人遮住眼睛进行随机分类，理论上分出来的两类中，判断为男性的会有 25 个女性，判断为女性的会有 25 个男性。所以，随机分类也是一种对照组的选取方式。

那有没有更好的对照组的选取方式呢？当然有。如果我们对 100 个人的身高进行测量，身高超过 1.9 米即划分为男性，否则划分为女性。这样虽然也会有许多误判，但准确率一定高于随机分配。这种方式就是使用一个维度（身高）特征实现的 Pattern 分类。

当然，模型理论上会做得更好。通过不断地优化模型内部参数，将给出比单特征 Pattern 更为准确的结果。所以在进行模型效果评估时，策略产品经理需要选取尽可能准确的 Pattern 作为对照组来评估模型的提升效果。

本节主要讲述在一个通用分类器的训练过程中策略产品经理应该做的事情，并给出了案例分析。策略产品经理在项目中的核心作用仍然是推动项目和评估项目。作为策略产品经理而言，使所有项目组成员形成合力，并在最短的时间内达到最优效果，是一件非常有成就感的事情。

3.4　耐心等待"信号"出现

本章开篇提到了 A/B 测试实验的数据指标往往只服务于短期指标，而主观评估经常用于评估长期指标的观点，但是有一个一直未解的问题：没有人准确地知道这个"长期"到底是多长时间。

无论是做企业还是做产品，都像一个团队在大海中心航行。在通往产品成功的道路上，我们有"近距离罗盘"，这个"罗盘"是 A/B 测试实验指标，它能告诉我们在附近的海域里应该前往何处。在学习了主观评估相关的知识以后，我们有了"远距离罗盘"，这个"罗盘"能帮助我们明确在相对更远的海域里应该开往何处。尽管通过主观评估的方式我们可能到达一个新的陌生海域，但仍然不知道应该继续前进还是调头回到之前的地方（相信大家在做许多开拓型产品时都有这个感受）。此时，团队中可能充斥着两种截然不同的声音，一个声音希望能坚持这个不知道是否正确的方向继续前行，另一个声音希望能及时止损，回到之前选择的道路上去。

笔者经历的多款截然不同的产品，都面临过类似的进退维谷的境地。产品成功的道路有时候像是独木桥，只有一条道路可以通向成功，有时候又像是"条条大路通罗马"。到底怎么选呢？

在产品路线的选择问题上，策略产品经理往往有一些不一样的视角，本节所讲的内容可能不会带给你一个确定性的答案，"是进是退"取决于策略产品经理对人性的洞察。但通往成功的道路总是有一些共性的，如果我们在黑暗的陌生海域中收到了"信号"——用户反馈，说明你可能选择了一条正确的路线。

创业必读书《精益创业》中是这样介绍共性的。

- ❏ 第一步：用户反馈，且主要以负反馈为主。
- ❏ 第二步：迭代产品，持续根据用户反馈进行产品迭代。
- ❏ 第三步：爆发增长，产品体验达到临界值，在某个事件或增长活动中引爆，获得持续爆发增长。

关于第一步的用户反馈，对于策略产品经理而言，在启动产品项目的时候需要时刻谨记"最小产品"的原则，在"最小产品"上线后不要担心用户的负反馈，而是要担心用户是否真的会用这个产品。

如果产品解决的是真实需求，那么就会收到大量的用户反馈。比如在12306网站版本只能通过IE6内核的浏览器访问时，12306的后台产品经理一定收到了大量的用户负反馈，但这其实是一件好事，因为说明正在做的产品是真正存在用户需求的产品，用户才会乐此不疲地使用并给出反馈。

产品经理面对的最可怕的情况是，在"最小产品"上线后几乎没有用户使用，也收不到用户的任何反馈。这说明产品解决的是一个伪需求，用户不需要当前的产品功能。

在笔者多年的工作经验中，产品经理输出的"自嗨型需求"可能占比一半以上，绝大多数的产品需求都是用户不需要的，上线后即使给了充足的曝光位和说明，但仍然反馈寥寥、数据平平。作为产品经理，一定要反复询问自己，这个产品功能是不是"自嗨型需求"。这可能需要对用户画像和心智模型有充分的理解，也最为考察策略产品经理的同理心。

对于大多数成型产品而言，往往不会存在方向性的大偏离。如果现在我们收到了一部分用户反馈，应该如何对待用户反馈呢？

理论上，我们经常遇到的是"非典型用户"的"非典型需求"。所谓"非典型用户"，是指该用户并不属于该产品的大众用户（因为其实能够反馈的用户本身也是足够小众的，产生了"幸存者偏差"）。所谓"非典型需求"，是指产品主流程之外的需求，比如说对于某个招聘软件而言绝大多数的用户（典型用户）是求职者和 HR，他们的主要需求是实现求职和招聘，但是存在用户反馈说"产品的搜索功能不好用，无法找到全部招人的公司列表"，则该用户既不是典型用户，需求也不属于产品主流程。该用户可能是一个做就业市场分析的数据分析师，希望从招聘软件中找到所有正在招人的公司的列表和招聘职位数，用来作为对就业市场大环境的数据资料。作为策略产品经理，有两种思路可以思考这个问题。

❑ 类似的用户占比很低，该需求应该被忽略。

❑ 类似的用户占比很低，但能提取出新的"灵感"，典型用户中有多少有类似的需求？可否更好地通过这个"灵感"去设计产品，以满足典型用户的类似需求？

直到 2019 年，笔者的选择往往是第一种，直接忽略类似的小众用户反馈，但这件事情还做得不够好。如上述的例子，尽管该需求是通过"非典型用户"得到的，但"希望了解就业市场行情的需求"在典型用户中也是存在的。作为招聘 App 不仅可以提供最准确的职位给求职者，同时也可以肩负起第三方数据平台的责任，将实时就业指数在产品端展现，将有益于求职者和 HR 获取更多的信息，更好地做出决策。解决问题的核心还是思维方式的转变，笔者现在逐渐实现了从"完全忽略小众用户反馈"到"尝试从小众用户反馈中提取灵感，以服务大众用户"的思维转变。

但过犹不及，从用户反馈中一定无法直接得到最好的产品方案，需要策略产品经理利用自身的专业性来对需求进行深层次的洞察、挖掘、提炼，最后找到产品需求。

3.5 本章小结

本章讲述了主观评估的相关内容，不仅介绍了"我们为什么需要主观评估"，还介绍了主观评估的常用手段。本章重点是具体执行流程中的基本原则和数据分析方法，同时以一个真实的通用分类器模型训练的例子详细地阐述了主观评估在项目中的应用。最后结合笔者亲身体验介绍了产品将迎来爆发增长的"信号"。

第 4 章

多变量数据分析：数据的基石

第 1 章介绍了策略产品经理的主要工作为推动项目和评估项目。所谓"评估项目"，本质上是通过某种手段去测量项目的效果。正如第 3 章介绍的，评估指标分为可测指标和不可测指标。前文我们已经充分讨论了不可测指标的测量方式。接下来的两章将分别介绍可测指标。

可测指标可以简单地分为两种类型：一种类型是多变量数据，平时工作中最为常见；另一种是单变量数据，比如 A/B 测试实验是一种非常典型的单变量数据分析方法，即在其他变量不变的情况下，改变单一变量来观察最终效果的变化。

单变量数据分析和多变量数据分析的场景是有差别的。从数据置信度上来说，单变量数据分析更胜一筹，因为其可以得到统计上令人信服的结果。但从操作难度看，单一变量数据分析一般高于多变量数据分析，毕竟对于大多数公司而言，开启 A/B 测试实验的开发成本较高。以笔者的经验来看，多变量数据分析的需求数量约为单变量数据分析的 3 倍，平均数据分析时间为 2～3 小时。对于 A/B 测试实验而言，大多数的影响因素在实验设计之初就已被控制，所以在对 A/B 测试实验数据结论进行分析时仅需要做简单的统计。换言之，A/B 测试实验的难点在于实验设计和假设建立，而不在于数据分析。

另外，本章着重阐述数据分析的方法论，而不是如何使用数据分析工具。这样安排的原因有 4 个。

- ❏ 原因 1：市场上关于工具使用的图书众多，但鱼龙混杂。绝大多数图书过分强调了工具属性，作为读者很难直接套用书中的数据案例。另外，书中的案例大多已经有了明确的数据假设，但在案例部分直接略过了建立假设的环节，会让读者产生"为什么突然要按照这个方向计算"的疑问，这是由于作者默认了读者对其案例背景十分了解。读者阅读此类书往往只能学到书中案例的皮毛，比如某个函数的用法，但并不知道为什么要用这个函数。

- ❏ 原因 2：在数据分析领域，策略产品经理在日常工作中"提出问题"比"解决问题"更重要。尽管策略产品经理与功能型产品经理相比对数据分析能力要求高，但在公司的团队架构中，往往存在更专业的数据分析师。（当然，如果策略产品经理自身的数据分析实力足够强会更好。）策略产品经理在与数据分析师的沟通中往往需要给出数据分析的要点，但实际工作中很少有策略产品经理能完整地将自己希望分析的问题的"原假设"阐述清楚，最后导致的结果往往是双方在数据分析的最终输出上没有达成一致，延误了项目进度。

- ❏ 原因 3：随着时代的发展和商业市场的成熟，数据分析工具本身已经变得越来越简单。笔者在大学期间使用的还是 SAS 和 Lingo 这样的工具，时至今日已经涌现出 PowerBI、Tableau 等大量数据分析软件。数据也发生了天翻地覆的变化，比如数据库的类型（笔者在大学期间学习的是 Access 数据库）、数据库的查询语言等。近年来，随着 Python 语言生态的成熟，诸如 Scipy、Pandas 和 Numpy 包已经可以满足几乎所有的数理统计需求（至少对于策略产品经理如此）。所以，如果将重心放在工具使用上，那么本书用不了 5 年就会被其他更好用的工具书所取代。

- ❏ 原因 4：即使掌握了工具，不懂基本的数据分析思路和数理统计原理也是没有意义的。比如笔者在 2011 年曾接触 Spss 软件，并尝试使用 Spss 完成数据分析。即使我对 Spss 的交互界面已经十分熟悉，仍然读不懂 Spss 输出的数据结果。所以，会使用工具不是最重要的，能够读懂统计软件给出的最终结果才是"王道"。

在进入本章的正式内容之前，笔者希望谈一下自己对数据科学的三个建议。

☐ 学好 SQL 是通往数据科学的第一步，这也是最容易被人忽略的基本功。许多数据分析师在入行一两年以后才发现自己的短板在于 SQL 没有熟练掌握，导致自己的技能上升路线被"钳制"。

☐ 在工具使用上不追求掌握多种工具，只掌握一种工具即可，R、Spss、Python、Excel 都可以。其中 Excel 是最基本的数据分析工具，如果需要挑选一种入门工具，笔者推荐使用 Excel。Excel 中有许多不为人知的强大功能，并且也可以通过 VBA 的方式编辑程序，这对于大多数策略产品经理已经足够了。不过，建议学习能力更强的策略产品经理选择 Python，在以上列举的几种工具中，Python 可能是性价比最高的。

☐ 打好统计功底，在数据科学中不仅需要知道公式该怎么用，还要知道公式是怎么来的。翻看概率论可能又太过无聊，笔者的方法是在网站上学习关于考研数学的一些公开课视频，尤其是概率论与数理统计部分。关于考研，网上有许多名师授课，而且课程都十分生动有趣。

如果你也认同笔者的以上三条建议，那么，现在就开始努力吧！

4.1 数据分析的基本方法论

无论是产品经理、运营经理还是市场经理，在实际工作中都避免不了跟数据打交道。在大数据时代，数据分析正变为一项越来越重要的能力。值得注意的是，随着时代的发展，数据的量级在增加，数据分析工具也越来越强大。数据正逐渐变为这个时代最值钱的"金矿"，在 21 世纪，谁能利用好数据，谁就能在商业战争中打败竞争对手，占据商业优势。

与其他职位，尤其是功能型产品经理相比，策略产品经理在实际工作中需要产出大量的数据分析报告。无论是项目启动之初的"项目启动会——分析报告"（包括项目现状、预期提升指标、策略手段、预计效果），还是在项目过程中的数据分析，乃至最后结项时的"项目总结会议——分析报告"（包括项目最终效果以及与当初预想结果的误差），都需要以数据为依据。

通常情况下，以上的数据分析报告皆由策略产品经理完成，而非专职的数据分析师。在一线业务中，数据分析师对业务的了解程度是低于策略产品经理的，策略产品经理负责全流程的项目进展，对背景和项目情况更熟悉。在笔者经历的公司中，数据分析师很少接到来自策略产品经理的数据分析需求，这是由"策略产品经理是一个具有数据分析能力的产品经理"的岗位定位决定的。所以，如果你希望成为一名策略产品经理，首先需要快速提升自己的数据分析能力。

比掌握工具更重要的是建立体系化的数据分析思维。整体上的思维逻辑是摸清问题、建立假设并寻找出现问题的原因，最后推动所有业务方解决问题。本节将主要阐述数据分析的方法论。

如图 4-1 所示，多变量数据分析中一共存在 4 个关键流程。

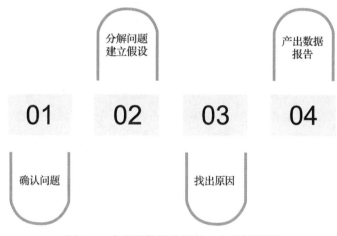

图 4-1　多变量数据分析的 4 个关键流程

- ❑ **确认问题**：在这个阶段中策略产品经理需要确认问题是什么，并且熟悉数据结构。
- ❑ **分解问题、建立假设**：在这个阶段中策略产品经理需要对问题进行分解，找到关键数据，并建立数据假设。
- ❑ **找出原因**：在这个阶段中策略产品经理需要收集更多的数据，分析问题出现的可能原因，并通过数据分析手段找到真实原因。
- ❑ **产出数据报告**：在这个阶段中策略产品经理需要分享自己的数据结论，并推动其他同事共同完成解决方案。制作数据报告和推动项目是策略产品经理基本功。

4.1.1 确认问题

确认问题一般是确认"什么数据涨了或者跌了"，只是描述为"今年的销售业绩不佳"并不是一种好的方式，因为这样笼统的描述对于解决问题来说是无从下手的，策略产品经理需要知道是具体的哪个数据出了问题，数据是上涨了还是下跌了。

确认问题的两个关键点是检查数据和划定范围。关于检查数据，比如希望分析某个 App 的数据涨跌情况，首先需要知道哪些数据是有埋点的，大致的数据结构是怎样的。对于策略产品经理来说，这个步骤通常需要负责数据仓库的同事配合，因为分析现象可能用到数据库表的信息（比如表名和列名的含义）。对于划定范围，其中的"范围"可能是指时间范围也可能是指空间范围，比如要明确我们需要分析哪一段时间的数据（毕竟一般情况下不可能从数据刚出现的日期就开始分析），对哪个空间范围的现象做分析（比如看全国哪些省市、哪些人群的数据）。

只有明确了问题的限定范围，数据分析工作才能得以开展。只有明确了问题的"数据物料"，我们才能知道数据分析工作从何处入手。

在实际工作中，领导可能会在表意不清的时候给你安排一个数据分析任务，比如"小张，我们最近的销售额好像跌了，你去看一下是什么原因"。类似的话语是不是十分耳熟？在这句话中并没有提到第二个关键要素——限定条件。此时，你应该立即请示领导，让他给出具体的限定条件，比如具体要分析哪个时间区间的数据，是全国的数据还是个别省份的数据，预期的数据分析结论是什么。否则，在不明确以上问题的情况下，很大可能会导致自己花费了一两天时间分析数据，但结果完全不是领导想要的。及时追问有助于双方减少日后的沟通成本，更有利于建立长期信任。关于拆解问题和建立假设的方法在下一节介绍。

4.1.2 拆解问题

工作中需要进行数据分析的场景一般分为两种。第一种是被动场景，一般只有当我们遇到问题的时候才被动地进行数据分析，通常情况下是某种数据出现了不符合预期的变化。第二种是主动场景，即当前没有遇到问题，但我们希望对某类数据获得某种认识。此时，我们对数据趋势的变化不了解，只是希望大致了解数据现状，通过审慎地分析，从主动场景的数据现状中看出一些趋势端倪。殊途同归，主动场景同样可以转换为"为什么某个数据涨了或跌了"的命题。

值得一提的是，即使是通过 A/B 测试实验得出的数据结论，在策略全量上线以后也需要进行趋势的数据分析。所谓"趋势的数据分析"，指的是对策略全量上线日期前后的同比和环比数据进行分析。比如某个策略在 A/B 测试实验上得到了实验组某项指标 30% 的涨幅，在该策略从实验状态变为全量上线以后，仍然需要进行数据分析，比如分析上线前后该指标的变化。此时的数据分析是多变量的，一般为环比和同比的比较。

通过以上讨论，我们可以了解数据分析的命题是什么，并将其简记为"X 指标发生了变化"，这是数据分析的原点。

下一步是将问题拆分，比如"X 指标"的计算公式是怎样的，是数据的和、差、积，还是商。在内容型产品中，最常见的指标莫过于人均点击、人均停留时长、内容 / 广告点击率等数据。比如"人均点击 = 总点击行为 / 独立用户数"（指标定义方式很多）。如果我们发现"人均点击"数据在近一周内呈现下降趋势，首先应该去分析"总点击行为"和"独立用户数"在近一周内是否发生了变化。

通过数据分析可能会发现，"总点击行为"变化不大，但独立用户数出现了较大的增长（可能是公司负责用户增长的同事做了市场投放），此时我们可以将视线锁定到"独立用户数"这个关键数据上。

让我们重新理解这个过程。数据分析本质上就是一个寻找关键数据的工作，将"X 指标"进行公式拆解后，再去分析拆解出的新数据的变化情况。情况有三种。

❑ 所有因子均没有变化：偶尔会出现这种情况，很可能是数据统计或数据埋点存在问题，应该首先检查数据。

❑ 有一个因子有变化，其他因子没有变化：这是最理想的情况，此时我们应该将该因子确定为关键数据，上述示例中"独立用户数"便为关键数据。

❑ 有两个及以上的因子有变化，其他因子没有变化：非常常见的情况，说
明数据变化是多因子共同影响的，此时应优先分析主要因子的变化原因，
再分析次要因子的变化原因，以此类推。

让我们对上述例子做一些改变。数据分析的原点仍然为人均点击数据发生了
变化，对目标拆解后发现独立用户数在近一周内基本保持稳定，但总点击行为数
据有下跌的趋势。下一步将持续这个过程，继续拆解"总点击行为"这个指标。
通过询问数据分析师，容易知道"总点击行为"的计算公式，比如：

$$总点击行为 = A 页面点击 + B 页面点击 + C 页面点击$$

下一步分别寻找 A、B、C 这三个页面的点击行为数据在 7 天内的变化情
况。通过数据分析发现，有可能是 A 页面的点击数据下跌导致的，此时将关键
数据锁定为"A 页面点击"。

笔者认为，本节的内容虽然看似简单，但以上讲的思维方式在实际工作中
经常被忽视，初级数据分析师由于缺乏对问题的拆解，从而产出不完善的数据
分析结论（比如会丢弃一些影响因素，或者对于问题的原点"X 指标变化情况"
都没有说明）。

本节的逻辑是十分清晰的，首先要找到数据分析的原点——X 项指标发生
了变化，再对该指标做"四则运算"拆解，找到是哪些数据的改变导致目标结
果的改变，即找到问题的症结。

4.1.3　验证假设并寻找原因

上一节我们找到了问题的关键数据，但实际工作中仅找到导致最终数据变
化的症结是不够的。本节将介绍如何在数据分析中找到问题的原因。该过程可
分为几个子流程，分别是：建立原因假设（做出导致关键数据变化的假设）、对
比（找到最少变量的数据并进行对比）、分析（找到合适的描述统计量进行比
较）、溯源（找到问题的因果关系）。

以上 4 个子流程是数据分析方法论中最关键的内容，接下来将分别拆解并
介绍每个子流程的具体步骤。让我们先从第一个子流程开始吧！

1. 建立原因假设

如何建立原因假设？实际工作中，建立原因假设需要对业务场景非常熟

悉，比如某出行平台的数据分析师发现，重庆地区的叫车时长预估和实际到达时长差距较大，而这一数据误差程度远远大于全国其他城市。(本例中的问题为重庆地区的数据误差问题，关键数据为"叫车时长预估误差值"。)对于这个问题，对业务理解程度不同的策略产品经理做出的原因假设也是不同的。不熟悉业务的策略产品经理可能做出诸如气象条件导致误差、司机习惯于更晚点击"乘客已到达"的按钮"等假设，而熟悉业务的策略产品经理则可能更快地做出更贴近事实的假设，诸如重庆的地形结构导致用二维距离预估失准。

上述例子属于杜撰，但实际工作中能否对数据变化给出最接近真相的原因假设更多地依赖于策略产品经理的业务熟练程度。上述例子中的每个假设都可能成立，作为策略产品经理的我们当然不可能逐条去验证假设，只能根据经验选取最可能的几个去验证。

在建立原因假设的时候，我们需要注意两条准则。第一条准则是这条原因假设一定是数据可测的，也就是说，我们可以找到数据去测量该原因是否真的正确。比如上述例子中，我们可以天马行空地做出"重庆路面摩擦力更大，从而导致叫车时长预估与实际时长误差较大"的原因假设，但在我们现有的数据体系中，并没有路面摩擦力的数据可供使用，所以这条原因假设即使提出也无法通过数据分析手段得以验证。第二条准则是这条原因假设一定是可以解决的问题，一定不存在某些不可抗力的因素。比如对于一家雨伞生产企业而言，不能控制天气是晴天还是雨天，所以即使发现雨伞销售额下降，也不能指望每天都是雨天，因为即使我们分析出该原因的确会导致雨伞销售额下降现象，也不能采取任何行动。

2. 对比

第二个子流程是对比，尽管市面上关于科学方法论的书已经非常多，但是对于不熟悉数据分析的外行人士来说，这些书可能如同浮云一般。最本源的科学思维是基于"比较、控制和操纵"理念的。A/B测试实验是通过控制一个变量并观察结果变化来确定影响因素，但对于多变量数据分析工作而言，我们最应该做的事情是找到最少变量的数据做对比（即使不是单变量）。

比如，统计报告中经常使用的同比和环比应用就是一种对比的思维，用今天的数据同昨天的数据或者上周（或者季度、月、年等）的数据进行对比，这在一定程度上减小了时间因素带来的影响。"今日营业额为 10000 元，同上周环比增长 10%"，这个命题所暗藏的假设其实是，"营业额具有季节性因素，使用上周和本周同一时间的数据对比可以近似消除季节性因素影响，所以 10% 的增长不是由季节性因素带来的，而是由其他因素带来的。"

在实际的数据分析工作中一定要使用对比的理念，让我们延续上节的例子。

❑ 问题的"限制条件"是 A 页面。

❑ "关键数据"是 A 页面的点击数量下降。

❑ "原因假设"是 A 页面近期调整了颜色（比如主视觉从黑色调整为粉色），可能会导致男性用户流失。

如果我们做出上述假设，仅计算出 A 页面中男性用户的数量和比例是不够的，还需要同时计算出改版之前 A 页面的男性与女性用户的数量和比例。但是改版之前选择哪段时间的数据更好呢？比如 A 页面的改版上线时间为 10 月 8 日，是否可以取 10 月 1 日至 7 日的数据作为对比呢？这显然是不正确的。内容型产品往往受节日的影响极大，因此，最好选取距离节日 1 周以上的数据进行对比分析。

上述例子的对比其实做了这样的数据假设：距离节日 1 周以上的数据是更稳定的，两组对比实验的数据测量对象均为关于 A 页面的数据。

社会科学领域的科学家们在研究土著人生活习惯的时候，会遵循同样的逻辑。假如科学家们希望研究土著人所吃的食物与群落和谐关系的课题，他们会优先选择同一片土地上另外一个人口与之接近的土著人族群作为对比。因为有了对比，才能制定参考系，从而找到影响因素。

3. 分析

第三个子流程是分析，许多策略产品经理在做数据分析时直接跳转到了"分析流程"，而忽略了上述的"对比流程"和"建立原因假设"。（实际工作中，大多数人的数据分析工作是囫囵吞枣式的，有什么数据就分析什么数据，这是明显不妥的。）这个流程是数据分析中最为核心的流程之一，主要的目标是找到合适的描述型统计量。

在这个流程中，谨记一句口诀——两个视角一个量。所谓的"两个视角"

指的是时间序列和时间切片视角。所谓"一个量",指的是描述型统计量。所谓"分析流程",是在时间序列和时间切片的视角下找到合适的描述型统计量的工作。

- □ 时间序列:随着时间变化而发生改变的某个数值就属于时间序列型数据,比如对于一家商店而言,每天的总销售额就是一个时间序列型数据。(时间序列在数学上可以描述为"$t, F(t)$"的数据对。)
- □ 时间切片:在某个时间点不同事物之间的横向对比,比如对于一家商店而言,在某一个确定时刻不同商品的销售额是一个时间切片。
- □ 描述型统计量:对样本所有变量的有关数据进行统计性描述,比如常见的平均数、中位数都是描述型统计量。

实际工作中,时间序列和时间切片是两种常见的思考维度,一般先从时间序列入手,分析上一个对比流程中某种描述型统计量的"参考线数据"和"目标数据"之间的差别。最常见的描述统计量是平均值。

比如上述例子中,如果从时间序列的视角看,我们可以发现 A 页面的总点击数据量下跌,做出的原因假设可能是页面主视觉改变,导致男性用户的流失。如果从时间切片的视角看,选取 10 月 8 日至 10 月 15 日的用户,同时选取 9 月 18 日至 9 月 25 日的用户,分别计算两个描述型统计量:男性独立人数和女性独立人数(对用户 id 去重)、男性用户占比。

通过数据分析我们发现,女性用户的绝对人数基本没有发生改变,而男性用户的绝对人数降低了 50%,于是我们初步证实原因假设,的确是由于主视觉改变带来的。

虽然上述案例中的数据和结论是完全杜撰的,但这是一个最简单的数据分析过程。

描述型统计量一般可以对高维数据进行降维描述。比如一共有 5 个小朋友,年龄分别是 11 岁、12 岁、13 岁、14 岁、15 岁,如果有人询问这 5 个小朋友的年龄,比较复杂的描述方法是依次报出他们的年龄,虽然此时的表述是复杂的(如果有几万个小朋友,恐怕要念很久),但最大限度地保留了信息量(下文会讨论什么是信息量)。而此时,描述型统计量可以从某个维度去描述这个数组,比如这 5 个小朋友的平均年龄是 13 岁,这种表述十分简洁,同时较大程度地还原了数据本身的特征。

对于上述例子来说，平均数作为描述型统计量是很常见的做法。事实上，多数情况下人们不需要知道所有的数据细节，只需要知道数据呈现出哪些特征即可。但使用描述型统计量是存在"信息折损"问题的。

所谓"信息量"，实际上是用于衡量不确定度大小的数据。想象一下，新闻客户端中经常出现的新闻描述，如"突发：北京迎来寒潮，所有城区普降 10 摄氏度"，这句话虽然很短，不到 20 个字，但阅读之后可以消除气温的"不确定性"，人们会乖乖穿上厚厚的大衣。但是若是一个刚刚学会说话的孩子给自己的外婆打电话，孩子咿咿呀呀地即使也说 20 个字，但电话那头的外婆却可能没有获得任何信息，也就是没有消除任何不确定性。

关于信息的定义，读者可以搜索香农的信息论进行更为深入的学习，本节主要介绍描述型统计量的作用。描述型统计量的作用是从大量数据中抽取某一维度的信息，但这可能会带来信息的折损，所以经常需要使用多个描述型统计量对数据进行描述（比如同时使用平均值、标准差、中位数等，将有助于我们更好地把握数据特征）。

数据分析过程就是使用描述型统计量抽取数据特征的工作。4.2 节将介绍常见的描述型统计量及它们之间的区别，本节不再赘述。

4. 溯源

第四个子流程是溯源，溯源的目的是找到因果关系，也就是找到是什么导致对照组和实验组之间产生差别。而溯源的方法就是要找到相关变量，进而推导出因果关系。

数据变量一般含有多列向量（比如日期、变量 A、变量 B、变量 C 构成了一个 4 列的数据集），第一步一般通过观察散点图的方式来厘清变量之间的关系，比如绘制变量 A 和变量 B 的散点图，如果 A 与 B 接近于线性变化则可以使用线性回归方程，如果 A 与 B 呈现出二次方程的特点，则使用多项式拟合的方法。实际工作中，最常用的方法是多元线性回归和逻辑回归。一般来说，只要变量之间未表现出严重的非线性关系，都可以使用线性关系作为近似替代。多元线性回归可以知道因变量到底是由哪些自变量变化引起的（比如阳光强度、水分会影响植物生长的高度）。通过多元线性回归方法能筛出主要因素，但在使用时请通过其他渠道详细查询此类方法的使用条件。

在溯源的流程中有两个大多数人经常掉入的"陷阱",分别是大脑的惰性机制和聚合性证据。

大脑的惰性机制指的是,人类的大脑天生会对事情做归因判断。这是一种进化而来的生存本能,比如远古时代只要看到树叶动了,就会立即联想到有猛兽袭来,大脑默认给这两个事件搭建了因果关系。

不擅长数据分析的人往往会在看到具体的、具有鲜活性的证据时,将概率信息抛之脑后,人脑的惰性机制会让人注重表象而不注重概率思维。举例来说,一个人开车送另一个人去机场,在对方上飞机之前和对方说"一路平安,注意安全",这是一件从概率上来说非常滑稽的事情。因为坐飞机危及生命的概率只有 0.85‰,而汽车出事的概率约为 3‰,所以比起即将坐飞机的人,从机场开车回到家的人更有可能遇到危及生命的事故。但为什么我们会有这样的错觉呢?这是因为我们经常收到来自媒体关于飞机失事的报道,那鲜活的画面给我们留下了深刻的印象,比起每天发生在城市中大大小小的车祸,媒体从业者往往更关注空难,但这会使我们对危险性的评估造成错误的判断。

所以,策略产品经理在数据分析过程中,应该首先提醒自己不要默认归因,一定要克服大脑的惰性。对于溯源,通常的方法是做相关性分析或回归分析,比如做不同因素之间的皮尔逊相关系数、协方差、多元线性回归等。以上统计学的手段在下一节会有简单介绍,但不会作为本书的重点。

在(多变量)数据分析中,另一个经常遇到的问题是聚合性证据。所谓"聚合性证据",指的是对于某一件事情尽管没有一个十分严谨的数据分析结论,但多份关于此事的数据分析报告都指向了同一个方向,这也是有意义的。

在科学研究中,这条原则称为"聚合性原则"。在评估某个数据是否是由某个因素导致的时候(因果性),科学家们往往难以得到完全满足假设检验的、令人满意的数据结果。在数据分析中也经常出现这样的情况,因为变量是多元的,所以实际工作中能得到严谨无误的数据分析报告基本是不可能的。记住,数据证据是"渐进整合"而非"大步跃进"的。

4.1.4 形成数据报告

撰写数据报告时,策略产品经理要关注两个侧重点。

❑ 数据报告需要渐进整合，使用多种聚合性证据佐证命题。

❑ 数据报告需要清晰易懂，优先级为图片 > 表格 > 文字。

1. 数据报告的重要性

很多团队对不甚完整的数据报告嗤之以鼻，认为可以在工作中得到十分严谨的数据分析结论，从而吹毛求疵地投入更多精力进行数据分析。举例来说，在内容社区中有一个重要的数据指标——作者发文留存率，指的是作者在发表内容一段时间后仍然发表第二篇内容的概率。通过数据分析发现，增加作者对评论区的管理功能与作者发文留存率相关，但相关系数只有 0.1，在统计学上没有达到最低标准。但这可能是多种因素共同造成的，有可能是评论区管理功能的使用率很低，从而在数值相关性上看不到效果，也有可能是作者第二次发内容这个事件过于稀疏，从而在数值相关性上看不到效果。进一步做原因假设，可以将创作者不发表内容的原因总结为没时间、没素材、没动力三类，增加评论区的管理功能只能改变没动力的内容创作者，所以导致效果进一步被"稀释"。

虽然上述例子和数据是杜撰的，但这正是大多数产品经理实际工作中要面对的问题，而部分团队强调的"强数据导向"，在大多数情况下是很难奏效的，毕竟大多数情况下多变量的数据分析是很难得到非常严谨的数据结论的。此时如果过分严格要求，可能会导致项目延期。

事实上，如果某件事情可以在不断重复中得到正向的结果，即使数据报告在统计效力上存在瑕疵，但重复实验和数据反馈会逐渐验证这一判断。

2. 关于数据报告撰写的要点

策略产品经理对数据分析报告的要求和数据分析师不同。数据分析师的主要工作产出是数据分析报告，这类报告主要面向公司决策层，输出大项目的数据洞察和趋势变化，一般在 3 至 30 页之间；而策略产品经理的主要工作产出是项目成绩报告，这类报告只要用足够精炼的语言提炼关键数据并进行汇报即可。

数据报告撰写要点如下。

❑ 适当"包装"：笔者建议应注重数据报告的美化，比如项目符号、主副标题、字体和图片配色，数据报告的"颜值"很重要。

- **一句话结论**：在邮件的最上边一定要用一句话写清楚数据报告的结论。一句话结论的格式应参考自己的直属领导向他的上级报告时采用的结论格式。笔者常用的一句话结论一般为"一句话结论：通过'××方式进行的××项目'，取得了×数据从××变为××的实验结果，相关结论已经通过同行评议并且统计置信，对××目标的达成有重要作用，OKR完成度为××"。

- **核心邮件长度不应超过直属领导所用屏幕的一半**：如果直属领导使用了外接显示器，此时邮件的长度可以稍微长一点。

- **注意优先级**：核心邮件包括一句话结论、数据实验结果和相关图表，优先级为图片＞表格＞文字。

3. 数据报告要发给哪些人

- **直属领导**：一般是直属领导决定自己的绩效，所以第一优先级是要将项目工作进展同步给直属领导。项目的评估指标和直属领导的任务应充分对应，如果数据效果比较好，需要帮直属领导准备更详尽的汇报材料（毕竟你的直属领导也需要继续向上汇报）；如果数据效果不满意，需要进行充分的复盘（复盘主要是分析如果我们提前做了什么，则可以达成什么样的效果）和给出改进方向。

- **直属领导的上级**：在数据效果比较好或即使数据不好但项目比较重要的情况下向直属领导发送数据报告，并在即时通信软件或邮件中抄送给直属领导的上级。数据效果好的话，可以更好地获得多方认同，以便于接下来的项目获得更大的资源投入；数据不好但项目比较重要时至少也要做到将问题和危机提前暴露，不致于在一线执行层面酿成更大的问题。

- **核心贡献的运营经理和研发工程师的直属领导（本项目中）**：策略产品经理无法独立完成项目，一定需要他人的帮助。如果项目中有超出预期表现的人才，策略产品经理需要在数据报告的邮件中提及，充分给予别人业绩的肯定，这有利于公司良性发展，同时也能起到业务部门之间"润滑"的作用。如果有这样的核心贡献者，一定要优先报告给他的直属领导，同时提及他在本项目中所做出的卓越成绩。

❑ **项目成员**：项目组中的所有人或多或少都会促进项目完成，无论项目最终数据效果是好是坏，大家在同一个项目中努力的经历都值得被铭记。将数据报告及时同步给项目成员，并和他们召开一次深刻的业务复盘会，谨遵"对事不对人"的原则，为每个人的成长提供不同的问题的观点和视角。

❑ **公司规定的其他需要收到邮件的人员**：部分公司存在固定抄送对象，按公司要求执行即可。

4.2　描述型统计量和统计学小知识

4.1 节曾提到在验证假设和寻找原因的关键节点分析中需要使用基线组（作为基准线的数据）和实验组（作为分析目标的数据）的描述型统计量。

所谓"描述型统计量"，就是对目标数据进行信息抽取，虽然会产生信息损失，但这种信息处理方式大大降低了大脑的思考量。通常来说，选择有限个描述型统计量就能对原数组信息进行全方位描述。本节将介绍一些常见的描述型统计量，并阐述每一种描述型统计量的使用场景。

4.2.1　描述型统计量的九值、三图、一表

笔者将描述型统计量概括为"九值 + 三图 + 一表"。

❑ **九值**：包括均值、中位数、众数、极值、去重计数、标准差、变异系数、皮尔逊相关系数和标准回归系数。

❑ **三图**：包括频率分布直方图、散点图和箱式图。

❑ **一表**：数据透视表。

1.九个描述型统计量

❑ **均值**：也称平均值，指的是所有数字相加后除以数字个数，是最常见的描述型统计量，但当存在极端值时，容易导致严重误判，一般写作 mean。

❑ **中位数**：按顺序排列的一组数据中居中间位置的数，代表样本、种群或概率分布的数值。中位数可将数值集合划分为相等的上下两部分，使用

场景与平均值接近，但比平均值更可靠，一般写作 median。

❑ **众数**：样本数据中出现次数最多的数字就是众数，一般在样本数值经常重复的样本集合中作为观察指标，使用频率明显低于均值和中位数，一般写作 mode。

❑ **极值（极大值和极小值）**：和中位数的获取方法接近，对样本数据进行排序，序列两边的值即为极大值和极小值，使用场景较多，一般在估算样本范围时使用，一般分别写作 max 和 min。

❑ **去重计数**：计算方法为对样本进行去重（真实数据中经常出现重复数据），去重后的数值个数即去重计数，一般写作 distinct count。

❑ **标准差**：衡量数据离散度的数值，计算方法为样本中的每个原始数值与均值作差，再取平方后相加，然后取均值，最后开根号。标准差越大说明样本数据的离散度越大，反之说明样本离散度越小。标准差的大小和原始数值的大小有关，所以只看标准差是难以得到数据离散程度信息的，一般写作 std。

❑ **变异系数**：标准差除以均值，得到的无量纲的数值就是变异系数，具有和均值、中位数相同的使用频率。由于变异系数是无量纲的，所以可以直接通过变异系数衡量样本离散程度，一般写作 CV。

❑ **皮尔逊相关系数**：上述 7 个数值都是对单维度样本数据的描述，皮尔逊相关系数是对两个维度的样本集的相关性的度量。如果某一组数据有涨幅，另一组数据跟着也有涨幅，那么皮尔逊相关系数较大。值得一提的是，相关系数并不只有皮尔逊一种，还有斯皮尔曼相关系数和肯德尔相关系数，它们有各自适合使用的场景。相关系数在 –1 到 1 之间，绝对值越大，则说明两个变量越具有相关性，一般写作 corr。

❑ **标准回归系数**：在原因假设的溯源过程中，我们经常会使用多元线性回归的方法进行分析。而标准回归系数即将自变量和因变量都做中心标准化以后，使用多元线性回归得到每一个自变量的回归系数，因为自变量经过了标准化处理，所以称为标准回归系数，一般使用统计软件得到。标准回归系数可以分析出哪些因素是具有强作用的、哪些因素是具有弱作用的，一般写作 coef。

对于以上常用的描述型统计量，大家实际上并不陌生，因为大多数信息是从小学就开始接触的统计概念，比如均值、中位数、众数和极值等。但了解概念和能正确使用是两回事。接下来，笔者将分别介绍以上描述型统计量的用法。

第一个应该介绍的描述型统计量非"均值"莫属，在大多数程序语言里一般用 mean 或者 average 表示。这个数值无疑是使用场景最多的描述型统计量，比如，A/B 测试实验中往往会比较实验组和对照组的均值大小，市场调研中经常说"本月黄瓜的菜价均值为 3.94 元"（新闻报道中使用其他描述型统计量的情况很少见）。均值的计算方法十分简单，比如三个女性的身高分别是 150 厘米、160 厘米和 170 厘米，如果将这三个女性的身高视为一个整体，我们可以说她们的身高均值为 160 厘米。

你看，均值可以让我们快速知道这三个女性身高的大致情况，但如果仅仅使用均值作为描述型统计量有一个巨大的"隐患"，因为均值太容易受到极端值的影响。举例来说，北京某互联网公司研发工程师的平均月工资为 4.6 万元，看到这个数字恐怕大多数研发工程师都十分惊讶，明明自己的月工资只有 2 万元左右，为什么公司平均月工资为 4.6 万元？这是因为极少数高薪研发工程师将均值拉高了，这种现象十分常见。

如果一定希望使用均值数进行计算，并且希望摒弃上述极端情况，我们可以使用均值的变体——截尾平均值。"截尾平均值"是一种截掉数组头部和尾部数据再取平均的做法，比如奥运会跳水比赛中经常听到"去掉一个最高分，再去掉一个最低分，该选手的平均得分为 94.33 分"的描述，这种得分就是"截尾平均值"。

如果希望真实地表现数据情况，其实有更多描述型统计量可供选择，比如中位数、众数和极值。上述例子中，三个女性的身高的中位数同样为 160 厘米，极值分别是 150 厘米和 170 厘米。通过这种方式我们对数据的认识会更加清晰。

策略产品经理在实际工作中接触到的待分析数据量级通常是百级或千级（比如，不同时间段文章的阅读量分布情况等），一般来说对于这个数量级的数组，我们需要同时观察均值、中位数、众数、极值（极小值和极大值）、去重计数、标准差。

与均值相比，中位数的优点是能更真实地反映一个样本集合的数据情况，比如设计内容型产品的 OKR 指标时，如果指标是提升日活跃用户（DAU）的平均点击次数，那么对于平均点击次数的最佳优化方式其实是鼓励高频用户多产生点击行为（相比而言，让高频用户变得更高频的难度，比让不活跃的用户活跃起来简单很多，因为高频用户对产品价值是认可的，所以他们对策略产品经理所做输入的信息接收度更好）。如果目标设定为提升 DAU 的中位数点击次数，则最佳的优化方式是鼓励低频用户而非高频用户，因为高频用户的比例极低，只鼓励高频用户无法带来全体用户规模的数据增长。

在上述的场景中，一个健康的业务指标应该设定为提升中位数点击次数，因为一级指标毋庸置疑是用户留存，而对于点击次数已经很高的高频用户流失概率低，点击次数较低的长尾低频用户流失概率高，所以提升高频用户的点击次数对于留存率提升是不显著的。

但在不同业务场景和业务节奏下的业务指标设定是不同的，对于付费产品而言，往往是千分之几的重度付费用户"撑起了"现金流的大部分。对于付费业务指标，其可以设定为"平均付费金额"，此时通过提升重度付费用户的体验吸引他们再次付费，这对现金流的提升更有效。这里的假设主要是基于业务判断大多数用户没有付费习惯和付费能力（比如无法让 18 岁以下的人合法地使用网银支付），这种情况下设置指标为平均值是更合理的。

去重计数是一个重要的描述型统计量，且不复杂。比如在大多数用户产品中数据分布是遵从幂律分布的，大多数的行为数据由少数用户贡献。比如我们计算平台整体的点击行为数据，一个很重要的统计量是计算点击人数（UV），去重个数往往能消除 PV 数据的"马太效应"，毕竟 UV 和 PV 是同等重要的两个统计量。

下面我们来介绍关于测量样本数据离散程度的描述型统计量——标准差和变异系数，着重介绍的是变异系数（又称标准差率），因为变异系数是一个无量纲的统计量，比较适合多个样本变异程度的比较。一般来说，变异系数大于30% 时属于强变异，变异系数大于 100% 时属于严重变异，变异系数越大则说明数据的离散程度越大。变异系数经常和均值、中位数一起出现，是最为常用的描述型统计量之一。

变异系数与标准差相比，变异系数优点是不需要参照数据的平均值。举例来说，A 班学生期末考试成绩的均值为 60，标准差为 30；而 B 班学生期末考试成绩的均值为 100，标准差为 40，我们不能仅凭 A 班的标准差更小就认为 A 班学生成绩的离散程度更小（因为 A 班和 B 班的均值不同）。此时，我们应该使用变异系数比较，A 班的变异系数为 0.5，而 B 班的变异系数为 0.4，发现 A 班的变异系数更高，所以 A 班学生期末考试成绩更加离散。但变异系数同样存在着缺陷，当平均值接近 0 的时候，微小的扰动也会对变异系数产生巨大影响，因此造成精确度不足。

接下来，笔者介绍一种在溯源流程中经常使用的描述型统计量——相关系数。相关系数是一种度量两组样本数据相关性的统计量，数值范围为 –1 到 1。如果两组数据的相关系数等于 1，则说明两组数据是线性重合的，并且呈正相关；如果两组数据的相关系数等于 0，则说明完全不存在线性关系；如果两组数据的相关系数等于 –1，则说明两组数据是线性重合，并且呈负相关。

相关系数使用之前一般需要先做散点图，在图上观察是否有以下两种情况。

❑ **是否线性相关**：两组数据有可能是非线性相关的（比如二次方程），此时使用相关系数是无法得到相应的结果的。

❑ **是否存在异常点**：如果在图中有一些异常点，则需要将异常点从数据集中"抠"掉，因为如果不做数据预处理，以上异常点将大大影响相关系数的最终值。

这两种特殊情况对于相关系数的判断至关重要，如果数据接近线性关系并且处理掉了少数异常点，则可以使用相关系数作为两组样本数据的描述型统计量。

在一种名为"主成分分析"的数据分析方法中，相关系数和标准差是对高维样本数据进行降维的主要参考指标。想象这样一个场景：某市有 7 个降水监测站，由于资金问题需要裁掉其中的 1 到 2 个监测站，那么如何根据过去 20 年的各监测站的数据进行数据分析？如何选择需要裁撤的监测站？

笔者的解决方案如下。

❑ 找到 7 个监测站中相关系数重合度最高的两个监测站，裁掉其中成本较高的那个监测站。

❑ 找到 7 个监测站中每个监测站多年的降水量结果，裁掉其中变异系数最低的那个监测站。

为什么这么做？第一个理由，如果存在两个监测站的数据高度相似（相关系数过大），在数据无误的情况下只能说明两个监测站的地理距离过近，用其中一个监测站的数据可以近似代表另一个监测站的数据，所以其中的一个监测站可以被裁掉。

第二个理由，如果某个监测站在历史上的近 n 年的降水量结果数值很稳定（变异系数较低），则我们可以认为接下来的监测数据和之前的数据差异不会很大，即使裁撤该监测站，仍然可以使用历史数据来估计数值。只有那些数值差异较大的监测站是有存在价值的，因为我们无法预测该监测站未来监测的数据的走向。

从这个例子可以看出，相关系数可以用来衡量不同样本数据的线性相关性。如果两组数据存在线性相关，如同上文提到的关于"信息量"的定义，已知其中一个监测站的数据，而另一个监测站的数据由于与前一个监测站数据存在高度线性相关，所以另一组数据的不确定性降低了，也就失去了所谓的"信息"。相关系数是与不同样本数据比较得到的。

另外，从每一组数据自身的描述型统计量看，较低的离散程度同样使得该监测站的不确定性降低了，但同时也损失了相应的"信息"。这个例子本质上是一个"信息处理"问题，换句话说是"用什么样的方法可以尽量节约成本并保证'信息量'最大化"的问题，而这恰恰是需要描述型统计量大展拳脚的地方。

第 3 章介绍的主观评测也可以套用上述思想，比如对于某所学校的作文进行主观评分，不同的老师会以各自不同的视角进行独立打分，如何利用最少的老师来批改同等数量的作文呢？还是可以从两个视角分别看待：第一个视角是老师与老师之间（也可以选取除了相关系数之外的描述型统计量），第二个视角是老师历史打分的数据情况。其实很多数据分析问题的本质都是相似的，只不过我们选取了不同的描述型统计量进行信息抽取而已。

最后一个常用的描述型统计量是标准回归系数，主要解决溯源流程中的预测问题。比如我们积累了足够多的数据以后，希望能通过现有数据预测未来数据走向，此时多元线性回归是一种常用的统计手段。一般需要先做相关系数的分析再做多元线性回归的分析，给出因变量与自变量的线性回归方程。对于策略产品经理来说，我们往往在做项目收益预估时会用到（比如对于历史延续项目在制定 OKR 和 KPI 时，如何有理有据地预测收益）标准回归系数。

2. 三个常用的图形

在做数据分析时，统计图的作用是"一图胜千言"的，本节主要介绍以下三种统计图。

- ❑ **频率分布直方图**：用来分析单维度数据。如果是离散型随机变量（可以枚举的数据），则直接将统计计数绘制成图；如果是连续型随机变量（不可以枚举的数值），一般需要先进行数据分桶，再进行频率计算，一般写作 barplot。
- ❑ **散点图**：常用来分析二维数据相关性的图，几乎所有的数据分析之前都需要绘制散点图，一般写作 scatter。
- ❑ **箱式图**：一种统计学家钟爱的图，将中位数、四分之一分位数、极值等数值绘制在一张图上（笔者一般只看数值，很少使用箱式图），一般写作 boxplot。

频率分布直方图（经常和频数分布直方图一起使用）是一种常见的条形图，横轴是数据分桶，纵轴是频率（或频数）。比如现在有 10 个学生的身高，分别是 160、170、165、164、163、150、167、176、180、190（单位都是厘米），将这些数据绘制为频数分布直方图，如图 4-2 所示。

使用 Python 中的 Pandas 包可以将数据的频数分布直方图直接绘制出来。从图 4-2 中可以看到上述 10 个数字中位于 160 厘米（包含 160 厘米）和 170 厘米（不包含 170 厘米）之间的人最多，有 5 个学生。通过绘制直方图，可以比较清晰地看到各个范围的绝对数量。如果数据较大，我们可以将频数转换为频率（每个频数除以总和，得到 0 至 1 之间的数值）。

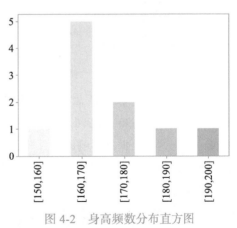

图 4-2　身高频数分布直方图

实际工作中，无论是频数还是频率直方图都经常使用，频率直方图只观察各个数据分桶的频率可能会掩盖分母较小导致不精准的问题，而频数直方图可能会掩盖不同数据占比的关系（频率分布图可以转换为饼形图）。频率或频数直方图一般可能会出现几种数据分布情况。

❑ **正态分布**：正态分布的图形表现为中间高两边低，一般属于多种独立变量共同影响得到的数据，如图 4-3 a）所示。比如一个健康人口的年龄分布图（横轴为年龄标签，纵轴为人数）应该是标准正态分布。

❑ **幂律分布**：自然界中的幂律分布实际上比正态分布更为常见，如图 4-3 b）所示。大多数游戏产品的付费金额由少数玩家贡献，大多数点击行为也由少数用户贡献，只不过中心化的程度有所不同（比如有可能是 10% 的内容贡献了 90% 的点击行为，也有可能是 20% 的内容贡献了 80% 的点击行为）。所谓"二八原则"，不能简单地理解为 20% 和 80% 的关系。

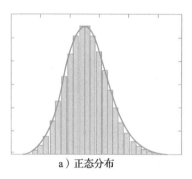 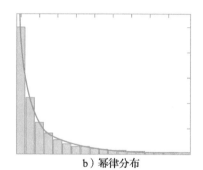

a）正态分布 　　　　　　　　　　　　　　　b）幂律分布

图 4-3 　使用 Python 绘制的正态分布和幂律分布

频数分布直方图在涉及不同业务的业务场景时是不同的，比如学生成绩大多集中在 60 分至 95 分之间，而招聘市场的薪资分布情况不一定完全遵循幂律分布，因为这些数据的影响因素并非完全独立（因为根据中心极限定理可知，若影响因素之间完全独立则是正态分布）或因素间完全强相关（影响因素之间强相关则是幂律分布，由于规模效应的存在使得强者更容易获得资源，从而变得更强）。如果影响因子之间的相关性介于中间状态，就会呈现出中间形态的数据分布。策略产品经理要在实际工作中经常分析和总结。

接下来介绍散点图。散点图是一种观察两种变量相关性的常用方法，一般在计算相关系数之前需要先观察散点图，通过散点图寻找以下两个特征。

❏ **是否具有线性关系**：通过将两组数据以 (x, y) 的形式绘制成散点图（如图 4-4 所示），可以看到数据关系是否接近线性，如果接近线性关系，则可以使用线性相关系数进行度量；如果不接近线性关系，则应该采取其他方式拟合二者的相关性，比如多项式拟合、幂律拟合等。

❏ **是否存在异常点**：一般来说，通过绘制散点图的方法可以寻找数据中的异常点（也称离群点）。如果存在特殊的异常点，在做数据分析时一般需要考虑该异常点是否可以去除，是数据错误导致还是真实数据的极端表现。根据业务需求判断该异常点是否可以被忽略掉，再对其他的"合群数据"进行统计分析。

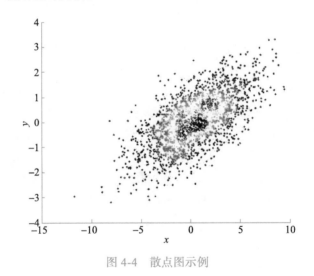

图 4-4　散点图示例

最后介绍箱式图（如图 4-5 所示），箱式图是描述数据分布的统计图，是表述最小值、第一四分位数、中位数、第三四分位数与最大值的一种方法。它可以用于粗略地看数据是否具有对称性、分布的分散程度等信息，特别适用于对几个样本的比较。在箱式图中，最上方和最下方的线段分别表示数据的最大值和最小值，其中箱式图的上方和下方的线段分别表示第三四分位数和第一四分位数，中间的粗线段表示数据的中位数。

另外，箱式图中最上方和最下方的星号和圆圈分别表示样本数据中的极端值。其中，大于 3 倍四分位数的极端值用实心圆表示。箱式图是一个重要的探索性数据分析工具，一般用来观察数据是呈正态分布、左偏分布、右偏分布，还是其他类型的分布。

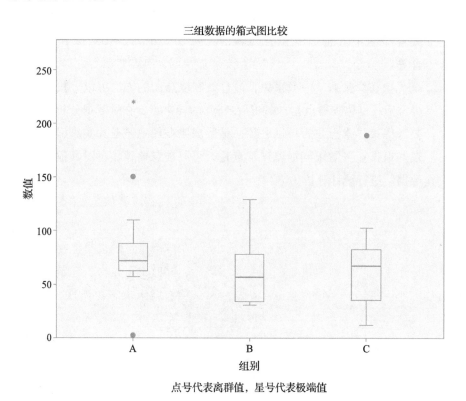

图 4-5　箱式图示例

但在实际工作中，如果只需要观察一组样本数据的描述型统计量，一般中位数、平均值、变异系数、极大值和极小值已经足够。箱式图一般用于两组及以上样本数据的描述型统计量的可视化。通过箱式图对比不同组别的数据比观察表格中的均值等描述型统计量更为直观。

3. 数据透视表

数据透视表是数据分析中最常用的工具之一。将数据明细进行分类汇总后就可得到数据透视表。我们可以使用不同的离散标签（可以枚举的数据，比如日期、性别等）作为表格的横轴或纵轴，数据部分是描述型统计量。表 4-1 所示为某学校学生信息数据。

表 4-1　某学校的学生信息

区域	姓名	身高（单位：厘米）	性别
城市	张某	168	女
农村	李某	176	男
城市	王某	155	女
农村	朱某	180	男
农村	赵某	165	男

在使用数据透视表时，我们可以对表 4-1 中的数据做进一步分析，首先要知道上述数据中哪些是离散型数据，哪些是连续型数据。离散型数据有姓名、性别和区域，因为这些数据是可以枚举的；连续型数据是身高，因为身高数据是大于零的连续值，无法遍历枚举（比如我们无法枚举 165cm 和 166cm 之间到底有多少个数字）。在数据透视表中，通常需要将离散型数据置于行、列字段，将连续型数据置于"计算字段"。比如将性别置于"行字段"，将身高的平均值置于"计算字段"，经过处理后的表 4-1 可转为表 4-2。

表 4-2　基于学生信息表的数据透视表 A

	平均值 / 身高（单位：厘米）
男	173.7
女	161.5
总计	168.8

如果将行字段置为"区域"，将列字段置为"性别"（和上例中发生了调换），将计算字段置为"身高的平均值"，将得到表 4-3。

表 4-3　基于学生信息表的数据透视表 B

	男身高（单位：厘米）	女身高（单位：厘米）	总计（单位：厘米）
城市		161.5	161.5
农村	173.7		173.7
总计	173.7	161.5	168.8

我们看到数据透视表可以对二维数据进行深层次的加工，并使用描述型统计量进行描述。这种将不同维度的数据进行对比的思想和前文提到的数据分析方法论中的"对比—分析—溯源"的流程是一致的。通过数据透视表来完成

"对比—分析"的流程是比较常用的手段，如果还能通过寻找不同维度的差异，利用原因假设进行溯源，就完成了一个完整的数据分析流程。

4.2.2 策略产品经理需要了解的三个统计学知识

本节将介绍统计学中的三个小知识，如图 4-6 所示。这三个知识点对于策略产品经理来说非常重要，大多数策略产品经理在数据分析过程中都曾误入以下"陷阱"。

图 4-6　统计学的三个小知识

1. 相关性和因果性：相关性不等于因果性

《对伪心理学说不》一书中提到过这样一个滑稽的例子。学界曾开展一次大规模的研究，目的是调查哪些因素和避孕工具的使用有关。大规模的数据收集和数据校验表明，"家庭中的家电数量和避孕工具的使用相关性最强"。

这个结果是对的吗？调查数据经过严格的数据有效性校验和计算逻辑校验，无论怎么计算，结论都指向了"家庭中有烤箱和避孕工具的使用相关性最强"。但是否能够得到"烤箱是影响避孕效果的因素"这一结论呢？

这个结果恐怕不会让你提出类似"给每个家庭发放烤箱来解决成年人意外怀孕的问题"。根据常识来判断，这当然是错误的结论。这是因为人们经常将相关性和因果性混为一谈，心理学研究发现，人类的大脑进化中存在惰性机制，更倾向于将相关的两件事情默认为因果关系。

和乘法类似，相关性存在着"交换律"和"结合律"。

- ❑ 交换律：A 事件与 B 事件相关意味着 B 事件同时与 A 事件相关。
- ❑ 结合律：A 事件与 C 事件相关、A 事件与 B 事件相关，同样可以推导出 B 事件和 C 事件相关。

所以，相关性只是两个事件的"性质"，而非两个事件的"强度"。关于这个例子，我们可以猜想是否存在一种公共变量分别与"避孕工具使用"和"家用电器数量"相关，这个变量很可能是"家庭收入情况"。那么这个例子就变为以下的情况。

❑ **双变量**："避孕工具使用"和"家用电器数量"相关，此时"第三变量"不可测。

❑ **三变量**："避孕工具使用"和"家庭收入情况"相关，同时"家用电器数量"也和"家庭收入情况"相关，所以"避孕工具使用"和"家用电器数量"相关。

而我们无法证明因果性，只能猜测（可能是一个更为合理的解释）存在着不可测的第三变量的影响，使得烤箱与避孕有相关性。一般来说，因果性的验证需要借助 A/B 测试实验，通过控制变量的方法得到因变量的变化。因为本质上讲因果性取决于时间的方向，也就是说：

$$A=>B \text{ 等价于 "A 先发生，B 再发生"}$$

所以证明因果性的办法，一般是判断 A 与 B 相关且不存在其他第三变量的影响后，通过控制变量验证。

举例来说："在 100 年前的阅读科学研究中，学者们发现眼动模式（产品经理对这个词汇不应该陌生，是一种用户研究的常见手段）和阅读能力相关。"阅读能力较差的人，其眼动模式一般是不规则的，在每一行的停留时间一般更长，眼动行为也与现代书写习惯（从左向右）不同，是从右向左的。

所以许多教育工作者认为是眼动能力问题导致了人类的阅读障碍，然后为此制定了大量训练眼球运动的课程，以便改善阅读障碍问题。（这符合人类天生的惰性思考机制，仅凭相关性直接推断因果性。）最近几十年，研究者们通过更加科学的控制实验已经得出结论，文字解码慢和语音加工困难是阅读障碍的真正根源，缓慢的单词识别和理解困难会导致不规则的眼动行为。这和之前的假设是完全相反的，说明之前的草率结论完全弄错了因果性的方向。

由于相关性"交换律"的存在，当 A 和 B 相关时我们很难判断是 A 导致了 B，还是 B 导致了 A。策略产品经理在多变量数据分析中发现，两者相关时切忌轻易得出因果性结论，即使真的不存在"第三变量"，两个变量的因果顺序也有可能是截然相反的。

以上讨论主要围绕着变量之间相关所涉及的两种误区。第一种误区是存在当前没有测量的"第三变量"，两个变量之间的相关不能证明任何方向的因果关系，因为相关性存在着"交换律"，如果两个变量都和"第三变量"有相关性，那么这两个变量就会存在相关性。第二种误区是即使存在因果性，因果性的方向也不一定是正确的，比如如果 A 与 B 相关，有可能是 A 导致了 B，也有可能是 B 导致了 A。

2. 因素间的交互作用

在多变量数据分析中，大多数情况下多种变量之间是不独立的。相关但不独立的两个因素共同作用与它们分别起作用时的结果是不同的。

对于 A/B 测试实验也是一样，如果我们验证了某种 M 因素对最终结果有 2% 的涨幅效果，某种 N 因素对最终结果有 5% 的涨幅效果，但 M 和 N 因素同时发生作用可能会导致 20% 以上的涨幅效果。

举例来说，假设孩子的学习成绩和教师教育水平、家长对孩子说的鼓励的话存在相关性。我们通过实验发现，教师的教育水平每上升一个台阶，孩子的平均学习成绩提升 30 分；家长对孩子说的鼓励的话每天增加 5 句话，孩子的平均学习成绩提升 20 分；如果孩子可以同时接受高水平教师的教育和多听到鼓励的话，学习成绩可以提升 50 分。这里的提升效应并非是线性的。

下面笔者将用科学语言来介绍交互作用。交互作用是指一个因素不同水平间反应量的差异随其他因素水平不同而发生变化的现象。它的存在说明同时研究的若干因素的效应非独立。交互作用的效应可度量一个因素不同水平的效应变化依赖于另一个或几个因素的水平。

在相应的心理学研究中有一个相近的案例。1979 年，研究者们在儿童精神疾病的研究中发现，被单独分离出来的慢性压力并未增加儿童患精神疾病的风险，这些风险因素单独存在时没有一项与儿童的精神疾病存在关联，这些儿童患精神疾病的风险也不比其他孩子高。但是当两种及两种以上的压力同时发生作用时，患精神病的风险就增大 4 倍。当压力的种类和强度增加时，患精神病的风险又增大了好几倍（也是非线性增长）。这是因为这几种压力因素之间存在着相关性，所以才会使得总体效应远远大于单压力效应之和。

在多变量数据分析中，很多事情并非是单一因素引起的，只是人类大脑的惰性机制使得我们更偏爱相信"单一因素引发单一问题"的固定模式。许多事件的产生是两种或多种因素组合作用的影响。举例来说，内容推荐的信息流产品如果只调整推荐策略，可能并不会使得推荐效果有显著提升。但如果同时辅以交互动画的小调整，可能会取得意想不到的收益。这是由于交互调整和策略调整存在相关性，发生了意想不到的"化学反应"，使用户的心智发生变化。在交互调整之前，用户很可能感知不到变化，就不会引发用户想要探索推荐算法改变的冲动。如果做了较大的算法优化，哪怕只更改很小的交互都有可能重新唤起用户的热情，毕竟人总喜欢新鲜的东西。

3. 幸存者偏差现象

对于幸存者偏差这个词，大多数从事产品经理的人恐怕不会陌生，毕竟这是数据科学中最常见的现象之一，也是所谓批判性思维能力的一部分。

关于"幸存者偏差"，一个最著名的案例是"美国总统大选民意调查事件"。1936 年，《文学文摘》杂志社发起了一轮大型电话调查，调查的主要目的是询问选民在即将举行的大选中将投票给谁，调查对象大多数是从当时的电话号码薄、俱乐部及杂志订阅用户中随机挑选的。调查结果表明兰登（另一位候选人是大名鼎鼎的罗斯福）将获得选举的胜利，并且这一胜利是压倒性的。但是真正的大选结果是，罗斯福在各州大获全胜。这是由于当时能使用电话的大多是富人，而穷人几乎无法参与到调查之中，而人数占优势的穷人是选民主力。这项调查结果在今天看来显然是一份缺乏科学精神的数据调研。

随着互联网中个性化分发技术的出现以及大众自我意识的觉醒，越来越多的人拥有更加多样的世界观，我们所处的世界也越来越呈现出文化断层的现象。如果不假思索地做出判断，很容易导致产品决策发生误判，所以当前在做产品决策时需要使用更加科学的抽样方法来获取目标用户的数据信息，以得到更加准确的业务判断。

在数据分析中，抽样调查必须是随机抽取均匀的样本，不然就会出现幸存者偏差的现象。比如我们希望评估某座城市人口的平均健康情况，无论是选择去健身房抽样还是去医院门口抽样都是不均匀的，去健身房抽样可能会得到十分乐观的结果（这座城市所有人都十分健康），而去医院门口抽样则会得到十分悲观的结果（这座城市所有人都患有疾病）。解决这个问题比较好的办法是在恰当的时间里进行多个随机地点的"扫楼"采样，这种方式下得到的用户是相对均匀的，因为部分身体不佳的病人是足不出户的，如果只做街头采样的话会漏掉这部分人群。

区分一份数据是不是有幸存者偏差的方法是问自己一个问题："这份数据的用户群体，是不是只有某一个群体更倾向有这种行为？"比如在上述例子中问自己如下问题。

❑ 通过电话随机调研：电话的普及率有多少？是不是只有富人才能使用电话？

❑ 通过街头随机调研：什么样的人会上街并接受采访？是不是喜爱社交并且具有行走能力的人？

❑ 在医院调研城市健康状况：什么样的人会来医院？是不是大多数是病人？

这种询问自己数据来源的方式可以帮助我们看清数据是否有幸存者偏差，但实现绝对消除幸存者偏差是不切实际的。比如实际工作中经常使用的问卷系统，如果是无偿普通问卷，回答问卷的人一定比不回答问卷的人的活跃度高一些（只有相对有话想说的人才愿意参与问卷）。我们拿不到"缺席者"的问卷答案，所以只能通过回答问卷的人的答案来产出数据分析报告，这是一种近似测量的手段。但在数据分析报告中往往需要提及两件事：问卷回收比例为百分之几；问卷中的用户分布比真实的用户分布要更"重度用户"一些，所以要在心中对整体的数据做一个"打折"。

比如某次问卷的回收率为13%（一般通过即时通信软件，需要经过两次打开问卷系统的概率在10%左右），得到用户的平均满意度为3.5分（5分满），策略产品经理要清楚，这个数据是虚高的，因为只有对产品特别满意和少数特别不满意的人才会回答问卷，大多数未回答的用户往往低于这个平均分，所以真实用户的满意度可能在3分左右。

4.3　策略产品经理的 SQL 技能与常见分析案例

本节主要面向初级产品经理和运营经理介绍数据分析的常见方法。学好

SQL 是掌握数据科学的第一步，这是最容易被人忽略的基本功。策略产品经理在做任何策略的时候都需要通过前置数据分析来设计策略，而数据分析的第一步是获取数据。

数据查询和写入权限在每个公司的情况是不一样的，大致分为两种。一种情况是对于大公司而言，大公司一般拥有比较完善的数据仓库。这种情况下策略产品经理可以申请数据库权限，通过写 SQL 语句获得数据库的数据（策略产品经理往往只有查询权限没有写入权限，但已经足够）。另一种情况是对于小公司而言，小公司拥有的数据量级较小，一般只有研发工程师使用的内部数据库。这种情况下策略产品经理往往面临两难选择，要么获得研发工程师权限去读取数据，但这样容易引发系统错误，要么任何数据需求只能提需求给研发，但这样获得数据的效率大大下降，不利于设计进一步的产品策略。

对于企业和团队来讲，策略产品经理要学会改变自己的习惯，以适应环境。如果策略产品经理在经过全力推动后，仍然无法获得充分的数据，此时最好的选择是离开这家公司。毕竟策略产品经理是以数据为"饵料"的职位，不能凭借着主观判断来拍定策略，"有条件获得充分数据"是入职必备选项。

有了数据之后，就该学习获取和分析数据了。掌握 SQL 是数据分析第一步。

4.3.1　SQL 极简入门

SQL 的全称是结构化查询语言（SQL，Structured Query Language），一种特殊目的的编程语言，一种数据库查询和程序设计语言，也是笔者认为难度最低的一种程序语言。

本节主要介绍 SQL 语句的基本常识，比较适合 SQL 语句零基础的读者。近年来，MySQL、Hive 和 ClickHouse 数据库比较常见，笔者所在的公司现在主要使用的数据库是 ClickHouse（以下简称 CH）。对于并发较小的业务场景，CH 的查询速度一般较快，所以用 CH 为例来讲解。

首先我们回顾一下这个问题："当有一个数据需求的时候，我们是怎么做的？能否将整个过程抽象成固定的步骤？"

答案是可以。下面是具体步骤。

❑ 步骤 1，确认问题。和 4.1 节的数据分析方法论一致，需要清晰地描述问题是什么，主要是确认问题的限定范围，比如哪段时间。

- 步骤2，寻找能描述问题的数据。此时主要是构建数据理想态的过程，不需要考虑数据是否真实存在，只需要找到能够描述问题的数据在哪儿。

- 步骤3，设计数据表格。一般在 Excel、Numbers 等表格工具内完成，类似表 4-4 的格式，通过数据提取、加工得到最终输出数据。

表 4-4　提出数据需求的示例表

字段名称	内容 ID	发布时间	文本	状态	人均曝光
字段举例	84377373	2019/12/29 15：00	今天天气真好	true/false	1.2
字段类型	int 型	date 型或 timestamp 型	string 型	bool 型	float 型

- 步骤4，找数据。在得到最终输出表结构以后，需要调研哪些数据是存在的，这些数据一般存在哪个数据表中，这些数据存储的表是否是准确的，是天级别更新还是小时级更新的。通过这个过程可以填充数据表中一部分实例，比如表 4-4 中的内容 ID、发布时间和状态。

- 步骤5，对于不清楚的数据信息需要询问数据分析师。一般公司内部每条业务线都会配备对接的数据分析师，关于本项目的数据表和数据埋点设计一般由对接的数据分析团队完成，所以一般也将数据分析师作为团队的数据接口人。策略产品经理在遇到自己无法解决的数据来源问题时一般需要求助数据接口人。

- 步骤6，对目标表进行随机取样，洞悉数据格式和异常值。常用的语句为" select * from 表名 limit 10"，使用该语句可以看到目标数据表的前 10 行数据，可以作为数据表预览使用。

- 步骤7，写 SQL 语句，进入正式的数据检索。所有策略产品经理都需要不断地学习 SQL 语句并学会看报错提示。（许多策略产品经理只要看到 SQL 中的报错就十分头疼，但在错误中不断地学习 SQL 是一条必经之路。）

接下来，笔者介绍简单的 SQL 操作，零基础入门首先需要了解的内容如下。

（1）查看表的数据结构：desc。

在 CH 中的 desc 语句为：

```
desc 表名
```

desc 语句的返回结果是 CH 中的数据表的字段名称和字段类型。

（2）增加搜索限定条件：where。

通常在数据搜索时需要增加限定条件，限定条件的语句是 where，可以增加多个限定。在 CH 中的限定语句为：

```
select uid,feed_id from 某张表
where uid = 4 -- 数值型
```

其中，uid 为用户的 id，feed_id 为内容推荐列表中每一条内容对应的唯一 id。

因为 uid 的数据类型为"整数型"，所以可以使用"uid=4"来进行查询，如果搜索条件为"字符串"，应该增加单引号，查询语句如下：

```
select uid,feed_id from 某张表
where feed_id = '11245343' -- 字符型
```

feed_id 是以字符串进行存储的（以字符串存储可以避免数字过长时在数据结构上的麻烦），程序设计语言中单引号的作用就是把字符串标识出来，所以数字 1 在 SQL 中写作 1，而文本 1 则写作 '1'。

（3）增加多个限定条件：and 和 or。

限制多个条件时，可以在 where 的条件后增加其他条件，在 CH 中的 and 语句为：

```
select uid,feed_id from 某张表
where uid = 4 and feed_id ='' and status in('审核通过','待审核')
```

其中，uid 为用户的 id，feed_id 为内容推荐列表中每一条内容对应的唯一 id，status 为该 feed_id 的审核状态，数据类型为文本型。

该语句的含义为：在该数据表中查找 uid 和 feed_id 两个字段，限定条件为 uid 是整数型 4，并且 feed_id 是空字符串，并且审核状态为"审核通过"或"待审核"。

其中，查询语句中的"（'审核通过','待审核'）"是一个数组，与 in 语句联合使用，表示某变量是否在该数组中。

And 表示"与"的关系，"A and B"表示同时满足 A、B 两个条件。如果想使用"或"的关系可以使用 or 语句，只需要把查询语句中的 and 全部替换为 or 即可，"A or B"代表 A 与 B 任意满足其中一个条件即可。

（4）排序规则：order by。

限制多个条件时，可以在 where 的条件后增加其他条件，在 CH 中的 order by 语句为：

```
select uid,feed_id from 某张表
where uid = 4
order by uid
```

其中，uid 为用户的 id，feed_id 为内容推荐列表中每一条内容对应的唯一 id。

该语句的含义为：按照 uid 进行升序排列，如果希望按照 uid 降序排列，需要使用 order by uid desc（desc 是 descend 简写，降序）。

order by 不仅可以按照结果中的某个字段进行排序，还可以按照函数结果排序，在 SQL 中进行随机抽样的一种常用方法如下：

```
select * from 某张表
order by rand()
limit 1000
```

该语句的含义为：利用 rand() 函数进行升序排列，并取前 1000 条数据。为什么这种语句可以实现对数据的随机抽样呢？因为 rand() 代表输入为空，输出为 0 到 1 之间随机数的函数。比如某数据表中有 10 万行数据，该函数相当于为该数据表新增辅助列，且辅助列中填充的数值是随机数，然后对该辅助列进行排序，选取前 1000 条。

（5）基本函数：toDate 等。

在 SQL 语言中有许多函数可以使用，且大多数程序设计语言中函数的表达方式都是一样的：

函数输出值 = 函数名（函数输入变量 1，函数输入变量 2…）

比如上述的随机数函数 rand() 就是一个输入为空，输出为随机数的函数。相似的还有日期函数 today()（输入为空，输出为"今天日期"），这些都很常用。还有一些函数具有输入变量，比如类型转换函数 toString（参数），可以将其他值转换为文本格式。无论是 Hive、MySQL 还是 CH 都有许多专有的函数，函数的学习是与数据需求同步的，做过的项目越多掌握的函数也就越多。本节旨在消除读者对于写 SQL 语句的恐惧心理，毕竟罗马不是一天建成的，查询语言也需要不断地累积项目经验才能掌握。

（6）聚合函数：sum、count 和 uniqExact。

以上介绍的 SQL 语句只是对数据表进行简单的条目检索，但实际工作中最常用到的是对原始数据进行聚合的相关函数。4.2 节介绍的多个描述型统计量在 SQL 语句中可以直接计算。

聚合函数需要和 group by 语句一起使用，可以实现"以某一离散变量进行分组，对其他某个变量计算描述型统计量"的功能。假如原始数据表如表 4-5 所示，共有 5 行数据，我们希望知道每个 uid 分别发布了多少篇 feed（也就是具有多少个 feed_id）。

表 4-5　使用 group by 子句前的原始数据表

uid	feed_id
4	122313313
5	122313314
5	122313315
5	122313316
4	134305925

在 CH 中的 group by 语句为：

```
select uid,uniq(feed_id) as fid_count from 表
group by uid
```

这个语句中有两个新的知识点。第一个知识点是函数 uniq（参数），含义是对 feed_id 进行去重计数（比如有 2 个相同的 feed_id 时记为 1 个）。第二个知识点是 group by 语句，相当于"按照 uid 进行分组，每组 uid 按照 feed_id 进行去重计数"。结果如表 4-6 所示。

表 4-6　使用 group by 子句后的数据表

uid	feed_id
4	2
5	3

group by 后边的字段必须和 select 后边忽视掉聚合函数的字段保持一致，比如：

- select { 字段 1}，{ 聚合函数 } from 表 group by { 字段 1}
- select { 字段 1，字段 2}，{ 聚合函数 } from 表 group by { 字段 1，字段 2}
- select { 字段 1，字段 2}，{ 聚合函数 1}，{ 聚合函数 2} from 表 group by { 字段 1，字段 2}
- select { 字段 1，字段 2，字段 3}，{ 聚合函数 1}，{ 聚合函数 2} from 表 group by { 字段 1，字段 2，字段 3}

只有这样，SQL 语句才不会报错，实际工作中一般使用两个及以上的变量作为 group by 的变量。

（7）不同表的拼接：join。

大多数情况下数据表并未整合在同一个数据表中，需要对数据做联表查询，关于在 CH 中的 join 语句为：

```
select * from
( 语句 1)
any/all inner/left/right join
( 语句 2)
using( 字段 )
```

这个语句中有三个新的知识点。第一个知识点是 any 和 all，any 代表的是作为连接的字段是任一提取，all 代表的是连接的字段全部提取；第二个知识点是 SQL 语句中的连接方式。SQL 语句中的 4 种 join 如下。

- Inner join：左表和右表的交集。
- Left join：以左表为主键的外连接。
- Right join：以右表为主键的外连接。
- Outer join：笛卡尔积。

第三个知识点是关于连接字段，在 CH 中一般使用 using（字段）函数，在 MySQL 中一般使用 on 语句。join 的语法比较复杂，本书由于篇幅所限不再赘述。

SQL 的学习分为几个阶段：能看懂别人的 SQL、能改别人的 SQL、能写单体 SQL、能写联表 SQL。对于运营经理而言，一般需要做到第二步"能改"；对于功能型产品经理而言，一般需要"能写单体 SQL 和联表 SQL"；对于策略产品经理而言，要求是不仅"能写 SQL"，还需要会使用数据分析工具进行数据挖掘。本节内容旨在通过最基础的 SQL 教程介绍，帮助 SQL 语言零基础的读者建立信心，直至能找到写 SQL 的成就感。

4.3.2 数据分析案例：男性向 / 女性向漫画 Top10 计算

笔者在某家互联网漫画公司工作时曾经遇到一个非常典型的数据分析问题，这类问题可以统称为"排行榜问题"。问题是这样的："现在有 M 部（M>1000）漫画作品的阅读 uid 数据（用户 id），通过 uid 可以联表查询到 uid 的性别（用户主动填写的性别，但有缺失），现在需要计算出男性最喜欢的 10 部漫画作品和女性最喜欢的 10 部漫画作品。"

这类排行榜问题在数学建模中是一种典型的评估模型问题。评估模型的共性是通常并没有固定的评估维度，追求的是评估方式的"自圆其说"，所以并没有所谓的标准答案。对于这类问题，我们首先需要进行如下思考。

（1）喜欢的定义是什么："喜欢"应该是用户数据表现出来的（毕竟如果用户喜欢但是不表现出来，平台方也无法测量用户的喜欢程度），于是我们以用户的浏览数据（阅读、评论、收藏某一章漫画、关注整部漫画等）近似测量用户的喜欢程度。

（2）哪个数据是更好的：业务上判断阅读、评论和收藏某一章漫画的行为更偏向于用户的短期行为，而关注整部漫画并追更是长期行为，所以选择关注漫画行为作为评价指标。

（3）正向因素和负向因素有哪些：由于排行榜是对漫画进行排名，考察的是不同性别用户最喜欢的内容，而排序依据应该与每部漫画的关注者中男女比例相关，所以应该考虑大盘用户中男女比例（一般漫画类 App 以女性用户为主），同时需要考虑男性用户和女性用户中绝对人数的因素。比如一共两个人关注某漫画作品，且均为男性，此时男性占比 100%，但是上排行榜一定不合理，用户希望看到的是兼具总热度和相应性别比例的作品。

首先需要获取数据，目的是检索出类似于表 4-7 的数据结构（使用 SQL 语言获取到如下数据）。

表 4-7　漫画 id、漫画订阅 uid 和 uid 性别的原始数据示例

漫画 id	漫画订阅 uid	uid 性别
10086	12345	女
10087	23456	（未填写）
10088	34567	（未填写）

其次，建立评估模型。建立模型过程中有三个难点。

❑ 难点一：用户的性别信息有缺失（用户资料中有性别信息的不足 50%），如何补齐未填写资料用户的性别信息。

❑ 难点二：制定评估分数的计算方式，需要同时考虑漫画作品关注者的绝对人数和性别比例。

❑ 难点三：大盘用户中男女性别比例悬殊，如何在考虑大盘数据的条件下选择"男性喜欢的前 10 部作品"和"女性喜欢的前 10 部作品"。

以上三个难点有不同的解决方法。

对于第一个难点，一种比较重量级的办法是根据已经填写性别的用户信息，综合用户的阅读行为，建立模型去训练用户的性别预测。但这种方式比较耗时，紧张的项目周期里去构建这样的分类器需要一到两周的时间。

后来选择了一种轻量级的方式，因为漫画类产品一般在冷启动期间会询问用户看"男性版"还是"女性版"的推荐页面，并且对已经填写性别的用户选择了男性版/女性版进行校验，发现绝大多数用户选择了和自己同性别的版本，所以可以对未填写性别的用户根据使用的是男性版还是女性版进行性别估计。

第一个难点的解决思路是比较简单的：通过其他数据信息补齐缺失数据，并对已经填写了性别的用户选择了男性版还是女性版进行数据分析，从而解决问题。

对于第二个难点，需要制定一个同时兼顾绝对关注数量和某种性别关注占比的评价指标，一般有两种思路。

- ❑ "关注人数"大于某个阈值的漫画，按性别关注占比排序，缺点是难以确定阈值范围。
- ❑ 构建公式，综合两种因素进行排序，缺点是难以确定公式是最优解。

笔者选择了第二种思路，因为第一种思路下的性别关注占比数据差异较小，比如前三部漫画作品的男性关注比例只相差 0.05%，如果按照这种思路做排序，前三名分值差异很小（但是作品关注人数相差较大）。第二种思路下笔者选择构建一种排序模型，为了平衡关注人数和男性关注比例，需要构建以下公式（公式不唯一）：

$$男性榜 \, Score = 男性用户比例 \times \log_{10}(1 + 男性关注人数)$$

以上公式需要对真实数据做测试，调整依据主要是让不同的漫画拥有比较均匀的区分度并且没有"异常点"（比如第一名和第二名的分值差异，第三名和第二名的分值差异基本接近）。同理，女性榜的分值计算也遵循相同的公式：

$$女性榜 \, Score = 女性用户比例 \times \log_{10}(1 + 女性关注人数)$$

以上公式并不唯一，可以看到男性用户比例和女性用户比例的权重远远小于各自关注人数，对于性别比例接近的漫画，各自关注人数在跨越数量级（10倍）的时候才可以影响到最终的分值。经过不断地参数调优（实际工作中有对参数做优化，但框架接近），我们成功地解决了难点二。

第三个难点是如何精确地挑出男性喜欢的独有作品、女性喜欢的独有作品。

如果按照难点二的解决方案（比如男性榜 Score 降序、女性榜 Score 降序），热度较高的头部作品（流量占比 90% 以上）无论在男性榜和女性榜都名列前茅，即数据很可能是这样的："男性榜第一名是女性榜的第四名……男性榜的第二名是女性榜的第三名……男性榜的前 10 名和女性榜的前 10 名重合作品有 7 部，只是顺序发生了改变……"。

如何找到男性喜欢的独有作品榜呢？我们可以借鉴斯皮尔曼相关系数的思想。斯皮尔曼相关也可称为级别相关，也就是说，被观测数据的数值被替换成级别。皮尔逊相关系数容易受到异常值的影响，而斯皮尔曼相关系数是将每组数据转换为名次排序。举例如下：数组 [100000，1000，1] 与 [1，3，5] 的相关系数用斯皮尔曼的思想可以看作 [3，2，1]（排序）和 [1，2，3] 的两个数组的相关系数，把 100000 这个很大的数字以排序的方法变为 3 来降低相关系数中原始数据的波动。

以这个思想解决难点三，现在的问题变为"什么是男性喜欢的独有作品"。我们已经定义"喜欢"的分值（男性榜 Score 和女性榜 Score），分以下几种情况。

❑ **男性喜欢，女性也喜欢**：不是男性喜欢的独有作品。

❑ **男性喜欢，女性不喜欢**：是男性喜欢的独有作品。

所以根据这个定义，我们可以规定如下指标：如果某个作品在男性榜为第 X 名，在女性榜为第 Y 名，当 X 和 Y 相差较大时，说明是男性喜欢的独有作品。试想以下几种情况。

❑ **情况 A**：当 X=1，Y=30 时。

❑ **情况 B**：当 X=10，Y=20 时。

❑ **情况 C**：当 X=1，Y=11 时。

对于情况 A，因为同一作品在不同的榜单中相差 29 名（差距较大），可判断该作品为男性榜喜欢的独有作品。

情况 B 和情况 C 的共同点是 $Y - X$=10，同样是相差 10 名，但根据常识判断，情况 C 比情况 B 的得分更高。因为无论从体育比赛的经验，还是从漫画浏览量的分布看，第 1 名和第 11 名的差异，远远大于第 10 名和第 20 名的差异。在一个竞争充分的市场中，作为"冠军"往往需要付出第 10 名数倍的努力，这是客观规律。

这个思想从搜索系统评估指标中的 nDCG 指标也可以看到，DCG 指标是用来评估搜索列表排序的一种常用方法，DCG 指标体系会赋予不同位置以不同的权重，每个位置的权重如下：

$$Weights = \frac{1}{\log_2(1 + i)}$$

其中，i 代表的是不同的位置（比如搜索列表中的第一位，$i=1$），所以应用上述的权重定义每个位置的权重如表 4-8 所示。

参照以上定义方法，可以将原始定义改写为：如果某个作品在男性榜为第 X 名，在女性榜为第 Y

表 4-8　nDCG 算法中每个位置拥有不同的权重

位置	权重
1	1
2	0.63
3	0.5
4	0.43
5	0.39

名，并且不同位置的权重函数为 $G(i) = \dfrac{1}{\log_2(1 + i)}$，当 $G(X)$ 和 $G(Y)$ 相差较大时，说明是男性喜欢的独有作品。

所以，我们可以按照 $|G(X) - G(Y)|$ 的值进行降序排列，值越大说明该作品在男性榜和女性榜的权重差值越大。

由于是构造公式的评价模型，本节所有公式的参数均可以进行调整，调整的目的主要是追求最终结果的数据分布均匀，即"分值的区分度"，且最终排序结果和主观感受一致。

4.4　本章小结

本章主要介绍了多变量数据分析的有关知识。第 1 节着重介绍了数据分析的方法论，笔者将数据分析思路拆解为确认问题、分解问题并建立事实假设、建立原因假设、产出数据报告等步骤。第 2 节介绍了统计学中最常见的描述型统计量，即九值、三图、一表，并分别简单介绍了每一种描述型统计量的适用范围和常见误区，同时介绍了策略产品经理需要了解的统计学的三个常识：相关性和因果性、交互作用、幸存者偏差，最后介绍了数据报告的设计原则是"一图胜千言"。第 3 节介绍了 SQL 基础教程，鼓励本书读者迈出 SQL 学习的第一步，并给出了一个业务案例——排行榜问题。数学家在漫长的历史中贡献了许多的"思想金矿"，而这些"思想金矿"是作为策略产品经理需要活学活用的，希望读者们多阅读数学类的相关书籍，毕竟"数学是科学的女王"。

第 5 章

A/B 测试：因果性的"钥匙"

本章主要介绍 A/B 测试相关内容。A/B 测试是一种基于控制、对照等科学研究方法的对照试验，已经广泛应用于医疗和心理研究等科学领域。

简单来说，A/B 测试可以辅助优化产品，具体的应用方法是在产品全量上线之前，制定两个及以上的实验方案，同时将符合要求的目标用户流量均匀分为几组，在保证每组用户特征相同的前提下，让用户分别看到不同的实验方案（可以是界面，也可以是推荐策略），通过观察评估指标，帮助策略产品经理进行科学决策。

第 4 章介绍了多变量实验的方法、多变量数据分析，我们可以借助这些手段判定相关性，而无法精准判定因果性。而 A/B 测试则不然，它可以控制自变量和因变量，所以是验证因果性的方法。基于以上原因，A/B 测试是策略产品经理需要掌握的最重要的"武器"。

不同公司在 A/B 测试系统的建设上处于不同的发展阶段，以下是一些常见环境。

❑ **数据仓库建设进度缓慢，不足以支撑数据驱动。**数据驱动是时代趋势，但是对于大多数从传统行业转型到互联网的公司，其互联网基因不强，底层数据的建设非常薄弱，比如缺少许多关键的数据打点，无公司级可用的数据平台，即使有，数据权限被极少数人控制（即策略产品经理可能拿不到一线数据）。数据平台和数据仓库的建设需要数据产品经理参与，但大多数公司并不具备这样的硬件条件，所以在这样的工作环境下策略产品很难实现真正意义的数据驱动，业务决策主要以感性判断为主。

❑ **数据仓库建设相对完整，但中层领导喜欢经验决策。** 数据驱动近 5 年才得到普遍认同，一些中层领导往往出于职业惯性凭经验做决策，而忽视数据现状。笔者的判断是：在部分互联网垄断赛道上，这种情况将长期持续，因为这些公司垄断了赛道而鲜有竞争者，缺乏自我变革的动力；而在新兴赛道和非垄断赛道上，这种情况将在不久以后得到改善，经济下行压力也会促使公司管理层对中层领导的数据考核越来越严格。

❑ **公司有 A/B 测试系统，但团队习惯于全量上线而非经过 A/B 测试后上线。** 这种情况相对易于解决，策略产品经理可以推动上线流程的优化，重点是要推动 A/B 测试单次实验成本的降低，并让管理层意识到未经过 A/B 测试上线的历史项目数据收益存在争议。

❑ **公司有多套 A/B 测试系统，即每个部门都有自己独立的 A/B 测试系统和指标体系。** 这种情况相对易于解决，策略产品经理需要推动可以决策建立中台系统的人（比如 CTO）进行决策，明确公司同一个 App 是一个整体，不能只观测某一个模块的指标变化，所有影响 App 的指标都需要观测。比如，某一个实验对局部正向受益但对全局负向受益的情况很常见。

❑ **公司的日活用户很低，导致 A/B 测试时用户流量很小，经常出现实验结果反复。** 一些统计手段可以缓解该问题，实验效果有限。在小流量 A/B 测试中需要增加主观判断，不能完全依赖数据驱动。一般来说，每个实验组的独立用户数需要超过 1000，如果 A/B 测试的用户量低于 1000，那么 A/B 测试结果仅供参考，决策时以主观判断为主。

本章将介绍并解决 A/B 测试中常见的 5 个问题。

1）内部效力问题：如何确保实验组和对照组的用户特征分布是相同的？

2）外部效力问题：为什么产品经 A/B 测试上线后的效果和实验时的效果不同？

3）实验操作问题：在实验的过程中（比如 1 天后）是否可以增加新的实验组？实验需要开启多少天？实验组和对照组的流量如何分配？

4）多组实验问题：是否可以同时在线上做多组实验？如何避免不同实验相互影响？

5）假设检验问题：当实验组和对照组的指标有差异时，如何判断两组实验是随机误差造成还是统计误差造成？

本章主要内容分为三部分。第一部分介绍 A/B 测试的定义、背景及应用。A/B 测试定义的核心关键词是"控制"，保证组与组之间只有唯一变量。A/B 测试在学术界率先应用于心理学和医学，在互联网公司中往往和灰度发布流程绑定。第二部分介绍 A/B 测试依赖的统计学知识，以"如何使用实验判断硬币是否被做过手脚"例子介绍假设检验，并介绍实验的内部效度和外部效度，如何确定两组实验数据是随机误差还是统计误差，以及 A/B 测试的局限性。第三部分介绍 A/B 测试在工业应用中遇到的实际问题，比如小流量产品的 A/B 测试怎么做，多个实验在线上如何同时进行，分流均匀性如何保证，实验所需的最小观察周期多长，如何对产品留存进行长期观察等。

5.1　A/B 测试的定义与应用

科学研究中经常采用的方法是观察法、相关法和实验法。观察法是一种通过观察对象的行为，并采用系统的方式对测量到的值进行记录的方法，是一种相对原始、基于历史档案观察事物并记录的方法。相关法是一种系统化测量两个或多个变量并评估其相关性的方法。实验法是科学研究中最常用的方法，也是解释因果关系的唯一方法。研究者会将用户随机分配到不同的策略中，并确保不同组别的用户受到的策略影响是唯一变量，通过观察唯一变量是否会引起最终结果的变化来追溯原因。

A/B 测试是一种实验法，起源于科学研究中的归因类需求。

5.1.1　A/B 测试的背景

将互联网公司的 A/B 测试和科学史联系起来，看似是一件距离遥远的"联姻"。但互联网产品迭代常用的 A/B 测试手段本质上也是科学研究的一部分。

如果读者希望更加透彻地理解互联网产品中 A/B 测试的基本方法论，就需要回溯科学研究中是如何做控制实验的，以及不做控制实验时常见的问题。本节希望从科学史的角度阐述 A/B 测试的重要性，让读者对控制实验有更全面的认识。

本节将介绍两个经典的事例。第一个事例介绍统计学家 Fisher（也就是方差分析，F 检验的统计学家）的农业研究，目的是介绍 Fisher 的实验设计三原则，这将指导我们设计 A/B 测试实验。第二个事例介绍心理学中常见的"安慰剂效应"，主要介绍心理学研究在缺乏控制实验的情况下是如何产生谬论的。

事例 1：Fisher 的实验设计三原则

Fisher R A 是英国统计学家、生物进化学家、数学家、遗传学家和优生学家，是现代统计科学的奠基人之一。他对统计学的贡献主要来自于对于洛桑农业实验的研究，即"如何调配不同比例的肥料成分实现亩产最大值"。

讽刺的是，即使到了统计学已经非常成熟的现代，部分互联网公司对于不同线上策略的实验并未比在 20 世纪早期的农业研究做得好。

在统计学家 Fisher 之前，农业实验站的农场主们对不同肥料成分进行了将近 90 年的实验。在每次实验中，工人通常会在整个一块田地上播撒磷酸盐和氮盐的混合物，然后种植谷物，并对收获的粮食以及当年夏季的降水量进行统计。他们会用一些详细的公式修正一年中一块田地的产出（比如选择某个公式，为某块田地的产量乘以一个系数），以便与另一块田地或同一块田地其他年份的产出进行比较。这些系数被称为"肥料指数"。每个农业实验站都有自己的肥料指数，人们都认为自己的肥料指数比别人的肥料指数准确。

由于缺乏最基本的控制实验意识（在 20 世纪早期是情有可原的），实验站近 90 年实验的结果就是一堆混乱的结论和大量没有发表的、毫无用处的数据。

但 Fisher 是一名优秀的统计学家，在查看了农业实验站近 90 年的数据（也就是前文中科学研究的"观察法 – 档案查询"得到的数据）以后发现，即使使用了各种各样的多变量数据分析的统计手段，仍然无法消除肥料的差异，也就是对于不同数值结果的解释，仍然无法使用唯一变量的影响因子。接着，Fisher 研究了过去 90 年的降水量和作物产量数据，指出不同年份天气因素的影响比不同肥料的影响大得多（研究的是肥料对产量的影响，但通过统计手段论证了天气的影响更大）。也就是说，不同年份的天气差异和不同年份的肥料差异是同时存在的，这意味着我们无法将二者从这些实验数据中分离开，所以在缺乏控制实验的情况下，长达 90 年的实验几乎是在浪费时间。

Fisher 认为，科学家在实验之前需要设计对照实验。所谓对照实验，是指其他因素相同，只有需要考察的因素不同，科学家们才能根据实验中得到的数据，得出相应科学问题的合理结果。

Fisher 根据在农业领域的统计结果，于 1925 年在书中阐述了他对于对照实验设计的三原则，分别是随机化原则、重复原则和区组化原则。

- 随机化原则：实验能够使用统计方法的先决条件（因为假设检验等统计方法要求观察值是独立分布的随机变量）。随机化原则需要保持实验组和对照组的同质性，比如性别、年龄、地域、使用特征等用户特征是相同的。换句话说，实验组有多大比例的男性，对照组也要有比例接近的男性。所谓随机化，是指实验材料的分配和各个实验的次序都是随机的，这有助于均匀可能出现的外来因素的效应。

- 重复原则：该原则有两条重要的性质，第一条性质是每一次实验可以求解出实验结果在统计上的置信度，第二条性质是通过重复实验可以提升置信度。换句话说，控制实验应该允许被重复、每次独立重复实验的数据差异在统计置信区间内，更充分和更有说服力地证明一个实验结论的可靠性。许多科学研究需要做上万次的独立重复实验，以便在大样本条件下降低每一次实验的随机性和测量误差。实际工作中，A/B 测试在部分场景下（尤其是重要的验证实验）也需要独立重复若干次，观察每一次实验的收益是否稳定。值得一提的是，一般来说推荐策略迭代一段时间后需要对之前正向收益的实验进行回测，即重新验证在一段时间后的收益是否和当时实验收益接近。

- 区组化原则：该原则又称"局部控制"或"分层控制"，是用来提高试验精确度的一种方法。这一原则是为了降低实验过程中的系统误差对实验结果的影响而设计的。Fisher 的分析方法本质上是对比系统误差（不同实验组之间由于策略不同导致的波动幅度）和随机误差（同一个实验组内部的波动幅度）的大小。举例来说，在做某种激素类药物对人体影响的实验时，我们已知共有两种因素会对因变量产生影响。第一种因素是是否服用了实验药物，即实验组服用实验药物、对照组服用安慰剂。第二种因素是参与实验的志愿者的性别分布，男性和女性对于激素类的调节机制存在着根本差异。但我们希望研究的是实验药物因素带来的效果，基于如下两种原则设计实验的结果是不同的。

- 基于随机化原则：随机化原则类似于随机抽样，如果基于随机化原则设计实验，不区分志愿者中的男女比例做随机分配，产出结果是忽略性别因素的（我们假定了随机分配足够均匀）。

- 基于区组化原则：区组化原则类似于分层抽样，按照男性和女性分组并分别进行实验，男性组分为安慰剂组和实验组，女性组同样分为安慰剂组和实验组，在产出最终实验报告时分别汇报该药物对男性和女性的影响。

区组化原则实际上是通过分层抽样的思想继续控制可能影响最终结果的因素，得到的实验结论会更有说服力。基于区组化原则的实验设计中，区组选择的原则在于区组间差别越大越好，区组内差别越小越好。在自变量水平上，随机区组设计因素包括处理因素和区组因素，而完全随机设计因素仅包括处理因素，因此可以认为随机区组设计的检验效能高于完全随机设计的方差分析。

Fisher 的实验设计思想需要在互联网产品的 A/B 测试中得到更好的贯彻。很多员工缺乏最基本的实验意识，所以类似于 20 世纪早期农业实验站的无用结论在团队的每周工作汇报中俯拾皆是。这既是策略产品经理职位的机遇（人无我有），同时更是挑战（部分公司缺乏自我变革的勇气，难以提升大多数员工的实验意识）。

事例 2：安慰剂效应

在介绍安慰剂效应之前，需要介绍一个心理学的常见概念——见证叙事。比如我们经常可以在电视上看到这样的广告，"某个病人宣称吃了某一种药物后，自己的病情得到了好转并最终康复。"假设我们认为这条广告的内容是真的（事实上很多人真的会出于非商业目的如此表达），但这样的反馈到底是不是真的呢？

实际上不然，"见证叙事"是一种常见的个体案例，即使可以收集到足够多的见证叙事案例，我们也无法从中得到任何有效的结论。因为导致该结论的一个很可能原因在于安慰剂效应。几乎每种产生于医学和心理学的疗法都有一定数量的支持者，并且总能催生出一些发自内心认可其疗效的人，在各种医学文献上同样记载了各种各样的富有想象力的"药方"。比如生姜涂到秃头上会治疗脱发，一些人表示通过生姜涂抹秃头的部位在一段时间后真的有新的头发长了出来。如果对这些"见证叙事"信以为真，我们似乎可以得到"生姜摩擦秃头部位有助于生发"的结论。

但事实上，安慰剂效应广泛存在，也就是说有一部分人吃了该药后，在心理上会认为自己的生理症状得到了改善。"生姜治疗脱发"的例子也是一样，只要有足够多的被实验对象，总是会有一定比例的用户会认为自己的病症通过这种方法得到了改善。

类似的实验可以在内容类推荐策略中运用，笔者在内部评测时有过几次相似的经历。如果将某个平台内部员工放入实验组（比如实验的内容为增加符合平台价值观的优质内容曝光量），参与反馈的内部员工往往会表示他的推荐体验真的变好了，因为优质内容变多了。但实际上，由于实验开启滞后的问题，在这几位内部员工评测时，实验策略并没有上线，也就是说他们看到的是和平时完全一样的信息流！

人的主观意识是很强大的，当被告知"你已经加入实验组"以后，即使并未真正开启实验，一部分用户就已经开始发布自己的"见证叙事"，宣布自己的体验改善了或变差了。这个效应是需要策略产品经理进行深度思考的。这里留一道思考题：对于服务端的推荐策略 A/B 测试来说，是否应该告知用户已经进入 A/B 测试实验？如果应该告知用户已经进入 A/B 测试实验，是否应该告知用户处于实验组还是对照组？

总之，策略产品经理要学会使用批判性的思维进行判断，当遇到负例时，区分出该负例是不是孤立的"见证叙事"。

5.1.2　A/B 测试的定义和分类

当面对一个改进目标有两种甚至多种不同的方案时，为了避免盲目决策带来的不确定性和随机性，将各种不同的实验同时放到线上让实际目标群体选择，然后利用实际数据分析结果辅助决策。这种手段就是 A/B 测试。

一般来说，如果按照使用场景分类，可以将 A/B 测试分为服务端实验、客户端实验、页面实验。

□ **服务端实验**：只涉及后端策略开发、不涉及界面改变的实验被称为服务端实验。该实验一般只涉及排序策略或过滤策略的更改，即实验组只更改某一个模块的排序、过滤、内容召回逻辑。实际工作中，大多数推荐策略实验都是服务端实验。

□ **客户端实验**：涉及客户端发版的 A/B 测试被称为客户端实验。一般需要做好客户端的两套埋点体系，才能得到两套页面交互方案。

□ **页面实验**（PC 端、RN、H5 等）：涉及界面的改变但不需要客户端发版，只需要在某个页面上进行实验，被称为页面实验。实际工作中，推荐策略上很少使用页面实验。

其中，服务端实验是使用频率最高的，迭代速度较快，甚至可以实现小时级迭代。客户端实验是一种成本高昂的实验方式，只有少数大型页面改版才需要进行两个及以上的交互方案开发，难点在于不同交互方案如何控制唯一的变量因素，以及交互方案都需要做埋点。PC 端或 RN 页面是一种比较灵活的方式，虽然页面体验不如原生页面，但是迭代灵活，可以快速验证。实际工作中，如果涉及交互改版，则在技术方案上尽量选择页面实验。

如果按照用户分组方式分类，A/B 测试可以分为以下几类。

□ **客户端 – 流量随机实验**：在客户端内，采用时间戳等策略进行随机分组，也就是说同一个用户第一次进入和下一次进入可能会进入不同页面的策略。

□ **客户端 – 已注册用户随机实验**：比较常用，也就是说非注册用户无法参与实验，并且每一个确定的用户 ID 在实验期间访问始终会进入相同页面的策略。

□ **客户端 – 所有用户随机实验**：最常用，也就是说非注册用户也可以参与实验，并且每一个确定的用户 ID 在实验期间访问始终会进入相同页面的策略。

□ **其他端 – 网页端 / 小程序端 /H5 端实验**：实际工作中使用较少，用户可以使用浏览器 ID、微信 openid 等随机进入页面的策略。

在实际的内容型产品推荐策略中，客户端实验是最主流的。流量随机实验一般用于特定目的，比如不追求同一个用户连续两次进入同一页面，而用户随机实验（无论是否包含未注册用户）则是追求同一个用户连续两次进入同一页面。实际上，这两种情况置信度计算方式的分母是不同的，前者是以曝光为基本单位，后者（比较常用的方式）则是以用户为基本单位。

在数据量级较小的产品上可以使用流量随机（时间戳分流）的方式，因为即使用户量只有几千人，但几千人产生的曝光行为会远远大于用户数量，时间戳分流的方式可以增大数十倍的数据量，并且能得到一部分数据结论（但是仍有明显的弊端，将在下文阐述）。Netflix 曾发表相关论文（interleaving 的方法）介绍了这种以曝光为基本单位的实验优势。根据论文所述，这种方式的优点如下。

❑ 消除了 A/B 组测试者自身属性分布不均的问题，通过给予每个人相同的权重，降低了重度消费者对结果的过多影响。A 和 B 两组实验之间重度消费者的微小不平衡也可能对结论产生不成比例的影响，比如内容付费行为是一种概率很低的行为，尽管分流算法可以在理论上认为随机打散，实际工作中还是会有某一组的重度用户多一点的情况，这就严重影响了实验的准确性。

❑ 灵敏度和准确性高。用更少的用户量（约为传统 A/B 测试的 1%）和更短的时间实现传统 A/B 测试的效果，实现快速粗筛的策略。

按照论文所述，该手段可以实现内容付费相关产品中的典型 A/B 测试需求，但缺点是为了满足流量随机的严格统计要求，需要设计比较复杂的工程。同时因为该手段以曝光为基本单位，难以得出新策略的具体收益（比如"新策略实验组比对照组人均停留时长增加了 20 秒"的类似结论是无法通过该方法计算出来的），所以只能用来更快地比较策略好坏，但不能论证策略的明确收益。

更成熟的 A/B 测试分流方式是基于用户分组的，一部分互联网产品是允许用户不登录就可以使用的，一部分互联网产品则要求必须登录才能使用。实际工作中，具体根据设备 ID 及用户 ID 分组需要视情况而定。

那么，A/B 测试是否是所有公司的必需品？如果产品只有很低的用户量，是否需要搭建 A/B 测试系统？笔者的答案是：否。

笔者认为业界对于 A/B 测试的认知有些偏颇，其实 A/B 测试在小公司的优先级并没有那么高。对小公司（尤其是天使轮和 A 轮的公司）而言，重要的事是产品的自然留存、对 VC 的"故事"和现金流是否能够产生正向影响，而非 A/B 测试和内容标签系统等。

A/B 测试系统本身具有较高的系统复杂度。对于创业者而言，A/B 测试很像是一个能看到附近海域有哪些岛屿的昂贵的罗盘。客观事实是 A/B 测试系统需要相对完善的数据埋点、权限分明的数据平台、靠谱的实验分流设计、流程化的实验报告，而这些都是非常大的投入，而且大多数公司并不满足数据驱动的技术条件。在未搭建好一个相对可用的 A/B 测试后台的情况下，经常出现的情况是，一线工程师在不足 1000 人的实验组上得到了某个实验结论，而结论却与大家的基本假设完全相悖，显得不合常理。在开启每一个 A/B 测试之前，实验发起人总会有一个基本假设，但实验结果往往让相关同事困惑。实际上，这些困惑都是用户量级过小、数据采集问题、显著性计算方式等引起的。笔者的观点是，A/B 测试只是罗盘，当公司的数据平台和基础很好时可以选择强数据驱动；反之，应该选择弱数据驱动。

"虚心接纳数据但不迷信数据"应该是每一个策略产品经理坚持的价值观，至于当主观判断和实验数据结论发生偏差时如何决策，则需要具体案例具体分析，这可能正好考察策略产品经理是否有判断力吧！

A/B 测试后台可以显著提升公司在细分策略上的正确率。部分优秀的互联网公司往往将 A/B 测试的发布流程和实验平台做到极致，这样能带来如下主要收益。

- ❑ 减少团队争执，提升团队效率。实际工作中，往往不同职位的同事在用户理解上有差别，此时最好的方式是低成本开发 A/B 测试，用客观科学的实验结果终止无谓的争论。

- ❑ 在短期收益上，提升决策正确率。正如"地铁的电梯是让人快速离开，而商场的电梯是让人尽量留下来"，A/B 测试的数据驱动无法取代顶层设计，领导者的组织设计和商业设计能力不能被 A/B 测试代替。对于团队来说，优秀的 A/B 测试平台在短期指标上可以显著地提升决策正确率。

- ❑ 多组实验同步。优秀的 A/B 测试平台可以将流量真正意义地做到正交化，为多个团队提供并行验证的机会，提升公司的人员效能。平庸的 A/B 测试平台无法将流量真正打散，导致线上只能同时开启少数实验，团队成员需要排队做实验，降低了公司策略迭代的效率。

5.1.3　A/B 测试上线流程

本节将介绍大多数公司中 A/B 测试的上线流程（如图 5-1 所示），主要分为以下几个环节。

图 5-1　笔者总结的 A/B 测试上线流程

- 提出需求。策略产品经理基于先验判断、数据分析结论或者领导要求，需要上线一个策略实验需求。

- 设计实验。策略产品经理了解相关技术逻辑，设计单变量实验并撰写策略实验文档，包括但不限于实验逻辑描述，如何验证实验假设，以及预期的数据收益。

- 技术工程师自测。算法工程师完成需求，测试工程师介入测试（有时候策略产品经理需要充当测试工程师的角色），添加实验白名单，确保自己的测试账号命中实验。

- 策略产品经理体验策略。策略产品经理在 A/B 测试上线后通过将自己的测试账号在不同的实验组中切换，反复验证实现逻辑是否完全符合需求文档，并仔细体验两组实验的主观差异（如果拥有中台系统，可以通过后台实现同一用户的内容推荐顺序对比），时间允许的情况下可以写主观评估报告。

- 上线后的检查点 1。上线后 2 小时观察相关数据，主要通过实时数据判断实验开启后是否存在问题，检查以下数据是否正常并记录在文档。如果存在问题，立即检查问题；如果没有问题，在下一个检查点重新确认。
  - 候选集曝光量是否符合预期。如果是涉及内容候选集的实验，需要检查内容候选集曝光是否是 0。如果实验没问题，该数值应该是大于 0 的数字。

- **服务端请求日志的数据量是否符合预期**。策略产品经理一般很难看到该数值，笔者的经验是在实验开启后，找算法工程师一起检查一下服务端请求日志的监控，如果实验正常开启则请求数据量不为 0。笔者遇到多次实验开启但是服务端未生效的问题，可能是上线流程存在问题，如果检查不及时在第二天才发现，会影响项目进度。如果实验流量比例过高导致性能压力剧增，需要调低流量比例。

- **实验开启后的过滤策略或排序策略是否生效**。如果是过滤策略，需要检查用户推荐日志中实验组需要过滤的内容标签是否存在。如果是排序策略，需要对用户推荐日志中的前 50 条结果进行随机抽样分析，检查带有响应标签的内容排序是否更靠前。策略产品经理需要验证上线产品是否符合预期并记录到实验文档中。

❑ **检查点 2**。上线 24 小时后观察数据变化，此时检查的重点是实验是否存在更深层次的实现漏洞。一般来说，24 小时后的数据结果往往和结束点的数据结果趋势相同，此时的检查可以提前发现数据趋势，明确不符合预期的部分（如果有问题，可以提前重新检查一遍实现方式；如果没有，则通过，不用检查）。如果有时间，建议策略产品经理再次体验实验组和对照组的策略，此次的体验和上次的感受是不同的，因为实验开启时第一次体验实验组策略可能会有新奇感，并且重心在于测试边界用例而非用同理心来理解用户的情绪。在检查点 2 重新体验实验组策略，会对用户的情绪理解得更纯粹，不仅消除了新奇感带来的误差，而且可以更加放松地置身于产品中，以普通用户的心态来使用产品，此时最容易获得用户洞察。

❑ **结束点**。在结束点需要终止实验，基于多天累计数据，对相应指标进行数据分析并形成数据报告。关于结束点的选取，不同类型的产品和不同的观察指标有所不同，具体的选择方式如下。

- 对于日活级产品（DAU/MAU 大于 50% 的产品），普通指标需要观察 3 个完整天以上（一般为 4 天），次日留存指标需要观察 7 个完整天以上（一般为 8 天），次周留存指标需要观察 14 个完整天以上（一般为 15 天）。

- 对于周活级产品（DAU/MAU 小于 50% 的产品），此类产品用户并非每天活跃，并且具有强周期性。普通指标需要观察 7 个完整天以上，一般为 8 天，因为需要一个周期内的用户行为对比。次日留存指标需要观察 10 个完整天以上，一般为 15 天，因为需要两个周期内，两个分组的用户行为对比。次周留存指标需要 14 个完整以上，一般为 15 天，因为需要两个周期内两个分组的用户行为对比。

- 以上数据为经验数据，主要依据是笔者经历的大多数 A/B 测试的次日留存指标在第 7 天趋于稳定，第 8 天、第 9 天、第 10 天和第 7 天的结果基本一致。其他指标的结束点时间同理，本质上是因为用户行为数据会逐渐收到固定的值。结束点时间的选择是"实验精准度"和"项目迭代速度"的折中，如果追求实验精准度，每个实验都可以开启一年之久，但这样的话在紧张的项目迭代周期中效率就会受到影响。大多数公司以单周迭代或者双周迭代的节奏开展工作。

❑ 分析实验结果。在结束点以后策略产品经理需要分析实验结果，并给出如下的书面分析。

- 分析实验数据的结果是否符合预期，以及可能的原因。一般需要参考原始实验假设，并且结合自己的主观体验报告来尝试回答这个问题。

- 符合预期的实验，下一步优化的点是什么。

- 不符合预期的实验，分析是假设错误还是验证错误，下一步改进点是什么。

❑ 灰度上线。如果实验取得了统计置信的正向收益，需要对该策略进行灰度发布，但是流程上会因是否需要发布客户端新版本而有所区别。

- 如果需要发版，走版本审核的通用灰度流程，一般需要在小渠道放量，观察产品在不同手机型号下是否存在漏洞。

- 如果不需要发版，关闭原试验，在 A/B 测试平台将该实验状态调整为"灰度发布状态"（平台需要支持该功能），调整实验组用户的占比，观察天级指标的变化情况。比如第一天放量 30%，观察目标指标（比如人均停留时长）在全量用户上的变化。灰度上线的目的是观察 A/B 测试在全量用户上真正取得的效果，此时虽然不是严格 A/B 测试验证，但也是十分必要的，下文会介绍为什么正收益的 A/B 测试全量后效果不如原实验结果明显。

- 回测机制。在 KPI 考核周期之前一般需要有组织地对有收益的实验进行回测。所谓"回测",实际上是对历史实验的重新测试,因为在实验期间有收益不代表一直存在收益（A/B 测试存在局限性,可能用户群的特征分布发生了改变）,所以需要对考核周期内（比如说一个季度内）取得了较大收益的实验重新测试,预期是拿到同样正向的收益（数据幅度可能会有差别,这是正常的）。

实验流程是前人通过不断试错总结出来的宝贵经验,有三个核心收益。

- 慢即是快。虽然每个实验规范化的文档和对应的检验将会增加大概 3 小时的时间成本,但对于算法或者策略这样为期数周且持续占用流量的实验来说,是非常必要的。因为一个错误实现的实验,轻则导致数周时间无效,重则导致重要假设的错误验证。我们认真做好每个实验,会比盲目地大量做浅尝辄止的实验更加高效。实验迭代速度加快,不是通过减少实验的规范,而是通过自动化流程的建立和效率工具的开发来实现的。

- 假设驱动。通过系统的假设、实验验证的方式来进行探索,能够持续地增加我们对于业务、模型、数据的认知。A/B 测试的成功率正常是小于 20% 的（成熟产品 A/B 测试成功率更是小于 10%）,但基于假设驱动的实验方法,即使是失败的实验,我们也能从中提取知识,挖掘新的优化点。另外,建立系统的认知,能够使我们找到持续可迭代的改进方案,而非随机的策略优化。

- 持续积淀。对于算法策略团队而言,每一个实验即一份学习资料,积累的实验报告对公司内部的其他业务方向、新人培训等将有巨大的学习交流价值。这本用无数实验数据总结出的"实验教科书"能够放大单个实验的收益。笔者自己便是最好的例子,笔者和同事们共享实验数据库和实验结论,使所有人都能更好地理解内容推荐业务,更好地理解用户行为,实现缩小自我、产品大众、平台共享的价值观。

本节首先介绍了策略产品经理需要了解的 Fisher 实验设计三原则。策略产品经理在 A/B 测试相关项目中最重要的事是通过对业务的深刻理解做出合理假设并设计实验（做出合理假设的基础是拥有数据分析能力和用户洞察,并非一定要了解 A/B 测试的数学原理）。同时，笔者介绍了不同当下互联网公司对于 A/B 测试重视程度，有利于部分有跳槽想法的策略产品经理进行科学决策，毕竟每家公司的基因很难改变而个人的机会成本很高，希望大家都能选择适合自己的"产品环境"。然后介绍了 A/B 测试的相关分类，并重申了笔者的观点——A/B 测试并非是所有公司的标准配置。最后介绍了实际工作中 A/B 测试上线的相关流程。这些方法论是笔者多年实践经验所得，根据经验估算可以将 A/B 测试的失败率从 30%~40% 降低至 5% 左右。在项目推进周期中，常见的情况是某个 A/B 测试实验开启一周后发现实验方式存在问题，以致于需要修复漏洞甚至推倒重来，而在紧张的项目周期中 7 天时间十分宝贵。提升 A/B 测试实验成功率（实验后数据显著提升）的两个核心秘诀是遵守实验流程和做出有数据依据的用户假设。

5.2　假设检验的思想与基本方法

A/B 测试是一种科学的方法，在 Fisher 等统计学家建立现代科学实验的统计学基础之后，科学实验也逐渐从定性总结转换为定量评估。20 世纪，医学和心理学上的各种小样本实验也促进了统计学的发展。A/B 测试本质上是要判断两组实验数据的差异是由随机误差带来的还是实验变量带来的。本节我们将用容易理解的方式介绍统计学中的假设检验。

5.2.1　原命题与逆否命题

相信通过上述介绍，大家对于 A/B 测试的分类以及实际工作中的应用有了更多的了解。但如果想从源头理解 A/B 测试在科学研究中的基本实验方法，需要对离散数学中的逻辑学和概率论以及数理统计中的假设检验有更多的了解。

笔者将从数学的角度简单介绍几个数学概念。

- ❑ 命题：在逻辑学中，命题是以"如果……那么……"句式组成的一句话，表示因果关系，即一件事导致了另外一件事。
- ❑ 原命题："如果打了疫苗，那么不得流感"，可以记为"打了疫苗→不得流感"。
- ❑ 逆命题：如果把条件和结论换一下位置，就得到了逆命题"如果不得流感，那么打了疫苗"，可以记为"打了疫苗←不得流感"。

- ❑ 否命题：如果我们把条件和结论同时否定（可以理解为取反义词），就得到了否命题"如果不打疫苗，那么得流感"，可以记为"打了疫苗的否定→不得流感的否定"。

- ❑ 逆否命题：如果我们将一个命题同时取逆命题和否命题，就得到了逆否命题"打了疫苗的否定"←"不得流感的否定"，也就是"如果得流感，那么没打疫苗"。

这看起来像是一个有趣的咬文嚼字，但在逻辑学却是十分重要的，因为假设检验的源头是"命题"，我们在做任何实验假设的同时其实就是在设立命题，并使用相应的手段去验证命题是真命题还是假命题。原命题等价于它的逆否命题，也就是说"如果得流感，那么没打疫苗"和"如果打了疫苗，那么不得流感"是完全等价的。

一个比较常见的逻辑错误是混淆了原命题和逆命题，如果 A 事件发生，那么 B 事件发生，说明 A 事件是 B 事件的充分条件，B 事件是 A 事件的必要条件。但这并不代表 A 事件和 B 事件完全等价，只有"A 事件发生导致 B 事件发生"并且"B 事件发生导致 A 事件发生"同时满足，才可以称为"A 事件与 B 事件等价"。

关于逻辑学的简单科普就到这里，大家在做实验假设时一定要将自己假设的命题写在策略文档中，并且将命题中的"条件"和"结果"明确地区分出来。比如在内容推荐产品中，我们的假设是，为用户推荐色彩饱和度更高的封面图会促进用户的点击行为，那么在策略文档中可以写为："如果用户看到了色彩饱和度更高的封面图，那么用户会做出更多的点击。"

5.2.2 假设检验：先提出需要检验的假设，再收集证据

对于男性和女性的身高差异，通常有两种说法。第一种说法是"男性比女性高"，这种说法在日常生活中其实并没有问题，是因为这是一种"概率性"的说法，代表的是"大多数男性比大多数女性高"。第二种说法是"所有男性都比女性高"，这种说法则是有问题的，毕竟世界上存在着许多女性比男性还要高的情况。

世界上并没有那么多的绝对，所以在互联网公司，也经常使用"概率性"

的说法，而很少在数据层面给出绝对 100% 正确的判断。

所谓"概率性"，是指某个因果关系大概率成立，所以在工作中我们不说"如果你打了流感疫苗，100% 不会得流感"，而是说"如果你打了流感疫苗，95% 的概率不会得流感"，这里的 95% 是我们接下来要介绍的置信度，也就是"不得流感"这件事情发生的概率是 95%。

现在问题来了，我们如何验证这句话中的 95% 是真是假呢？为什么是95%？有没有可能是其他的数值，比如 50%？所以，我们需要去验证假设。

记住，我们在试图验证这个命题真伪的时候，顺序是"先提出需要检验的假设，再收集证据"，而不是"先收集证据，再提出所要验证的假设"，切莫本末倒置。

现在我们开始验证假设，换一个更容易理解的问题——硬币问题。众所周知，每一个硬币抛出正面和反面的概率是 50%，但是由于铸造工艺和使用损耗，部分旧的硬币质量分布不均，导致正面或者反面更容易出现。现在我们的问题是，如果给定一枚硬币（不知道硬币质量是否均匀），如何检验硬币是否存在问题？我们的方法是先建立假设，再收集证据。

❑ 建立假设：在搜集数据之前，我们把想证明的结论写成备择假设，把想拒绝的结论写成原假设。这种建立假设的方式是统计学家的智慧（《女士品茶》一书详细地介绍了原因），要想证明硬币的正反面有问题就必须假设其没有问题。如果我们通过反证法证明了"硬币的正反面没有问题"的概率很低，也就说明了"硬币的正反面有问题"的概率很高。

❑ 收集证据：理想态是进行无限次的随机抛掷，并记录下每一次的正反面结果。

所以，我们的原假设和备择假设如下。

❑ 原假设（一般写作 H0 假设）：硬币的正反面没有问题。

❑ 备择假设（一般写作 H1 假设）：硬币的正反面有问题。（备择假设是原假设的否命题，备择假设的概率与原假设的概率之和为 1。）

在收集证据时，尽管理想态是无限次随机抛掷，但在现实环境下无法满足，所以只能进行有限次的随机抛掷。比如，现在我们想要验证硬币正反面是否有问题，则使用连续扔 1000 次硬币的方法搜集数据。

□ 情况 1：如果正面反面各 500 次，凭直觉我们可以说，没问题。

□ 情况 2：如果正面 600 次，凭直觉我们可以说，可能没问题吧？

□ 情况 3：如果正面 700 次，凭直觉我们可以说，应该有问题，不应该正反面出现差距如此悬殊。

□ 情况 4：如果正面 900 次，凭直觉我们可以说，肯定有问题！

人的大脑是存在直觉思维的，从情况 1 的正反面出现比例 5：5 到情况 2 的 6：4，我们的大脑产生疑虑，但仍然无法确定抛掷 1000 次中 600 次正面是否有问题（毕竟生活中抛掷 10 次产生 6 次正面非常常见），但如果 1000 次中存在着 700 次正面甚至于 900 次正面，直觉告诉我们这个硬币的正反面是不均匀的。

那么问题来了，直觉的界限到底在哪里呢？随着 1000 次抛掷中正面次数的不断攀升，究竟从何处开始让我们察觉到硬币存在问题呢？

笔者曾经问过同事，有的同事回答说是 600 次正面时有问题，也有的同事说他的直觉是 650 次正面时有问题。笔者的答案是 526 次（95% 置信度）。当笔者公布答案时，大多数同事觉得这和他们的直觉的差异很大。

让我们稍微调整一下问题，如果不是抛掷 1000 次硬币，而是抛掷 10 次、100 次，又会产生怎样的心理活动呢？实验结果如表 5-1 所示。

表 5-1　抛掷硬币的实验结果与可能的心理活动

实验结果	可能的心理活动
抛掷 10 次，5 次正面，5 次反面	虽然比例正确但仍可能有问题，次数太少
抛掷 50 次，35 次正面，15 次反面	可能有问题，比预期的 25 次正面有差距
抛掷 100 次，60 次正面，40 次反面	可能有问题，60% 偏离 50% 有点多
抛掷 1000 次，500 次正面，500 次反面	大概率认为"硬币正反面均匀"
抛掷 1000 次，600 次正面，400 次反面	内心存疑，硬币可能正反面不均匀
抛掷 1000 次，900 次正面，100 次反面	通过直觉基本确定，硬币一定有问题

通过这样的实验可见，两种因素干扰了我们的直觉判断，分别是抛掷的次数（记为 N）、抛掷正面的比例（记为 p）。

□ 如果抛掷的次数 N 越大，则根据大数定律，频率会越来越接近于概率，总之抛掷的次数越多越好。并且在抛掷次数过少时，我们无法根据抛掷正面的比例 p 判断硬币是否存在问题。

❑ 抛掷正面的比例 p 越接近于 50%（预期为正面的概率），我们越有把握认为硬币正反面没问题。

我们在概率论中已经学过，这类问题存在两种错误类型，如表 5-2 所示。

表 5-2　实验结果与实际结果不符的两种错误类型

	硬币实际上正常	硬币实际上不正常
抛掷硬币的数据看起来不正常	一型错误	√
抛掷硬币的数据看起来正常	√	二型错误

也就是说，一共可能存在两种误判，其中第一种误判是"抛掷数据不正常，硬币实际正常"，称为一型错误。比如抛掷 1000 次中 501 次正面、499 次反面，虽然和预期的 500 次正面有所差异，但在容错范围内，是由随机性导致的。也可能是由于抛掷次数过少，比如抛掷了 10 次，其中 2 次正面、8 次反面，但如果继续抛掷至 1000 次时可能会出现正反面次数接近的情况。第二种误判是"抛掷数据正常，硬币实际不正常"，称为二型错误。比如抛掷 10 次中 5 次正面、5 次反面，但其实硬币可能存在问题，如果继续抛掷至 1000 次时可能会出现较大的正反面次数差距。

一型错误的概率在统计学上用来度量置信度水平，记为 p。p 为零假设成立的概率，$(1 - p)$ 为置信度水平，比如 95% 置信度代表仅有 5% 的概率出现一型错误。二型错误的概率在统计学上用来度量统计功效（记为 power）。

在 A/B 测试中，我们一般取置信度水平为 95%，即零假设成立的概率 p 为 0.05，同时统计功效一般取 80%，即二型错误发生的概率为 20%，以上是约定俗成的通用数值。

了解了两种错误的定义，下面我们来学习如何计算概率。继续以抛掷硬币为例，对于一个正常的硬币，在抛掷 1000 次时，出现 800 次正面和 200 次反面有没有可能？答案是有可能，但概率很低，当概率低于一定值（一般为 0.05）的时候，我们认为原假设不成立。

所谓"假设检验"，是指计算某一个事件出现的概率，然后与置信度进行比较（一般取 95%）。如果某个事件发生的概率低于 5%，我们认为"信息已经足够了，理应推翻零假设，证实备择假设"，即"硬币的正反面存在问题"。

关于统计的相关问题推荐读者使用 R 语言进行求解。对于抛掷硬币的概率问题，属于伯努利分布（二项分布），使用程序可以知道在 1000 次抛掷中，出现 400 次正面的概率基本接近 0，在接近 526 时达到 95% 的置信度。在 Rstudio 中输入以下命令进行求解，可以验证我们的观察结果是正确的。

```
> pbinom(size = 1000,q = 525,prob = 0.5)
[1] 0.9466252
> pbinom(size = 1000,q = 526,prob = 0.5)
[1] 0.9531564
```

5.2.3　A/B 测试中的内部效度

本节内容主要是以笔者设计并开发的 A/B 测试后台的数据计算模块为基准，结合概率论与数理统计学科中相关知识点及 Rstudio 的相关命令进行介绍，不属于策略产品经理必须掌握技能，仅感兴趣的读者了解学习。缺乏数理统计基础理论知识的读者可能会比较吃力，可以直接学习 5.3 节。

在科学研究中，只有 A/B 测试能够回答因果关系。正因如此，A/B 测试才得到了广泛的应用和发展。同样在互联网公司中，A/B 测试必须考虑到实验的内部效度和外部效度。

- ❑ 内部效度：确保除了自变量外，没有其他的因素会影响因变量。换句话说，需要将实验做得有效可信，必须排除掉随机因素，只保留自变量因素。根据 5.2.2 节的内容定义，可以使用一型错误（置信度水平）和二型错误（power）的数值进行度量。
- ❑ 外部效度：一项研究结果能够被推广到其他情境或其他人群的程度，分为情境的推广性（比如某 App 定时自动开启夜间模式可能会对用户停留时长产生正向影响，该实验结果是否能推广至白天）和人群的推广性（比如针对某 App，通过某种策略对应用商店的新注册用户的停留时长产生正向影响，该实验结果能否推广至其他新用户？能否推广至全体用户）。

本节将从数值的角度介绍如何计算实验的内部效度，也就是如何得到 A/B 测试的一型错误（置信度水平）和二型错误（power）的数值；然后介绍在 A/B 测试中影响外部效度的主要原因——网络效应和辛普森悖论。

内部效度的计算方式应区分人均指标（比如内容型产品中人均阅读漫画章节数等）、比率指标（比如大多数产品中的留存、点击率等），而 A/B 测试一般以用户 ID 分组，所以人均指标使用较多。两类指标计算显著性和统计功效的方式是不同的，因为它们的基础数据格式不一样。

- □ 人均指标：以每个用户 ID 为聚合区组，如果实验组中 ID 为 1 的用户阅读了 2 篇漫画、ID 为 2 的用户阅读了 3 篇漫画……则可以将实验组的数组写为"（2，3，…）"。实验组和对照组中，大多数服从正态分布的人均指标可以使用参数检验（一种对确定的统计分布的参数平均值、方差进行统计检验的方法），少数不服从正态分布的人均指标可以使用非参数检验（一种在总体方差未知的情况下，利用样本数据对总体分布形态等进行推断的方法）。

- □ 比率指标：以点击率指标（点击率 = 点击 / 曝光）为例，点击率实际上可以写为 0 和 1 的二值数组，可以使用伯努利检验。

首先，从 A/B 测试中最常见的人均指标开始介绍。假设我们有两个区组：对照组（A 组）和实验组（B 组），比较 A、B 两个区组的人均阅读指标是否存在显著差异。

表 5-3 列出了假设检验中应该选择何种假设检验方式，笔者在实际工作中接触过的有 Student T 检验、Wilcoxon U 检验、Anova 检验和 Fisher F 检验，在人均指标的假设检验上掌握以上方法即可。每一种假设检验具体的统计学知识不再赘述，请读者自行查阅资料。

表 5-3　不同检验目标与假设检验方式

目标	参数检验（数据正态分布）	非参数检验（数据非正态分布）
比较两组数据的均值	Student T test	Wilcoxon U 检验
比较多组数据的均值	Anova 检验	Kruskal-Wallis 检验
比较两组数据的方差	Fisher F 检验	Mood 检验
比较多组数据的方差	Barlett 检验	Fligner 检验

回到我们的问题上来，A 组和 B 组的阅读量如下（仅为举例）。

- □ A 组共 10000 人，分别阅读了 2 篇、0 篇、1 篇、10 篇、……、0 篇内容（10000 个数据），均值为 10 篇。

- □ B 组共 12000 人，分别阅读了 0 篇、3 篇、12 篇、4 篇、……、3 篇内容（12000 个数据），均值为 10.5 篇。

我们的目的是研究 A、B 两组用户的阅读数据是否存在均值差异，也就是对比研究 A 组均值 10 篇和 B 组均值 10.5 篇是由随机因素引起的还是系统误差（本例中为 A、B 两组的策略差异）引起的？通过查表得知，这种假设检验的理想情况是通过 Student T 检验完成的，但是通过查询相关统计学文献可知，在进行 T 检验的同时需要额外进行检验。

- ❑ 步骤 1：检验 A、B 两组的数据分布是否为正态分布。如果是正态分布，进入步骤 2；如果不是，需要尝试将样本转换为服从正态分布的数据，或者使用非参数检验。

- ❑ 步骤 2：如果 A、B 两组的数据近似服从正态分布，判断样本方差是否已知。如果已知样本方差，应使用 z 检验，否则进入步骤 3。

- ❑ 步骤 3：在双样本的均值 T 检验之前，需要判断 A、B 两组的方差是否相同。如果相同，则进入步骤 4；如果不同，需要在步骤 4 中对样本数据做变换。

- ❑ 步骤 4：使用均值 T 检验得出一型错误的概率，决定接受零假设（A、B两组人均指标无显著差异）还是应该拒绝零假设（A、B 两组人均指标具有显著差异）。

步骤 1 中检验某一种数据分布的方法一般使用 KS 检验，由于大多数情况是检验是否符合正态分布的，一般使用以下 R 语言命令即可。其中，pnorm 为 R语言中正态分布的函数，该函数为检测数组 x 是否满足均值为 0、方差为 1 的标准正态分布：

```
ks.test(x," pnorm" ,0,1)
```

还有一种 SW 检验方法，但这种方法需要满足样本量在 3 ~ 5000 之间才有效，所以很少使用。其在 R 语言中的命令为：

```
shapiro.test(x)
```

以上两个函数均可返回 A、B 两组样本是否满足正态分布。

实际工作中，大多数样本并不严格满足正态分布，此种情况下应该使用非参数检验 Wilcoxon U 检验，这是一种类似于配对 T 检验的非参数检验，是基于二项分布的检验。这种检验方式下我们并不关心具体的打分，而是关心打分的排序（严谨说法是秩次），这类似于 Spearman 秩相关系数的思想，可以忽视数据真实分布，只要可以比较出大小即可。非参数检验分为符号秩检验和秩和检验（也称 Mann-Whitney U 检验），在 R 语言中的命令如下：

```
wilcox.test(x)
```

具体使用时请参考 R 语言中该函数的输入值要求。符号秩检验只考虑样本差数的符号。而秩和检验考虑样本差数的符号和样本差数的顺序。

笔者咨询过身边的部分数据分析师，他们经常使用非参数检验，因为需要的条件较少，可以直接应用。但非参数检验的缺点也是显而易见的，它不能充分利用数值信息，以致于统计功效下降得较快，所以在满足正态分布的条件下应该优先使用参数检验。

步骤 2 中如果已知 A、B 两组样本的总体方差，可以使用 z 检验（总体方差可以用数据库中长时间的数据计算得到）。在这种情况下，检验统计量 t 可以由 z 代替，临界值也可由标准正态分布的临界值代替，其中 z 的表达式如下。（这个公式是标准正态分布的计算方式。）

$$z = \frac{x - \mu}{\sigma/\sqrt{n}}$$

在得到 z 值后，只需要计算 z 值所处的正态分布的概率即可（类似于 3Δ 原则）。

```
pnorm(Z)
```

步骤 3 需要检验 A 和 B 两组样本的方差是否相等，因为 T 检验是均值差异性的检验。同一检验要么检验均值、要么检验方差，所以需要方差相等时才可以进行第 4 步的均值 T 检验。A、B 两组数据的 f 统计量如下，其中 s_A^2 代表 A 组样本方差，s_B^2 代表 B 组样本方差。

$$f = \frac{s_A^2}{s_B^2}$$

在 R 语言中可以使用多种方法计算 f 统计量，最简单的方法是输入：

```
var.test(x,y)
```

其中，x 和 y 分别为两组的阅读数据，当然也可以根据 f 检验的定义进行计算：

```
f=var(y)/var(x)
```

```
point1=qf(.025,A组自由度,B组自由度)
point2=qf(1-.025,A组自由度,B组自由度)
print(f<point1)
print(f>point2)
```

步骤4是均值T检验，只有经过了前面3个步骤并都满足条件（正态性、方差未知、满足方差齐性条件），才可以使用均值T检验。

我们在实际工作中遇到的大多数情况是方差有所差异，此时一型错误的概率 p 值保持正确，但是统计功效下降得很快。如果数据看起来是正态分布，只是方差不同，则可以对两组数据做归一化处理 $x/\mathrm{var}(x)$、$y/\mathrm{var}(y)$，再使用 T 检验，这样比使用非参数检验的效果更好。

在 R 语言中，T 检验是一种最常用的检验方式，只需要使用以下命令：

```
t.test(x,y)
```

R 语言中，T 检验使用的是 welch 检验方式。只有二者的方差完全相等时才称为传统 T 检验，只要方差不相等，则都称为 welch T 检验。

笔者在设计相关数据模块的时候进行了相关数据模拟，实验模拟结论是：通常来说，方差差值在 3 倍以内时，传统 T 检验和 welch T 检验的结果接近，其他情况下 welch 检验方法更优。因为 welch 检验对方差进行了调和，以便得出更精确的结论。

至此，内部效度中关于双样本均值 T 检验部分介绍完成。

内部效度中比率指标一般采用二项分布检验中的二项比例齐性检验。

这种检验是检验 A、B 两组样本中潜在成功比例 p 值是否相同的假设检验，比如发送推送时对于不同的文案，A 组用户的点击率为 30%，B 组的点击率为 31%，能否判定两组用户的点击率指标存在显著差异？（下文会介绍留存指标，留存指标计算方法和点击率指标的计算方法有所差异，所以此处以点击率指标举例。）

因为二项分布的极限情况为正态分布，所以大多数公司以均值 T 检验来计算点击率是否存在差异，但其实这种方法存在一定的误差，尤其在数据量较小时，两组数据很可能并不服从正态分布，计算出的一型错误的概率（p 值）有所偏差。

正确的做法是使用二项比例齐性检验，此时的 H0 假设为 $p1=p2=p$，H1 假

设为 $p1 \neq p2$，在 R 语言中的命令为：

```
prop.test(x,y)
```

至此，A/B 测试中双样本的人均指标（多样本的相关检验请自行查阅资料）和比率指标的统计检验就介绍完了。

但只研究一型错误（显著性水平）是不够的，还需要计算二型错误的概率（统计功效），进行最小样本数估算，这在一些样本量较小的 A/B 测试中尤其需要。R 语言中计算 T 检验最小样本量的命令为：

```
power.t.test(power=0.8,delta=?,sig_level=0.05)
```

一般来说，每一组的独立样本量大于 1000 时基本可以满足统计功效在 80% 以上，但以防万一，仍然需要计算最小样本量。

笔者介绍这些内容，并非希望策略产品经理完全掌握以上技能，而是出于以下两个目的。

❑ 部分公司不存在可用的 A/B 测试后台和显著性计算方式，对数据的分析可能需要策略产品经理自行完成，本节的内容可以为这部分人群提供一些思路。

❑ 即使公司已经有更加准确可用的 A/B 测试后台和数据报表，了解其背后的大致运作方式有助于更好地理解 A/B 测试数据。

5.3　A/B 测试在实际工作中的使用指南

本节着重介绍实际工作中 A/B 测试的使用方法。

让我们从几道笔者经常使用的面试题开始讨论，引出我们要解决的实际问题。

❑ 面试题 1：产品团队发现某按钮的点击率较低，体验后认为按钮的"点击区域面积"太小，所以希望增大按钮的"点击区域面积"并做客户端上的 A/B 测试实验。对照组的按钮点击区域面积为 14 毫米 × 14 毫米，实验组的按钮点击区域面积是 19 毫米 × 19 毫米，实验组的按钮点击率是对照组的 4 倍且统计置信，请问该数据是否有问题？如果没问题，预期收益是多少？如果有问题，可能的原因有哪些？

- ❑ 面试题 2：某网站做增加内容的 A/B 测试，如果设计实验组的候选集数量从每天 10000 篇增加至 15000 篇，对照组内容维持 10000 篇，实验组和对照组的用户虽然无法保证完全隔离（即对照组的用户仍然可能通过非信息流推荐的方式看到实验组的内容，比如好友分享），但完成了正确的实验周期和实验方式，我们看到数据收益为实验组比对照组的人均阅读时长涨幅 10%。那么作为策略产品经理的你，如何评估实验组的真实收益？真实值是否为涨幅 10%？如果不是，那么是更高还是更低？

- ❑ 面试题 3：某策略产品经理将某种策略应用包近 3 日注册的新用户并取得了正向收益（比如点击率涨幅 50%）。现在该策略产品经理声称将该策略应用至全体用户时也可以获得全量用户点击率涨幅 50%。这种说法是否正确？

- ❑ 面试题 4：某策略产品经理设计了一次 A/B 测试，将用户平均分为两组，其分流方式如下，请做出判断。

  - 用户编号 1～500 为 A 组、编号 501～1000 为 B 组，该分流方式是否合理？

  - 用户编号 1、3、5、…、999 等奇数组为 A 组、编号 2、4、6、…、1000 等偶数为 B 组，该分流方式是否合理？

  - 用户编号 1、4、5、8、9、13、…、997、1000 等 $(4k+1、4k+4、…)$ 组为 A 组、编号 2、3、6、7、…、998、999 等 $(4k+2、4k+3、…)$ 组为 B 组，该分流方式是否合理？

  - 用户编号按 10 进行"取模运算"，换句话说，任选 5 种尾数（比如 1、2、4、6、8）进入 A 组，其他的进入 B 组，该分流方式是否合理？

- ❑ 面试题 5：某策略产品经理对全量用户的 A/B 测试，使用的是"大质数取模"的分流方法，将用户相对均匀地分为三个数据桶，分别记为 a、b、c 桶，其中 a、b 两组用作实验组，c 组用作对照组。从 1 月上旬开始做实验，分别上线了 4 种策略，a、b 两组分别上线了策略 p/q、策略 x/y，其中第一次策略 p 和 x 持续一周，第二次策略 q 和 y 持续一周，该策略产品经理的实验方式是否正确？

- ❑ 面试题 6：某策略产品经理做了对全量用户的 A/B 测试实验，实验观察指标为 X/Y/Z/W/A 共 5 个指标，并且认为这 5 个指标全部是一级指标，实验后发现指标 X/Y/Z/W 统计波动，A 指标涨幅为 5% 且满足 95% 置信度，于是该策略产品经理得出结论："该实验 A 指标涨幅为 5% 并统计置信，策略应该上线。"该结论是否正确？

☐ 面试题 7：某策略产品经理做了对全量用户的 A/B 测试，流量比例为实验组 10%、对照组 10%，在实验的第三天该策略产品经理由于看到数据量较小，将实验组和对照组的流量分别切换至 30% 和 30%，并在第 7 天重新得到数据结论。该方式是否正确？

☐ 面试题 8：某策略产品经理于 1 月中旬做了对全量用户的 A/B 测试，实验结果为某指标正向幅度 10%，但实验策略并未全量。同时于 2 月下旬重新用相似的策略做了 A/B 测试，实验结果为同一指标正向幅度 15%，于是得出结论："新策略比旧策略的效果好，绝对值提升了 5%。"该结论是否正确？

笔者参与并设计了上述部分面试题。我的答案如下。

☐ 答案 1：数据有问题，预期收益为 1.84 倍。假设用户随机点击（类似于古代估算圆周率时的"投针试验"），实验组按钮面积为对照组按钮面积的 1.84 倍。所以，如果实验组相对于对照组仅仅改变按钮点击区域面积，点击率变为了 4 倍，大概率存在问题。问题的排查路径依次是统计口径（双方的统计口径是否相同）、打点情况（是否漏报了某一组打点）、实验置信度（一型错误概率在 0.05 以内但很可能统计功效不够）、分流均匀性（抽样看实验组和对照组的用户特征分布）。通过以上排查流程，基本可以找到数据问题。如果实在没办法，需要开一次翻转实验，重新看实验结果。

☐ 答案 2：对于这个例子而言，实验组与对照组的差异应该大于 10%，因为"网络效应"的存在使得对照组也受到了粘连，所以对照组的数值会比真实值（完全隔离的理想态）高一些。

☐ 答案 3：由于统计上辛普森悖论的存在（下文介绍），这种在部分用户上验证有效的策略无法直接用于全量用户。

☐ 答案 4：4 种分流方式都有问题。一般来说，用户编号的生成并不是随机的，许多公司的用户 ID 是顺序生成，所以按 1 ～ 500 和 501 ～ 1000

的方式分组会让老用户更多在 A 组，新用户更多在 B 组。其他分流方式也都无法将用户均匀地分成两组。一种比较原始的分流方法是"大质数取模"，现在主流的 A/B 测试平台均使用十分复杂的哈希算法进行分流。

☐ 答案 5：这种实验方式是错误的，且不说"大质数取模"的方案在实际工作中容易产生分流误差，A/B 测试是有延滞效应的，两个策略之间不能使用同一分流算法，必须重新切割用户。否则，对于 A 组用户来说，先后经历策略 p 和 x，就会产生强交互作用，导致最后的数据不可信。

☐ 答案 6：这种获得结论的方式是错误的，这也是策略产品经理在实际工作中最容易犯的错误之一，涉及统计学中的多重检验问题。从概率计算的角度讲，每一个结果成立的概率是 95%，那么 5 个指标的结果都正确的概率为 $0.95^5=0.774$，所以我们在 5 个指标中看到至少有一个指标出错（5 个指标中有 1、2、3、4 个指标出错）的概率为 0.226，此时置信度不再是传统意义上应该满足 95%，而是 77.4%。观察的指标越多，置信度越低。

☐ 答案 7：这种实验开启方式是错误的，将使得每组用户中包含 20% 的 4 天策略影响的用户和 10% 的 7 天策略影响的用户。用户在进入实验时有震荡效应，所以实验需要被延长时间至少至第 9 天，并且忽视掉最初 10% 的用户影响，才可以近似得到可用结果。一型错误的概率计算需要使用自由度（实验人数减一），而这种实验方式将无法准确度量策略持续时长的自由度，建议类似情况下重新开启相同的实验并重新分组。

☐ 答案 8：A/B 测试存在时间窗口效应，不同时间段的数据结论只能对比正向还是负向，不能对比数值，因为隔了 30 天以上的用户群会发生变化。这件事情告诉我们，即使历史上做过正向的实验也不能直接拿来使用，用户群改变可能会使实验结果发生较大变化。

总的来说，这几道面试题分别考察了策略产品经理对于 A/B 测试的多个知识点，所以我们以面试题为引子来剖析 A/B 测试。我们将从以下四点出发来展开。

☐ A/B 测试的外部效度。题目 1、题目 2 和题目 3 主要考察 A/B 测试的收益预估问题和数据排查思路，以及 A/B 测试全量后效果的影响因素之辛普森悖论和网络效应。

- A/B 测试的分流算法。题目 4 考察 A/B 测试中底层分流算法的设计思路，看看几种假设方案是否可以满足 Fisher 三原则中的随机化原则。对于策略产品经理而言，部分无法由公司级 A/B 测试后台支持的实验可能需要自己设计实验方案。这个例子有助于理解分流原理，避免犯错。

- A/B 测试的常见误区。题目 5、题目 6 和题目 7 主要考察 A/B 测试的常见误区。笔者经验中常见的问题主要为忽视了系统本身的震荡效应、延滞效应、对照组、多重检验问题、实验不同时等。

- A/B 测试的局限性。题目 8 主要考察了 A/B 测试的局限性，主要分为网络效应、时间波谷效应和时间窗口效应。

5.3.1　A/B 测试中的收益预估

实际上，A/B 测试实验是工业界常用的比较好的验证方法，但也并非是百分百正确的。策略产品经理需要明白的是："实验只是提升了做出正确判断的概率，但无法将概率提升至 100%，否则也就不需要策略产品经理这个职位了。"在实际工作中，我们会遇到许多 A/B 测试实验效度的问题，笔者只能根据多年经验给出大致方法。

A/B 测试收益预估是 A/B 测试中的关键一环，我们先看看三类收益预估问题。

- 在实验开始之前，需要预估 A/B 测试实验收益。主要手段为相关性数据分析和内部主观评估。

- A/B 测试实验有收益，需要预估实验全量后的数据收益。主要手段为经验判断和时间序列策略上线前后对比分析。核心影响因素为实验的外部效度。

- 全量若干个实验之后，需要测量某段时间内的所有实验累计数据收益。主要手段为留出小流量观测组，进行策略的长期趋势对比。核心影响因素为策略之间的交互作用和外部效度。

1. 在实验开始之前，需要预估 A/B 测试实验收益

对于第一类的"实验前预估收益"问题，一般需要将相近策略的前几次实

验作为基准数据。如果完全没有相关实验的历史数据，则很难预估。比如某实验策略为优化封面选图逻辑（实验组策略为封面图识别算法，帮助用户选择更有吸引力的封面图），第一次的实验收益为点击率涨幅40%，第二次实验策略和第一次实验策略接近（可能是改进了封面图的选择逻辑，也可能是和封面图相关的其他逻辑），并且用户群的规模和特征分布基本一致，则可以根据第一次实验的结果"点击率涨幅40%"来调整预期收益。

比如通过主观评估认为"新策略可以挑选出比旧策略更具竞争力的封面图"，同时通过上一个实验已经验证了封面图会影响用户的点击率（基于假设"用户是视觉动物，导致内容点击行为与图片的竞争力有因果关系"），由上一次的实验结果可以推断出：改进封面图匹配规则可以获得高于40%幅度的点击率提升。虽然所有数据是杜撰的，但这种基于历史同类实验数据和假设驱动的方式，会对业务预估有所帮助。

另外，需要根据二级指标（比如点击率）预估一级指标（比如人均收入），此时需要根据历史数据计算出不同指标的相关性（可以使用偏相关的统计方法），本质上是根据提升二级指标的值来预估一级指标的变化程度（有可能是线性变化，也有可能是非线性变化）。

2.A/B 测试实验有收益，需要预估实验全量后的数据收益

对于第二类的"单个实验全量收益预估"问题，在实验全量之前的收益预估方式主要依赖于经验（一般全量后的数据效果都会有打折），在实验全量之后的收益预估方式是策略上线前后的指标变化。核心影响因素为实验的外部效度。

造成很难预估全量后收益的原因为实验的外部效度，其中主要包括以下三点。

❏ 原因1，假设检验的定义。

❏ 原因2，分流不均导致的辛普森悖论。

❏ 原因3，网络效应。

对于原因1，根据假设检验的定义（H0假设为实验组和对照组的均值相等，H1假设为均值不相等），A/B测试实验中内部效度的测量值分别为"置信度水平p"和"统计功效"。用一个简单的例子来说明，假定某次实验中实验组比对照组在点击率指标上提升了30%，并且置信度水平设置为95%。

- ❑ 正确的认识：p（实验组 > 对照组）$\geq 95\%$，根据假设检验的定义，该结果反映的是"实验组比对照组效果更好"的概率大于等于 95%。
- ❑ 错误的认识：p（实验组 = 1.3 × 对照组）$\geq 95\%$，根据假设检验的定义，无法得出"实验组比对照组效果提升 30%"的概率大于等于 95%。

只要满足一型错误概率在 5% 以内且二型错误概率在 20% 以内，就能验证 H0 假设不成立，也就是 H1 假设成立（实验组和对照组的均值不相等）。当我们比较任意两个实验组时，比如实验甲证明（实验组的）某策略使点击率提升了 20%，实验乙证明（实验组的）另一条策略使点击率提升了 50%，但无法对比这两条策略谁的提升更大，除非将两个策略在同一个实验下进行对比。

对于原因 2，辛普森悖论在统计学中已经广为人知，笔者不再赘述。统计学中最著名的案例莫过于"法学院女性录取率"问题。

图 5-2 很好地解释了辛普森悖论成立的原因，其中 $\dfrac{a_2}{a_1}$ 是坐标（a_1, a_2）的斜率，从图中可以看出尽管 $\dfrac{A_2}{A_1}$ 和 $\dfrac{B_2}{B_1}$ 更高，但是在分子分母分别相加以后不等号的方向发生了改变。

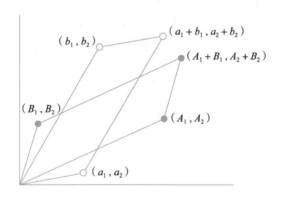

$$\frac{a_2}{a_1} < \frac{A_2}{A_1} \quad \text{且} \quad \frac{b_2}{b_1} < \frac{B_2}{B_1}, \text{ 但是 } \frac{a_2+b_2}{a_1+b_1} > \frac{A_2+B_2}{A_1+B_1}$$

图 5-2 "辛普森悖论"成立的示意图

在 A/B 测试中如果分流不均，辛普森悖论就可能出现。比如 A/B 测试在某一部分用户（比如新用户人群）上取得了统计置信的收益，但是全量之后会由于人群并非严格"切割"而看不到相应的数据收益。另外一个可能会引起辛普森悖论出现的原因是现实情况中我们使用50%实验组、50%对照组的分流方式，在全量后理想态应该是现实世界时间线的100%全量用户和另一个平行世界（即未开发并实验该策略的时间线）的100%对照组用户比较，如图5-3所示。从工业界的分流方法看，我们很难保证现实情况和理想情况下用户特征完全均匀，这同样会引起辛普森悖论的出现。

图 5-3　实验全量的理想态和现实态

　　虽然辛普森悖论成立，但并不是说实际工作中无法做到100%分流均匀的A/B测试机制就失效了。从笔者项目实践数据看，辛普森悖论的发生概率实际上很少超过20%，只要不是严重的分流误差，就不太容易出现辛普森悖论。

　　原因3是网络效应。A/B测试实验的基本假设是，实验组和对照组的样本互相独立，即$P(XY)=P(X)\cdot P(Y)$。从概率上来讲，分流到实验组的人群和对照组的人群行为不应有任何相关性。但在实际工作中无法满足这样的条件，比如社区产品或社交产品中用户与用户可以相互关注、相互发送私信、相互评论对方的内容、相互查看对方的个人信息页面，这都违反了A/B测试的独立性假设。

　　我们把这种产品属性叫作网络效应，简单理解，就是整个用户群体的行为在局部范围内互相影响。社交类产品的A/B测试实验往往会产生较强的网络效应，虚构的数字如图5-4所示。

　　如果通过某种策略（比如优化了封面图选取逻辑），实验组的点击率数据得到了增长，由于实验组用户和对照组用户是不独立的，比如实验组用户将优化过封面图的内容通过私信、分享或其他线下渠道分享给对照组用户，同样会带来对照组用户行为的改变（比如用户可能会想"好像我的朋友和我的界面有所差异，我也来点一下试试看是不是真的有差异"），这样就违反了独立性假设，从而使实验组用户牵引着对照组用户的数据也上涨，导致对照组用户的数据比理想态情况下数据更高。所以，如果实验组比对照组的点击率显著提升 5%，那么实验组比对照组实际值的涨幅应该高于 5%。

另外，当实验组和对照组存在资源竞争关系时，情况刚好相反，此时对照组的真实值将高于对照组，如图 5-5 所示。比如在运力一定的情况下，如果实验组为某互联网出行平台增加运力，对照组则受到实验组增加运力的影响被迫减少了运力，会导致对照组比对照组真实值更低。

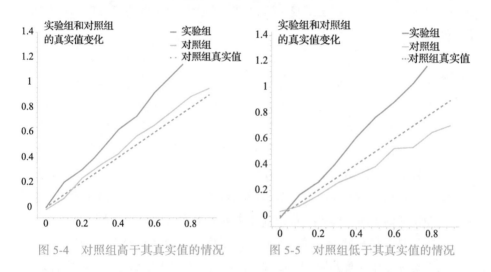

图 5-4　对照组高于其真实值的情况　　　　图 5-5　对照组低于其真实值的情况

3. 全量若干个实验之后，需要测量某段时间内所有实验累计数据收益

在实际工作中一般需要对一段时间内的多个实验进行整体效果评估，那么如何衡量一段时间内数个实验的综合效果？这其中影响最大的是策略之间的交互作用。

在第 4 章中，我们提到过不独立的两个变量会产生交互作用，比如近三个月内我们可能全量了 20 个正收益的实验策略，这些实验策略在 A/B 测试阶段的收益分别为点击率提升 5%、10%、5%、…、13% 等，但是实验全量之后，由于上述原因的存在，效果上要打一定的折扣。比如观测了每一个全量后的实验收益（根据策略上线前后的周期对比的不严谨指标估算）为点击率提升为 3%、7%、4%、…、9% 等，但是 20 个实验策略的整体效果该如何估算呢？

国外的论文中介绍过 A/B 测试中长期对照组的存在，搭建好 A/B 测试平台以后往往会留出一定比例的小流量作为长期对照观察组，通过长期对照组和全量实验组进行对比，以近似测量上线后全部策略的交互作用的最终影响，长期对照组对于监测产品留存有很大的帮助。

5.3.2 分流均匀性检验和小样本问题

一般来讲，在用户体量较大的产品中 A/B 测试后台的分流误差较小。但是大多数互联网从业者还是分布在更为长尾的小公司中，我们面临的大多数情况是公司用户体量较小，希望搭建 A/B 测试平台指导业务的前进方向。本节将介绍分流均匀性和小样本问题。

笔者曾经搭建过一次 A/B 测试后台并且较好地保证了分流均匀，降低了由于实验平台分流机制不完善而导致无法数据驱动的概率，从中得出的结论如下。

- □ AA 测试实验是检验分流均匀性的第一方法。AA 测试即两个空白策略的实验对照组，比较空白策略实验组之间是否存在指标显著差异（即 H1 假设成立）。如果空白策略实验组之间指标有显著差异，说明分流不均匀。换言之，无法用于正常的 A/B 测试实验。

- □ 小样本情况下，AA 预测试可以降低分流不均匀的概率。AA 预测试即在 A/B 测试之前校验该哈希函数随机分流出的实验组和对照组的主要观察指标是否存在显著差异。如果在开启策略实验之前的若干天内，主要观察指标存在显著差异（即 H1 假设成立），需要重新划分用户和重新评估，直到选出 AA 预测试不显著的实验组和对照组。

- □ 正交实验的经验数字，在同一页面场景里小样本产品最多同时测试 4 个实验，大样本产品最多同时测试 7 个实验。A/B 测试的实验层与实验层之间是正交关系，比如策略产品经理小张和策略产品经理小王可以对同一个页面同时测验策略不冲突的实验。比如在首页漫画推荐页面，某一组实验可以测试"封面图选取优化逻辑"，另一组实验可以测试"低质内容过滤策略"，因为这两组实验不互相冲突。但不能同时测试和"封面图选取"有关的两个实验。所谓"正交关系"，是指两组不同实验的每一组都等比例地混合了另一个不同实验的两组。比如"封面图选取优化逻辑"的实验组中，50% 是同时命中"低质内容过滤策略"，另外 50% 也同时命中了"低质内容不过滤的策略"。虽然正交实验的机制保证了可以在线同时进行多组实验，但这个数字并不是无限的，因为每一次的正交分组都是理论成立而非实际成立，同时存在着变量之间的交互作用。比如同一页面的多个实验变量之间不一定是完全独立的，由于分流无法达到100% 均匀，每一个实验的分流误差都会放大。例如第一个实验理论上需要均匀地将 50% 的用户分流，实际上将 51% 的重度用户分到了某一组；第二个实验同样理论上是均匀地将 50% 的用户分流，但实际将 49% 的重度用户分到了某一组，并且如果第一个实验和第二个实验变量是不独立的，可能会导致虽然其中一个实验只有小幅度的误差，但产生了难以预料的变量交互。笔者的经验是，产品在每一个实验组中的用户量在百万级（产品 DAU 不应该低于 1000 万），则可以同时允许最多 7 组正交实验；若每一个实验组中的用户量在十万级或万级（DAU 不应低于 100万），则在同一个页面、策略不冲突下最多允许 4 个实验。如果用户量更低，需要酌情减少同时实验的数量，但每一组实验组的用户量不得低于1000 人，否则 A/B 测试将遇到统计功效不足的问题。（以上数字没有严谨的统计依据，仅为笔者的经验数字。）

❑ **复制实验将有效降低实验开启成本。** 复制实验是指使用相同的实验策略，对用户进行重新随机分层，然后观察实验结果。一般在第一次实验结果差异不够显著或与原始假设冲突较大时使用，主要对应 Fisher 三原则中的重复性原则。另外，复制实验经常用于发现实验相关配置有问题以后的重新开启，对于实验操作者而言十分方便。

❑ **翻转实验将有效降低决策误判概率。** 翻转实验是指将原来实验的实验组和对照组进行策略对换，并开启新实验（更换实验 ID），即原来实验组的策略变为对照组的策略、原来对照组的策略变为实验组的策略。对于小流量的实验来说，如果原实验和反转实验都呈现出相同的结果，则说明该策略真实有效；如果在疑似分流不均的两组用户上分别观察到了相似的结论，则基本可以排除是哈希算法分流不均带来的影响。

5.3.3　A/B 测试的 5 个操作误区

A/B 测试在实际操作层面容易出现不符合原始实验假设的多种行为。图 5-6为几种常见实验操作误区及原因。

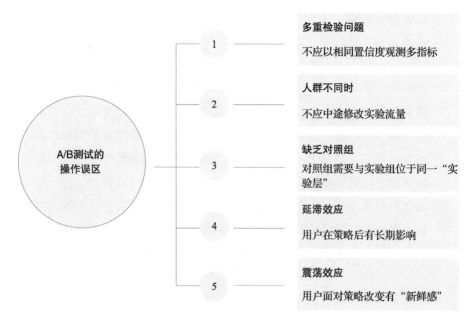

图 5-6　A/B 测试的常见操作误区

1. 多重检验问题

每一个 A/B 测试应该尽量减少核心观察指标的数量，正如 5.3 节开篇介绍的，如果只观察一个指标是否在实验组和对照组上存在显著差异的置信度为 95%，同时观察两个指标则置信度变为 90.2%，观察到 10 个指标中至少一个指标存在一个显著差异的概率高于 50%，这几乎和"随机猜测"无异。如果想观察多个指标是否存在显著差异，并且希望将置信度调整至 95%，应使用 Bonferroni 校正：如果在同一数据集上同时检验 n 个独立的假设，那么用于每一个假设的统计显著水平应为仅检验一个假设时的显著水平的 $1/n$。所以，当观察 10 个指标是否存在显著差异，并且希望将指标置信度水平保持在 95% 时，每一个变量的置信度水平应该提升到（$1 - 0.05/10$）=99.5% 才可以。

2. 人群不同时

实验中途修改流量，或者实验中临时增加某一个实验组，都是不规范的。但是这种情况经常出现，原因是不了解 A/B 测试原理并缺乏假设检验的基础理论。笔者将 A/B 测试的正确实验操作概括如下：A/B 测试的任意两个组，在开启实验之后不要做任何事！请将这两组实验当作是已经压上弹匣的导弹，在实验终止日期来临之前请不要对它们做任何操作，不能加流量，也不能修改策略。如果需要更改任何策略或流量，请新建一个复制实验重新开启。

3. 缺乏对照组

许多策略产品经理在开启实验时只开启了 10% 流量的实验组，而不另外开启 10% 流量的对照组，并认为剩下的 90% 流量都是对照组。这种方式也是错误的，因为如果不开启对照组，另外 90% 流量将被其他同页面的实验策略所"污染"，无法进行策略比较。正交只存在于不同的实验层之间。如果不将对照组流量限制在本实验层之内，则本组实验的实验组和对照组将不满足统计上的独立性假设。

4. 延滞效应

延滞效应的出现是由于用户存在记忆，所以对于用户做的任何策略实验，在若干天内即使实验停止，仍然会有后续影响。如果我们将某一个刚刚结束的实验分桶，不做重新分流，就会产生严重的延滞效应（Carryover Effect）。比如第一个实验中对实验组用户应用"封面图优化策略"后，该实验组用户已经习惯了更有竞争力的封面图，如果此时不重新做用户打散，继续使用该分流方式叠加新的策略，则无法比较新的策略之间的效果，因为此时比较的是"旧策略＋新策略"的混合效果，而非"新策略"的效果。与 5.3 节中面试题 5 类似的情况要尽量避免。

5. 震荡效应

A/B 测试的用户群体在感受到新策略以后，心理会产生与音叉振幅曲线接近的曲线变化。用户在感受到策略变化的前 2 到 3 天一般处于新鲜感中，部分用户可能会积极探索策略变化是什么，在后续的几天里新鲜感会逐渐褪去，直至收敛到水平线。在观察 A/B 测试的天级结果时，我们经常可以观察到这种现象，所以一般选取用户行为已经收敛的 2 到 3 天作为结束实验的时机。

5.3.4 A/B 测试的两种局限性

除了需要服从顶层设计之外，A/B 测试还存在着两种局限性。

1. 时间波谷效应

不同时间段的实验只能进行定性比较，不能进行定量比较。因为用户分布和用户活跃度发生了改变，尤其是遇到跨用户活跃度周期的情况。如果对比周末与周中的不同实验结果是不公平的，因为用户在工作日和周末的活跃度往往是不同的。同理，对比节假日的实验结果和平日的实验结果也是不公平的，因为用户群的分布发生了较大的改变，这取决于产品适用于假期活跃还是工作日活跃。

2. 时间窗口效应

时间窗口效应即短期实验的效果不一定在长期持续。A/B 测试是短期的罗盘，用户在刚进入实验组新策略时的新鲜感在长时间的实验以后会逐渐归于平淡。但从客观事实上讲，由于项目周期的压力，我们不可能让每一个实验都历时一年以上，所以需要在长期和短期实验上找到动态平衡。核心问题还是要验证当时的实验假设，如果能验证则说明当时的假设正确，即使用户对新的策略在长时间后归于平淡，我们也全量上线了一个能取得收益的正向策略。随着不断地增添正向策略，我们总会朝向正确的方向行进，与此同时，在设立长期对照组的情况下测量当时这些策略产生的综合效果。此时不关注每一个策略的单独效果，只要综合效果是正向的，就说明我们在项目周期内的工作是值得肯定的，也应该成为绩效考核之一。

5.4　本章小结

本章主要内容共分为三节，分别介绍了 A/B 测试的历史和基本方法、A/B 测试依赖的假设检验的思想和实际工作中遇到的常见问题。5.1 节从 A/B 测试的历史切入，介绍 Fisher 实验三原则、安慰剂效应和灰度发布流程，关于流程规范请读者结合自身情况参考。5.2 节简单地介绍了如何使用假设检验的方式纠正我们的直觉，让读者更加了解统计学的思维，同时介绍了 A/B 测试实验的内部效度，并从技术层面介绍了 A/B 测试的两种指标的假设检验方式。5.3 节介绍了实验的外部效度，其主要影响因子为网络效应和辛普森悖论，同时明确了假设检验的定义并不会告诉我们实验组比对照组提升程度的概率。最后介绍了关于分流均匀性、实验常见误区和局限性的一些操作常识，部分经验数字无法给出严谨的证明，仅供参考。另外，统计学中还有诸如元分析和偏相关等提升 A/B 测试计算置信度的方法，但限于篇幅不再赘述。

第 6 章
策略产品经理项目实践

前文主要是策略产品经理相关的理论介绍，本章主要介绍实践经历，选取的 7 个项目能反映大多数推荐策略产品经理需要具备的素质，涵盖了主观评估、数据分析、用户推荐策略和 A/B 测试实验等前几章的知识点。

6.1 节将介绍策略产品经理产出策略产品时的基本思路，对项目经历做一些归纳，例如，需要掌握哪些数据、知道哪些现状、基本的"术"有哪些、理想态如何定义、如何进行天花板预估等。从 6.2 节开始，每一节的内容均为策略产品经理的实践经历，整体项目实践思路和数学建模思路接近。具体内容如下。

- ❑ "芝麻信用分"等社交资本的设计思路。
- ❑ 如何通过主观评估完成员工的职级评定。
- ❑ 如何度量 100 年内最佳的体育教练。
- ❑ 内容产品中，什么是优质内容。
- ❑ 内容产品中不同内容的稀缺性度量思路。
- ❑ 低质量评论和高质量评论的策略设计。
- ❑ 用户对不同连载内容喜欢程度的度量——关于"构造法"数值设计。

6.1 策略方案设计的基本原则

对于策略方案的具体设计，策略产品经理应该能够提取出其中的共性。即使在实际工作中，不同的问题有具体不同的解法，但基本原则是不变的，笔者将在本节介绍关于策略方案设计过程中需要遵循的三条原则，如图 6-1 所示。

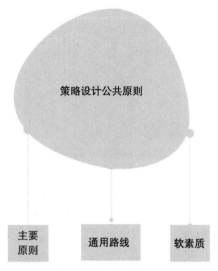

- ❏ **主要原则**：策略产品的"术"，也是通用准则。
- ❏ **通用路线**：策略产品经理在设计方案时，一般需要定义"理想态"和预估"天花板"，任何策略方案都离不开对"理想态"的最终追求以及对"天花板"的估算。
- ❏ **软素质**：复盘的意识和好奇心等。

图 6-1 笔者对策略设计抽象出的三条公共原则

6.1.1 策略产品经理的"术"

2.4 节介绍了部分关于策略产品经理应掌握的"道"，但在工作中只知道关于价值观和行事准则层面的"道"是不够的，在做事的战术上也应该了解一些需要遵循的准则。图 6-2 是笔者工作中总结的经验，供大家参考。

图 6-2 策略产品经理的"术"

❑ 最小产品原则：如果你想做一个图片分享网站，第一步或许只是一张图片的展示，经过一系列实践才完成正式版网站开发。

❑ 追求规模效应：对于一些有容忍度的项目，可以"先污染后治理"，先将"盘子"做起来，再利用规模效应实现飞速增长，非主流程的体验细节可以之后再完善。

❑ 策略做粗：策略做粗是追求简单可依赖，给模型留足空间。

❑ 特征做细：将特征做细是为了模型训练后使效果更好。

❑ 正则为王：工业上的分类器，正则表达式策略在大多数情况下性价比更高。

❑ 先解决上游的问题：对于有上下游关系的策略耦合，一定优先实现上游策略。

❑ 决策时始终紧盯目标：永远先估算目标指标天花板是多少。路径拆解后，估算每个 ROI 是多少。

下面详述这几条准则。

1. 最小产品原则

最小产品原则也称 MVP 原则。这里重点说说最小产品原则在 B 端产品和 C 端产品的差别。

B 端产品大多数时候无法遵循最小产品原则，因为企业的定位用户是付费用户，需要整体服务的交付。比如卖一个软件系统不能第一周只卖给对方一个空壳，第二周再逐步完善其中的功能，那样只会让 B 端客户流失。

对于 C 端产品，一部分策略产品经理往往会一口气提出大量完整的策略需求，但以笔者的经验看，往往这种完整的策略需求是不具有实操性的，原因如下。

❑ 结果的改变往往也是遵循"二八原则"的，绝大多数的策略并不会有非常明显的作用，往往是 1 到 2 条"拳头策略"可以带来显著的效果提升。

❑ 完整的策略设计是不被需要的，实际工作中存在着大量非主干的流程策略，这种完整的策略设计需求在项目早期不需要在需求文档中体现，但策略产品经理心中要有关于后续策略的设计方案。

真正重要的是要让项目快速地跑起来，对于策略产品而言，大多数后端迭代是不需要发版的，所以可以实现更短周期的迭代频率。

2. 追求"规模效应"，需要"先污染后治理"

产品初期通常有两种对应观点存在，一种认为应该把大多数事情做好才能进行下一步，另一种提倡在保证基本质量的前提下尽量追求速度。以笔者的经验看，在质量和速度中存在着一种最佳的动态平衡。早期工作中部分运营同事对许多未修复的体验细节抱怨，但产品技术团队仍然在快速探索新业务和建立更强大的中台系统。那么，应该如何处理"由于快速发展带来的体验细节"呢？

从事后的经验看，"先污染后治理"是一种大多数情况下正确的思路，原因有两个。

- ❑ 在产品探索期，产品的最终形态没有确认，此时最重要的是迭代速度而非质量，需要快速验证用户的行为是否符合预期。过去项目中的待修复细节可能会受新的产品策略影响，在未来被忽略。

- ❑ 在产品探索期，需要追求的是"规模效应"，在小范围内实现的需求无法快速触达大规模人群。所以对于初创企业而言，要努力抓住"规模效应"的临界点，这时候需要的是更快的开发速度。迅速达到规模化的临界点是非常重要的。

但要注意的是，并非所有的项目都可以接受"先污染后治理"，需要两个必要条件："To C 产品"和"可容忍负例"。事实上，大多数策略相关的需求均满足该条件（至少笔者亲身经历的项目如此）。

3. 策略做粗

部分新入行的策略产品经理往往会犯一个错误，容易陷入自我价值的怀疑之中，容易在与算法团队的沟通配合上处于两个极端。

- ❑ 作为算法团队的从属职位。团队风格呈现出偏技术导向。策略产品经理负责配合研发的需求而开展一些细节工作，比如收集标注数据、召开会议等偏技术的日常工作。

- ❑ 作为算法团队的强势需求方，在每周的算法团队的周计划排期会上提出大量精细策略需求，这给算法团队带来了大量的策略开发工作量，但带来的线上效果往往又不理想。

事实上，这两种情况并不罕见，那应该和算法团队如何配合呢？如何避免成为算法团队的"附庸"？

笔者的经验是策略方案要做粗粒度的可复用策略，策略设计的要点在于策略的"粒度"和"可复用"。百度有一条价值观叫作"简单可依赖"。这句话放在策略设计上也合理。策略设计应该站在用户的视角上，作为功能型产品和算法团队的连接点，为达到目标最大化（包括可测指标和不可测指标）而平衡各方的策略，达成妥协。

（1）关于策略方案的粒度问题

这里只是简单说明。策略是对模型结果极端情况的补充，客观世界中数据是稀疏的，在特定情况下（比如数据不充足、不准确）模型难以得到令人满意的结果，比如漫画产品中的相关推荐页面。一些情况下为了服从产品的顶层设计（换言之为"高层意志"），需要出现强可解释性的推荐结果，这种情况下算法策略设计不能遵循模型导向，而要遵循产品顶层设计，本质上是为了达成不可测指标的最大化。

但是在一些情况下，比如内容型产品的新用户冷启动策略设计中，部分策略产品经理会设计大量非必要的人工规则（必要的规则需要策略产品经理自行判断）。还是以漫画产品为例，目标是提升新用户首次启动 App 的推荐效率，部分策略产品经理可能会制定如下细致策略。

- 对于填写了年龄的、15 岁以下的男性用户的前 xx 位推荐作品 A、作品 B、作品 C……
- 对于填写了年龄的、15 岁以下的女性用户的前 xx 位推荐作品 E、作品 F、作品 G……
- 对于 X 省份的、未填写年龄的女性用户的前 xx 位推荐作品 H、作品 I、作品 J……

但这样的策略真的是必要的吗？完全不是。

首先有两点关于策略设计的常识需要铭记：一是 10% 的拳头策略可以达成 90% 的效果，即效果的达成并非靠策略的堆砌；二是算法需要留出空间来自适应。

笔者的工作经历中，在大多数项目上加的人工规则都会让客观可测指标下跌。模型算出的结果始终是数学上的最优解，若执行了上述罗列非常细致的策略，会产生以下几点问题。

- 服务端开发工程师通常需要增加大量的开发工作量。

- 在新用户冷启动策略中，如果这些新用户的规则持续保留在线上，则大多数用户看到的都是这几个定制化的作品，那么模型将缺乏充分的用户有效行为数据。换言之，模型很难"学"到用户的真实兴趣，对于推测模型效果的"天花板"是不利的。

- 如何保证策略的自适应？如何验证策略是正确的？为什么男性用户一定喜欢作品 A 而不能喜欢女性向的作品 B？策略本身也是不可解释、不可迭代的。

- 策略如何维护？如果你对代码开发有一些了解，可以看到开发机中存在着大量陈旧策略。策略的目的、负责人随着业务线变化和入职离职等频繁更迭，留给算法团队的只有大量陈旧的历史策略，缺乏注释，也不敢轻易下线，这大大地增加了后续的算法复杂度。

对于一个项目而言，笔者的经验是在早期加入一些基于先验知识的粗粒度策略，在项目收尾的后期瓶颈期再考虑逐渐加入当时的各种策略。事实上，笔者在三家公司工作中的很大一部分精力花在历史策略池的迭代优化上，这部分工作需要非常规范和高频率的文档。

那什么"粒度"的策略是没问题的呢？在上述例子中，笔者可能会给出这样的策略。

- 通过数据分析（比如聚类算法）找到趋同的作品，可以得到"广义人群的作品池"和"主要影响维度"。

- 对区分度比较大的影响维度（比如性别）做加权策略。加权策略优点是无级变速的，如对男性用户做某些男性向作品的加权（如加权 20%，同时设定加权的退出机制，如"用户两次不点击则取消加权"），不同的加权权重可以通过服务端配置 A/B 测试实验进行在线测试，选择相对效果最佳的某一种。

- 在策略设计时少做或不做定制化策略，在大热作品中掺杂小众兴趣作品，逐渐小步迭代、挖掘用户兴趣，为模型提供充分的数据空间。

在第一种策略设计中，开发工作量由于策略需求减少而大量降低，策略的准确度得到上升。策略的设计是基于数据分析和产品判断的，尽管罗列了所有的用户维度，但事实上只有少数维度对用户兴趣有强区分度。第一种策略缺乏自适应的迭代空间，而第二种策略是可以通过 A/B 测试实验达到局部最优解的，如果性价比足够高，甚至可以在参数上做多次实验。第二种策略使指标的"天花板"有所提高，对模型来说有效数据的积累是长期收益。

对策略设计而言，有一句俗语叫"少即是多"，企业需要的也并不是能罗列所有规则的策略产品经理，而是有判断力的、能找到拳头策略的策略产品经理。

（2）策略的可复用性

对于这一重要的设计准则，同样举一个信息流产品中的通用策略例子。1.3 节介绍过，通用策略中的一个目标是推荐多样性，为了保证用户的浏览体验，需要打散一部分内容。举例来说，在某职场实名社交产品中，需要对用户动态中的发布者按公司打散，这个策略需求有多种表述方式（实现方式）。

❑ *入门策略产品经理*：两条同公司的帖子不能连在一起出现。

❑ *初级策略产品经理*：如果两条帖子属于同公司，则它们不可以相连出现。

❑ *中级策略产品经理*：若发帖人的公司（提供数据库表字段名）相同，在某信息流形态中，连续的 2 条内容最少出现 0 条，最多出现 1 条。

❑ *高级策略产品经理*：应该区分软打散还是硬打散，本例属于软打散，在极端情况下可接受同公司的帖子连续出现的情况，所以策略细节为：若发帖人的公司（提供数据库表字段名）相同，在某信息流形态中，如果原始排序列表中存在连续 2 条内容满足上述情况，第 1 条内容正常推荐，第 2 条内容加权 0.01，对得分进行重新排序得到最终推荐列表。

这个例子中的重要差别在于 4 个级别的策略产品经理对于可复用性的表述，入门级和初级策略产品经理的差别主要在于策略文档是否有清晰的逻辑关系。

❑ 入门级的表述是文学化的而非逻辑化的，而初级的表述则是"如果……则……"的逻辑化表述。

❑ 初级和中级的差别在于可复用性和清晰度。对于中级策略产品经理的这一表述，技术人员可以开发出相应的技术模块，比如提供清晰的数据库字段名，避免了双方对字段标识的差异，因为在实际层面公司相同的这个概念可能引申为全文匹配还是包含匹配，如果某人处于子公司而另一人处于母公司，是否也算是公司相同？在技术实现上需要避免含糊不清，所以策略产品经理需要进行通盘考虑，这就需要熟悉数据库表，从而知道数据分布是什么样的。另一方面，中级策略产品经理的表述是具有可复用性的，有类似需求的时候可以套用这个可复用的模板。比如某一次刷新中的频控策略，调整上限（最多 x 条）是频控策略，调整下限（最少 y 条）是保底策略。中级策略产品经理的这个可复用的表述是值得推广的，在与算法团队的交流中也会更得心应手。

❑ 中级和高级表达的差别在于是否考虑到了未来的项目复杂度。高级策略产品经理的表述根据目标的容忍度情况将打散策略分为可容忍和不可容忍两类，进而判断需求是否是可容忍的策略，在项目复杂度高的情况下，由于项目中存在着数十条的可容忍打散策略，这些策略之间哪些优先级更高，如果规则冲突优先保证哪条规则生效。高级表述提供的是一种无级变速的实现方式，借由数学加权运算实现不同策略的优先级排序，与前述策略相比更易维护和迭代。

综上所述，策略设计准则中策略的粒度和可复用性是非常重要的，通过策略文档可以看出该策略产品经理的思考深度，而策略文档本身同时反映了产品未来的数据"天花板"。

4.特征做细

前文讲了为何策略产品要把控好策略的粗粒度和可复用性，但策略产品经理也并非是在所有场景下都保持粗放的工作模式，在特征级别需要切得越细越好。

特征做细中的"细"有两层意思：一是维度要多，二是每个维度的粒度要细致准确。

工业级的推荐模型往往对应着数百维的特征（可能需要更高维度的特征），算法工程师的职责包括构建尽可能多的特征训练模型，但由于对特征的管理不足，在大多数情况下只通过构建用户行为数据不足以支撑模型。

那数据从哪儿来？答案是自己"造"。这部分工作对应着 1.3 节中的内容画像和用户画像，在此不再赘述画像的生成过程。提升模型的召回率和准确率并持续地训练模型，完成算法工程师不擅长"造"数据的过程，是策略产品经理的一项重要工作。

5. 正则为王

在学术论文中，我们经常可以看到新的分类器取得了越来越好的数据效果（至少在论文测试集上的结果如此），但大多数情况下，策略产品经理可以仰仗"万能"的分类器吗？很遗憾，答案是不能，至少现在不能。

笔者的从业经历中，在分类领域，正则表达式策略在大多数情况下性价比更高。学术论文中的分类器是实验室的大量数据集结果，或多或少具有统计偏向性，如果将所有命题转换为等价逆否命题重新训练，效果会大打折扣。工业应用与学术应用的两个重要差别可以概括为"时间紧、任务重"。在实际工作中一类方法是有监督学习，但训练的模型往往需要长期投入，不仅需要标注大量样本，标注样本同时还需要保证样本的主观一致性和持续生产，这无形之中增加了几倍的人力投入。另一类方法是无监督学习，当前的模型较两年前有了弥足的进步，但在数据量较小的情况下效果还是较差的。

在这种情况下，往往正则表达式可以产生奇效。正则表达式是通过经验和模式识别得到的归纳规则，有三个优点。

❏ 迭代方便，甚至可以配置为后台，实现小时级迭代。

❏ 对目标的达成见效快，稳准狠，且可以自适应优化。

❏ 正则表达式具有强可解释性。

这三个优点足以让正则表达式成为备受策略产品经理青睐的"法宝"。在数据量较充裕的后期可以逐渐撤掉正则表达式部分，但在紧张的项目周期中，正则表达式承担了非常重要的角色。

6. 先解决上游问题

在日常工作中策略产品经理经常遇到一些彼此耦合的线上问题。举个例子，假设你是美团外卖的配送端的策略产品经理，某一天在做数据分析时发现，外卖骑手在北京市某小区送餐时经常超时，超时率比其他临近区域高出了 30%，而该小区的运力是充分的。经过排查发现，该小区的地理定位有问题（或者附近在修路，送餐需要绕路），导致模型的预估配送时长过于乐观，而配送员难以按系统规定的配送时间点击"已送达"按钮。

这个问题如何解决？对于这个问题的解法，很重要的一个"术"是注重解决问题的顺序。这个问题是由于 POI 定位不准导致的模型预估配送时长不准，顺序应该是：对于有上下游关系的策略耦合，一定优先解决上游策略。首先要尝试解决 POI 定位问题，分析解决 POI 问题的技术难度有多大，如果实在难以解决才考虑解决模型配送时长不准的问题（比如增加修路工期等限时生效的策略）。

7. 始终紧盯目标

做策略产品最重要的是目标导向，策略产品经理需要每天都问问自己：

❑ 今天的工作能否提升最终的目标？

❑ 指标的"天花板"是多少？

❑ 在达成目标的路径中，是否有更好的解决方案？

笔者在工作前两年的项目中经常有这样的情况：有时会钻牛角尖，看不到全局，对于项目的潜力也估计不足。对于某些"钻牛角尖"的项目没有意识到这种手段基本已经到达"天花板"，从而忽视了其他更好的办法。也就是说，缺乏判断力，而这也是年轻策略产品经理的共性问题。

经过反思，笔者认为这种情况的产生主要是两种原因。

❑ 最主要的原因是行动具有"惯性"，不愿意逃离舒适区。即使某些项目在"小步快跑"的迭代中被论证了没有潜力（此结论一般由资深产品经理判断得出），但笔者自身已经适应了项目节奏，由于懒惰而希望继续按惯性做下去，但也会有不甘心的情绪。

❑ 次要的原因是年轻产品经理的"通病"，即缺乏足够的判断力来判断某个项目目标的"天花板"，于是"胡子眉毛一把抓"，把能想到的所有策略都尝试一遍，但这就违反了策略设计"少即是多"的原则。

策略产品经理应该成为一个理性的逻辑思考者，对于判断好的方向敢于尝试，对于效果不佳且判断没有发展潜力的手段敢于中止，将精力投入到其他手段上。

6.1.2 如何定义策略理想态

前文中多次提及理想态估算的例子，本节旨在谈一谈两个策略产品经理经常提到的名词：理想态和天花板。

❑ 理想态：指某项目在完美条件下所能达到的最佳状态，比如内容产品中的推荐模型的理想态是完美解决效率匹配问题，将所有潜在用户感兴趣的内容直接送达用户，即达到效率的全局最优解、推荐模型的"全知全能"。

❑ 天花板：指从现状出发、在到达理想态的途中受制于客观因素所能达到的最好结果，客观因素比如公司规模、用户规模、短期无法改善的人力瓶颈、分类器算法无法解决的负例等。

对于任何项目，策略产品经理都应该先定义理想态，再在追求理想态的过程中计算项目所能达到的天花板。那应该如何科学估算天花板的值呢？

笔者总结的大多数项目的天花板的估算方法有八个字：人群分层，极限推演。下面介绍两个案例。

❑ 某个有监督学习的分类器可以判断出内容的分类，对分类器而言，需要判断的内容文本越长则准确率越高，比如在 50 字以上的分类判断准确率为 80%，10 ~ 50 字的内容分类判断准确率为 60%，1 ~ 10 字的内容分类判断准确率为 30%，如何估算天花板呢？方法是首先对人群进行分层，比如在 50 字以上的分类负例占比 20%，通过实例评估认为 50 字以上的分类判断准确率可以逼近 100%（即 50 字以上的样本分类判断准确率 80%→100%，这个过程叫作极限推演）。然后，估算 10 ~ 50 字和 1 ~ 10 字的负例中哪些可以靠模型解决，哪些可以靠规则解决，哪些无论如何都难以解决。最后，通过极限推演后的结果计算出最终比例。

❑ 某公司的产品是一个无须登录也可以使用的应用，公司的战略目标为提升整体用户规模的"自主登录率"（非强迫手段使得未登录用户成为登录用户的比例）。公司的高层设定的目标为在某个时间点之前需要达到周活用户中的自主登录率为 90%，作为策略产品经理将如何解决这个问题并管理领导的预期？一种可行的做法是抛出计算天花板的公式，首先要对人群进行分层，再对每一层的用户进行极限推演。比如在这个案例中分析目标用户群体（周活用户）的在线时长分布，因为用户的使用时长大多数服从幂律分布，绝大多数的用户使用时长较短，而极少数的用户使用时长较长。用在线时长将用户"切"成几个数据桶，分析用户在每个桶中的自主登录率现状，应该可以发现使用时长越低的用户（忠诚度越低）往往自主登录意愿最低。此时，选取临界点进行极限推演，假定使用时长小于 X 分钟的用户的自主登录率等于 0，使用时长大于 X 分钟的用户自主登录率等于 100%，计算得到在此假设条件下自主登录率的天花板可能是 75%。实际情况一定有所差异，使用时长小于 X 分钟的用户的转化率不可能是 0 但也不会比 0 高很多，同时使用时长大于 X 分钟的用户也绝对不可能达到 100%。

以上两个例子的场景和数据是笔者虚构的，但这种天花板预估的方法是笔者工作中经常使用的，主要是借鉴了复旦大学第三版《数学分析》中的关于函数极限分析的思想。在实际工作中，天花板的预估很难做到精准，但它至少相对定量地告诉我们合理的预期是什么，有了合理的数据预期，策略产品经理才能走在正确的策略设计路线上。

6.1.3 策略产品经理的软素质

经常有身边的朋友询问笔者："我适合做策略产品经理吗？"笔者也面试过几十位应聘者，他们对于自己能否胜任策略产品经理的职位也不是太清楚，甚至缺乏信心。本节主要介绍在策略产品经理岗位的面试中主要考察应聘者哪些素质，期望以此来回答什么样的人适合做策略产品经理这个问题。

将这部分内容放到第 6 章介绍，主要有两个原因。第一个原因是本章以实战经验为主，本节所列举的考察问题往往与实战经验相关，更适合在本章展开。第二个原因是希望读者对策略产品经理的岗位有充分了解后，能结合本节内容判断自己是否适合该职位。另外，现代互联网企业在人力资源体系上有更为先进的管理理念，越来越多的公司因人设岗，策略产品经理的具体职业定位取决于公司的业务安排。

对于策略产品经理岗位的要求分为校园招聘和社会招聘两种。

❑ 对于校园招聘的求职者，公司往往注重考查候选人是否具有优秀的学历背景，过往经历中是否可以体现出逻辑思维能力，是否掌握了充分的数据分析能力，是否拥有学习意愿和学习能力，在笔试题中是否可以有逻辑地表达出对当前互联网行业产品的深层次思考。在校园招聘中，公司主要寻找的是可以培养的优质人才，看中毕业生的培养潜力。

❑ 对于社会招聘的求职者，公司则更加注重其过往项目与当前职位的匹配
　程度，候选人是否足够聪明、敏锐及对数据敏感，对于历史项目是否有
　过较为深刻的复盘，这些都很重要。对于社会招聘的求职者的一个重要
　考量是其是否拥有足够的好奇心，在校园招聘中几乎所有应届生对于职
　场都有好奇心，但对于已有若干年工作经验的社会招聘求职者而言，往
　往会因为生活、工作和年纪的原因失去了好奇心，从而失去了锐气。策
　略产品经理是一个非常考验执行力、学习力和创意力的岗位，胜任该岗
　位的不应是一个追求稳定的人，而是一个对世界抱有强烈好奇心的人。

对于社会招聘求职者的严格要求使得最终面试的通过率往往在 5% 以内。
应聘者应注意以下几个面试中经常考察的问题。

1）对于社会招聘求职者，面试中的大多数时间都用于历史项目的询问。笔
者往往请候选人挑选个人经历中绩效最好的项目（或者最完整的长期项目）进行
叙述，一般要求候选人按照项目目标、团队规模、自己的角色和项目历程进行
介绍。

2）候选人的回答分为多种情况，优秀的候选人可以顺畅地不假思索地回答
出所有问题，并且表述中有因有果，有并列排比。简历虚假的候选人往往在团
队规模和项目历程的匹配中会出现前后不一致的情况。如果判断出候选人简历
中的"水分"太大，说明其存在不诚信行为，一般会选择拒绝。

3）项目目标的表述，本质上是考察候选人在理想态定义和天花板预估上的
能力。只有能清楚地描述项目目标，才有可能达成目标。

4）在项目历程中，往往候选人会提出某些具体的数字，此时笔者会立即
打断询问"为什么这个数字是最优的"。在策略产品经理的工作中，70% 的阈
值设定应该有其迭代优化路径（允许 30% 的数字阈值设定凭借经验），如果候选
人说"这个数字没有达到最优"，则立即询问"该数值如何设计策略可以达到最
优解"。

5）对于项目复盘，笔者的问题是："如果时间回到项目启动的那天，重新
做一遍这个项目，预计哪些工作量是可以节省的？效果能提升多少？"从回答情
况可见不少候选人并未深刻地进行项目复盘。时至今日，笔者在项目结束后也
经常问自己这样的问题。复盘是为了让明天过得更好。

面试也并非越高压越好，让候选人可以展现 100% 的自己才是面试的目的，

面试官需要做的是引导面试流程，并对应聘者每一步的回复在心中打分。

6.2 "芝麻信用分"等社交资本的设计思路

如3.3.3节所述，在内容行业相关产品的领域，社交资本的建立至关重要。如果一个社区无法清晰地指明前进方向，则社区的用户行为会呈现出离散化的趋势。比较常见的社交资本数值有阿里体系的"芝麻信用分"和"淘气值"、新榜的"新榜指数"等。

6.2.1 简单社交资本与复杂社交资本

社交资本体系分为两类。一类是相对简单的社交资本，比如微信公众号、微博、抖音等产品的粉丝量、阅读量、互动量、播放量等，这类数值通常是一套"组合拳"数值。对于某个微博账号的价值不能仅看粉丝量，同时应该看粉丝的互动量（比如点赞量、转发量、评论量）等其他数值，所以尽管每一项单个数值的提升路径是明晰的，但对于账号整体的价值提升是缺乏明确指标的。举例来说，部分公司对其新媒体运营人员的考核有时会自己设计一套"公式标准"，比如每月必须更新10条、累计转发量不低于10万等。

另一类社交资本是相对复杂的，它隐藏了具体的细节计算公式，仅仅对外提供影响因素，比如阿里体系的"芝麻信用分"是由专门的团队进行数值设计的，以一定的周期固定更新每个账户的分值，而计算方法不对外公布，对外信息只有"蚂蚁金服旗下独立的第三方征信机构，通过云计算、机器学习等技术客观呈现个人的信用状况，在多领域提供信用服务"。"简单社交资本"和"复杂社交资本"的对比如表6-1所示。

表6-1 简单社交资本和复杂社交资本对比

	优点	缺点
简单社交资本	理解成本较低 数值提升路径清晰	单数值无法准确评估账号价值 绝对数值波动大 数值的反垃圾能力差，容易被刷
复杂社交资本	可体现账号综合价值 健壮性好 反垃圾能力强	需要投入持续精力，维护策略 可理解性差，尽管指引了方向，但用户吸收需要时间 数值被市场认可需要时间

让我们看一个例子，比如微博的粉丝量是一种简单社交资本，微博的影响力是一种复杂社交资本，粉丝量是内容行业对账号价值度量的行业标准，但粉丝量真的能体现账号价值吗？

- ❑ 敏感用户能够看出粉丝量中的"水分"是很大的，很大一部分粉丝是沉默粉丝（也称"僵尸粉"）。一个百万粉丝的 KOL 一条微博动态的阅读量可能只有几千，这充分说明粉丝量只是评估账号价值的一个维度。
- ❑ 另一个评估账号价值的描述型统计量是近期的平均阅读量，但平均阅读量可能遇到的问题是阅读量的绝对数值波动极大。比如微博的阅读量主要取决于转发量，而转发量是服从马太效应的，所以每个账号每个月的平均阅读量可能是大幅度波动的，也不能很好地反映账号价值。因为阅读量的选取是绝对数值的变化，而不是当日粉丝量与微博 DAU 的比例关系，所以平均阅读量也只是评估账号价值的一个维度。
- ❑ 其他的描述型统计量也有类似的问题，比如近 100 条内容的中位数评论数、近 30 天的平均转发量等。

比如某公司新媒体运营员工小张在努力运营微博 3 个月后，使 8 月底的粉丝量涨粉 3 万，但 8 月比 6 月的平均阅读量低 30%，这真的能说明她 3 个月的工作没有产生价值吗？当然不能。

另一个方面，对于部分头部内容生产者而言，全职内容生产者的经济收入往往取决于账号价值，那么，头部内容生产者"接广告"时，提供哪些描述型统计量指标是正确的呢？如果广告商 A 需要甲指标，广告商 B 需要乙指标，市场缺乏相对科学统一的评价标准，就会导致内容生产者和广告商之间的商业合作产生问题。

所以对于内容行业，在一定的时机下，需要复杂社交资本的介入（比如微博的"影响力"）。笔者有幸参加过复杂社交资本体系的设计，下一节将简述其设计思路。

6.2.2　复杂社交资本的"道"和"术"

简单社交资本是相对容易作弊的，比如播放量、粉丝量的提升有许多灰色渠道，尽管平台在提升数据真实性和反垃圾策略上投入了一些精力，但毕竟是双方长期斗争，取得效果需要一段时间。而播放量、粉丝量等简单社交资本相当于平台公信力发行的货币，一旦有灰色产业链破坏货币市场，就相当于在货币市场注入了劣币，从而导致劣币驱逐良币的现象发生，破坏社区的内容生态。

一些强大的竞争品类平台，凭借其深入人心的社交资本体系（粉丝量）逐渐成为行业标准。对于初建的社区产品，若想突围，就需要构建自己的社交资本体系。

设计复杂社交资本的数值时，应该遵循一些固有的原则。下面是笔者总结的三点规则。

- ❏ **追求可理解性**。既然希望用户参与到内容创作中，规则一定要做到用户能够理解。用户理解的内容主要是数值设计和数值表现形式，比如数值设计的输出值应该是整数，且处于常见的分数体系（比如100分、10分满）；数值应该以常见的图（折线图、柱形图等）的形式展现，尽量减少箱式图等少见的表现形式。

- ❏ **追求数值反作弊**。在复杂社交资本的数值设计中，要注意作弊者可能选择的作弊方式。比如数值设计时，对异常值和异常行为做判断（第4章阐述了异常值判断的方法），只选取正常范围内的数值作为有效数据。又比如考虑到用户活跃指标可能会因为频繁登录行为而产生大量登录数据，在数值设计时可以选取每个用户UID的多次行为按天级维度去重等。

- ❏ **追求数值提升的路径清晰**。不仅需要数值设计和表现形式易于理解，同时需要给予充分的文案提示和市场宣传。一个新的社交资本被行业所接受需要时间，应该用尽可能精炼的语言将产品包装完整，同时对头部用户的分值予以部分公开，以便形成行业示范效应。

实际上，复杂社交资本的设计不是一蹴而就的，需要经过多轮修正和迭代。根据每一次的数值调参结果，抽样评估头部最高的50个账号和尾部最低的50个账号，观察其是否有作弊行为，以及数值之间的排序是否符合当初设计的理想态，然后基于正例和负例进行数值修正。

6.2.3　复杂社交资本设计中的关键节点

在具体项目经历中，笔者总结出如下几个关键节点，若能将这些关键节点与各业务方达成一致，相信项目会取得不错的效果。

- ❑ 数值应该多久变化一次，每一次预期的变化幅度如何？
- ❑ 如何让用户重视这个数值？
- ❑ 数值有用的具体实现方式是什么？
- ❑ 最终数值受几个维度的数值影响？
- ❑ 维度数值与最终数值的函数设计应该满足什么条件？
- ❑ 如何确定该数值达到上线标准？
- ❑ 数值应该用绝对分值还是相对分值？

这几个问题也是同类复杂社交资本设计的共性问题，在此简单谈一谈自己的思考。

（1）数值应该多久变化一次，每一次预期的变化幅度如何？

数值变化的频率取决于多种因素，比如产品的活跃度、内容的当前供给量等，一般数值变化以天、周、月为周期，较少以不规则天数为周期对比某项数值变化。每一次预期的变化幅度不宜过大，需要控制数值剧变时的用户量变化范围（不宜过高）。

需要让用户养成查看该数值的习惯，如果是天级更新，需要将定时脚本的数值更新时间设定为用户起床后睁开眼的第一时间；如果是周级更新，一般选择星期一进行更新。

（2）如何让用户重视这个数值？

用户重视数值的前提是，这个数值要对用户有用，即能满足用户的某种物质或者情感需求。更大的推荐量、更多的经济收入等是物质需求，数值外显、排名外显、勋章系统等是情感需求。数值的实用性是市场宣传的基础，如果用户空有复杂社交资本的数值而无实际利益，恐怕再华丽的市场宣传都不会起作用。

笔者在具体项目经历中，对于数值的生效方式和同事有过多次讨论，讨论点主要围绕两个问题："这种生效方式对用户是可感知的吗？""这种生效方式是全局最优的吗？"对于生效方式的备选方案，在历经几次讨论后，我们选择了一种用户可以感知的、同时可以让平台的一级指标和二级指标达到相对最优的方案。

（3）数值有用的具体实现方式是什么？

"芝麻信用分"的实现方式是在多领域实现信用便捷生活，"淘气值"的实现方式是与"88 会员"绑定。笔者在内容创作项目的复杂社交资本实现方式是加大推荐算法的权重，并以外显数值提醒该数值对推荐算法造成的具体影响。比如在产品的首页增加该数值的显示，在数值细节方面增加 5 个维度的雷达图、历史趋势变化折线图，同时增加该指数的可解释意义。具体的数值是由统计手段计算得到的，确保所有外显数值均真实有效。

在数值有用的保证上，切记一定要选择真实数值，不要使用假数据，因为假数据早晚会露出马脚。数据相当于平台发行的"数字货币"，如果假数据泛滥，会扰乱"货币市场"的秩序。假数据同时对平台的整体数据体系是一种干扰，其他同事取用数据时可能也会因使用假数据，而难以得出准确结论。人工清洗脏数据会消耗大量的精力。

（4）最终数值受几个维度的数值影响？

首先要确定外在表现形式，若选用雷达图，一般选取奇数个维度，才能让雷达图看起来是稳定的。具体是 3 个维度、5 个维度、7 个维度还是 9 个维度，主要考虑用户的信息接受程度。3 个维度雷达图的表现信息少，适合 UGC 等用户忠诚度较低的用户产品。而 7 个维度在图形表现和对外解释上过于复杂，假如用户对于 7 个维度中的 3 个维度接受度较低、4 个维度接受度较高，但策略产品经理需要同时面对 3 个待提升的维度，会增加畏难情绪，从而可能会失去提升该维度分值的动力。

选定维度后，应统一每一个维度的数值对外名称——XX 度，均为三个汉字且表意清晰。

（5）维度数值与最终数值的函数设计应该满足什么条件？

在确定了维度数量、维度名称、最终数值的生效方式以后，我们要使用数学上的函数构造法完成公式设计。公式在设计时要保证函数的可导性，根据高等数学的知识，连续是可导的必要条件，即函数可导必然连续，不连续必然不可导，连续不一定可导，所以确保函数可导后，函数的连续性才有保障。如果读者对于这部分知识生疏，可以使用数学软件绘图，主要观察在极限的边界值情况下的数值是否符合预期。

同时，对函数进行灵敏度分析，判断函数是否存在混沌效应，判断自变量的微弱改变是否会对结果造成巨大影响，这部分工作需要做大量的数值模拟，比如控制函数中的其他参数不变，对某个数值按 1% 的比例缓慢提升，看最终数值的变化情况。然后使用这种方法遍历所有的变量，绘制成参数变化表，观察数值设计是否符合预期。（预期可以是某些因素的权重更大或更小，或某些账号的最终得分的排序关系。）

（6）如何确定该数值达到上线标准？

复杂社交资本的某数值上线一般采取灰度上线的方法，首先对用户历史行为，比如点击行为、发布内容行为、内容受欢迎程度等信息进行回溯，计算历史行为的数值，并选取部分内测用户对该数值进行上线测试，收集足够多的用户反馈之后进行全量上线。

（7）数值应该用绝对分值还是相对分值？

相对分值指的是平台内部账号之间进行比较得到的标准化数值。绝对分值指的是不做最终标准化。

对于这个问题并没有标准答案，笔者的建议是，如果平台规模比较大，并且希望用户有心理上的危机感，可以选取相对分值，促进用户相互竞争。相对分值的优点是变化频繁，但变化幅度较小。当平台规模比较小时，相对分值缺乏事实上的意义。比如一个行业内一共 100 个人，但平台只囊括了其中的 10 个人，那这 10 个人之间互相比较的数值不会被市场承认，此时一般选取绝对分值。绝对分值的优势是"自己和自己比"，追求自我成长与肯定，只要自我努力就会让分值提升，用户更容易从中收获成就感。

6.3　主观评估之职级评定问题

6.3.1　对内指标和对外指标的"道"和"术"

并非所有的产品都需要构造一个指标来鼓励用户做出平台预期的行为，简单社交资本的数值在大多数非专业场景都能满足要求。本节将介绍一类更为普遍的评估问题——对内指标的主观评估。

与外显数值相比，大多数场景下平台更需要一个仅供内部使用的数值指标，比如：

❑ 滴滴快车的派单策略中如何度量司机端的信用等级？

❑ 高考语文作文的判卷过程，如何科学主观地评估考生的作文得分？

❑ 作为人力资源总监，如何科学主观地评估本公司员工的职级？

这里所说的滴滴派单策略中的司机信用等级和外显给用户的信用等级可能是不同的，比如外显等级可能是为了提升用户的使用动力而进行的数值设计，而内部模型策略中使用的信用等级则无须考虑用户使用动力的问题，在模型策略中的信用等级追求的是数值的准确性。

人力总监的例子更清楚些，对于大多数公司而言，员工的薪酬和职级是不公开的，只有直属领导拥有查看的权限。作为一家公司的管理者，如何确保企业的人力成本是相对合理的？换句话说，如何确保给每个员工都标注了对等的能力职级，并按照其职级分配薪酬？

关于高考语文作文判卷的例子，则是不同于前两者的另一类问题，那么如何科学主观地评估作文得分？

观察这三个例子，可以发现其共同的特点是：对内指标，评估是主观性的，没有标准答案。

那么，对内指标和对外指标之间有哪些区别呢？表6-2列举了笔者关于这两类指标的思考。

表6-2 对外指标和对内指标的"道"和"术"

	"道"	"术"	举例
对外指标	追求可理解性 追求数值反作弊 追求数值提升的路径清晰	基于反作弊的数据，进行数值设计 对数值提升手段进行市场宣传并教育用户	微博影响力
对内指标	追求相对公平 追求内部价值观一致的准确率 不追求可解释性	科学设计标注及质检流程 产出主观评估标准（形容词＋名词＋案例） 岔路口：相对还是绝对	员工职级

正如6.2节阐述的，对外指标追求用户能够理解指标的含义，并在达到相关的条件时能提升指标数值（如滴滴司机的外显等级，满足一定条件可以晋升下一级，获得更高的分佣比例），同时追求数值反作弊，尽量不被用户"摸透规律"，将对外指标做到公正。对外指标的涨跌需要明确告知用户，至少有渠道给用户提示改进的途径。

但对内指标是不同的，虽然高考作文有明确的判分标准（仅为事实举例，假设高考作文分数无法被考生单独查询），比如现在有高考作文的标准为"文辞优美，语意通畅，意境深远的作文应得 48 分至 55 分"，但在具体执行层面则存在着较大的自由度，什么样的文字模式是"意境深远"？判卷教师在对每一篇作文给出相应的分数后，一般不需要全部给出批改分数的理由（但不排除对个别争议分数要做出解释）。所以，对内指标相对于前者而言，不追求可解释性。

第二点，对内指标追求的是相对公平，在一定的程序流程下，能力相近的员工得到相近的职级，相对公平的度量方式是内部价值观统一下的双人盲审一致率。所以，对于员工职级、高考作文分数、滴滴司机信用等级等对内主观指标，应该保证准确率。

6.3.2　理想态的定义：职级评估问题

理想态的定义是某项目在完美条件下所能达到的最佳状态。思考这个问题："如果你是我们公司的人力资源总监，由你设计一套内部员工职级评定系统，你认为这个系统的'理想态'是什么？"笔者曾经将这道题作为面试题考察多位求职者并得到若干反馈，在此列举两位典型求职者的回答。

❑ 求职者 A：我认为理想态是令公司内部的所有员工都满意。

❑ 求职者 B：我认为理想态是令公司内部的所有员工的薪酬成本达到
　　最低。

这两位求职者的回答正确吗？显然他们对于理想态的定义是不正确的。对于求职者 A 而言，该理想态是不可能成立的，在企业员工职级评定这个前提下，一定是无法做到令所有人都满意的，大多数人会高估自己的价值。（举例来说，5级的员工往往认为自己理应拥有 6 级甚至 7 级员工的职级及待遇，这是人性的弱点。）对于求职者 B，该理想态也是不成立的，如果公司的人力资源薪酬成本达到最小值，长期看对企业发展也是不利的，应该优先保证职级与员工的能力水平相匹配。

笔者认为员工职级评定的理想态是：企业中的每一个人参与两两评估打分，综合所有信息计算每个节点的权重，最终每个员工的职级等于（公司人数 −1）个评分的加权平均值。

举例来说，某公司有 50 名员工，包括 20 名运营序列人员，当前需要评估运营专员小 D 的职级。那么小 D 的职级得分计算如下。

❑ 除了小 D，其他 49 名员工对运营专员小 D 的工作成绩分别进行评价，比如总经理由于不了解小 D 的工作细节，所以权重较低为 k_0；运营总监对小 D 的评价权重为 k_1；小 D 的直属领导对小 D 的评价权重为 k_2。

❑ 小 D 的最终职级得分等于 $\Sigma k_i x_i$，其中 k_i 表示第 i 个用户的权重，x_i 表示第 i 个用户的评分。

❑ 小 D 是运营序列人员，所以评估小 D 在所有 20 名运营人员中的评分次序。

❑ 根据事先定义的职级体系的比例，确定小 D 所述的职级。

当然理想态的定义只是为了将问题采用极限思维的方式进行推演，事实上如果真的这么做，职级评估的成本巨大，对于企业来讲是得不偿失的。

通过极限推演理想态，职级的评定分为三个步骤。

第一个步骤是计算每个员工的分值，其中 k_0、k_1、k_2 等权重是可以通过数学手段近似得到的，并且并非真正需要两两评估。事实上，对于最终真值的影响，少数核心节点的评分是至关重要的。

第二个步骤是在得到总体评分以后，计算每个员工分值在其所在的部门（比如运营）中的相对分布（处于 Top $X\%$ 的位置）。

第三个步骤是根据事先定义好的职级的标准，如第 3 章所介绍的那样，主观评估的标准应该包括"形容词 + 名词 + 实例"，在职级的主观评估中需要额外定义每一个层级的理想比例。

比如对于最大等级为 10 级的职级体系，"金字塔结构"和"纺锤结构"哪个更合适？金字塔结构是越趋近于顶层，占比越低；纺锤结构是接近正态分布的，最好的等级和最差的等级比例最低，次优和次劣的等级占比第二低，等等。然后根据定义的不同等级比例得到每个员工的理想态职级。

6.3.3　职级评估问题的关键节点

上节介绍了对于职级评定问题的理想态定义思路，如何在考虑实现成本的一定情况下逼近理想态？事实上，对于效果和成本是要有取舍的。如何将对内指标的主观评估做成可以上线的项目？

职级等对内指标的评估有三个重要的特点，分别是重要性、主观性、浮动性。顾名思义，员工的职级是一种对内指标，是决策层做决策的依赖数据。同时，该指标又是主观评估的，比客观指标的波动性更大（主观指标与客观指标的关系详见第 3 章）。最后，该指标是一个浮动的指标，每个人的职级一般是连续变动的，在不同的时间点去测量，可能会发生改变。正如第 3 章所提到的，主观评估的难点在于标准统一，需要用一个强有力的机制将评估结果进行数学上的最优化。

无论如何，人力部门应讨论出一个固定的标准，通常包括以下内容。

❑ 职级设计：公司的职级体系包括 N 个职级（N 为正整数）。

❑ 描述：每个职级的典型描述和典型行为，这里的描述形式为"形容词＋名词"，比如第 5 级的员工应该是一个"能够为组织带来经济收益的、引导团队前进的、敢于选拔人才的优秀领导者"。

❑ 案例：比如张某和李某属于第 5 级员工，王某和朱某属于第 6 级员工。

❑ 数值比例：纺锤结构或金字塔结构，比如第 5 级员工占比 25%，第 6 级员工占比 10%。

大多数情况下的主观评估标准可以拆解为以上 4 个模块。职级的设计确定了整体结构；"形容词＋名词"描述方式让评估人员有一个粗略的印象；案例让评估人员有了"标杆等级"，在做其他人的等级分工时只需要反复对比当下要评估的对象和"标杆等级"的优劣，并得出结论；数值比例是最后的步骤，往往是评估委员会的负责人按照既定结果，对等级边缘的人选进行微调，使之服从设定分布。

假设待评估人员有 50 人，则这个评估问题是容易解决的，因为只需要 1 个评估员即可评估全部样本。只有 50 人的公司中人与人之间的联系非常紧密，评估员可以和每个人建立联系，收集意见，按照既定标准进行准确评估，此时处于理想态。

假设待评估人员有 5 万人，则情况发生了根本性的变化，因为这是无法通过一个大脑可以处理完的任务，必须需要多个大脑的"串联"才能完成这个庞大的任务。本节所讲的就是这种更为常见的对内指标的主观评估场景。

对内指标的主观评估难点是标准统一，其解决方案主要为以下两种手段。

❑ 流程管理：指的是评估流程中保证各个评估员的标准统一的策略。

❑ 人员管理：指的是使用组织行为学的手段进行人员管理的手段，即"人治"。

流程管理和人员管理是笔者多个类似项目总结出来的方法论。下面以职级评定问题为引子，谈谈对内指标评估的关键节点。

1. 如何设计流程管理以保证所有评估员的标准统一

在职级评定问题中，每个子模块的不同领导在对其下属评级时往往均值和标准差均不相同。如果你是该公司绩效评估的负责人，需要设计一套流程来保证标准统一，对于每一个领导的打分不能直接使用，需要做准确率的评估。

那什么是准确的分值呢？前文已经介绍过职级评估问题的职级理想态，在实际项目中不能让全部人都对评估对象进行评估，但可以使用两个权重相近的评估员的分数进行"双盲质检"。

举例来说，如果需要对小 D 打分，小 D 的直属领导员工甲和与小 D 在工作中配合最多的员工乙的权重是接近的，两者拥有不同的信息量，员工甲不清楚执行细节而员工乙知晓这部分信息量，所以如果员工甲和员工乙同时以相同的评估标准（"档位设计""形容词＋名词""案例""数值比例"）为小 D 打分，且二者的打分都是真实的，对标准的理解也相近，理论上二者对小 D 的打分是相近的。

如果员工甲在评估量表中对小 D 的评分为"7.3/10"，而员工乙对小 D 的评分为"7/10"，需要检验两位评估员的评估效力。

假设我们可以拿到员工甲和员工乙对他人的 30 次评估结果，同时可以拿到全部评估员的评估结果，那么用统计手段可以看到员工甲、员工乙的描述型统计量是否在正态分布的 3σ 范围之内，共分为 4 种情况。

❑ 甲和乙对他人的评估分值与整体分布一致，甲和乙的评估结果均有效。

❑ 乙对他人的评估分值和整体分布不一致，甲一致。

❑ 甲对他人的评估分值和整体分布不一致，乙一致。

❑ 甲和乙对他人的评估分值和整体分布不一致。

对于第一种情况，负责人有充分的理由相信小 D 的真实得分在 7 分附近。对于后三种情况，只要两位评估员中有一位的数据是不可信的，就需要额外调取一位可信评估员的评估结果作为补充。

对于甲和乙的得分是否有效，有许多种统计方式可以度量，比如 Kolmogorov–

Smirnov 检验。也可以简单地看不同评估员的打分均值和变异系数，找出均值明显偏高或者偏低的若干评估员，以及变异系数偏高或偏低的若干评估员，要求其按照所有评估员的评估标准重新评估。

2.关于零盲质检、单盲质检和双盲质检

零盲质检、单盲质检和双盲质检是三种不同的质检方式。

❑ **零盲质检**：评估员知道自己在质检，同时评估员知道自己质检任务的标注结果（也有可能知道他所质检的结果是谁标注的）。评估员相当于"睁眼"质检，只需要给出其他人的标注结果是否正确。

❑ **单盲质检**：评估员知道自己在质检，但评估员看不到他所质检的任务的结果，他需要重新标注一遍结果。

❑ **双盲质检**：评估员只是正常地做标注任务，不知道自己在做质检，但不知道这个任务是否会被其他人同时标注，也不知道该任务会被谁标注，更不知道该任务被其他人标注的结果。

实践证明，在主观评估的有效性上，双盲质检的效果好于单盲质检，单盲质检的效果好于零盲质检。

3.为什么使用双盲质检

举一个笔者工作中的真实案例。今年的某个项目中笔者发起了一份对内指标的标注需求，并在相关的文档中整理了标准，标准中包含档位设计、形容词＋名词、案例、数值比例等关键要素，并进行会议沟通，最后拿到了对方根据我的需求返回的标注结果。

标注结果的条目数的数量级为千。笔者在第一次质检中使用了最简单的零盲质检，一致率为90%；在第二次质检中选取了另一部分没看过的其他待检样本进行单盲质检，一致率仅为75%；在第三次质检中参与了一部分标注任务，双盲质检的一致率在65%左右。

哪个值是正确的呢？当然是双盲质检。这个现象并不是偶然的，总结原因如下。

❑ 零盲质检的情况下，质检员会受到诸多因素影响。第一种因素是先验信息因素，比如看到标注结果后先验信息，大脑中负责集中注意力思考的模块会自动进入懒惰机制，从而无法进行公正的判断。第二种因素是人

情因素，如果能看到评估员是谁，则自动代入"有色眼镜"，从而做出不合理判断。

❑ 单盲质检的情况下，质检员知道自己在质检，此时负责理性思考并分类的大脑模块开始工作，能做出相对合理的基于标准的判断。误差主要在于质检员知道自己在质检，会增加额外的思考，比如"原评估员的标注结果会是什么"。同时在质检时，由于已知自己在质检，因此会有额外的精神压力，并非自然放松下的理智思考。

❑ 双盲质检的情况下，每个评估员都是质检员，此时的精神压力和思考量是接近的，既担心"自己的结果会不会被某个人看到"而认真标注，又不知道自己在质检他人的结果，所以质检员和评估员双方的心理状态最相近，效果同样是最优的。

在条件允许的情况下，主观评估的准确率指标一般取双人盲审一致率，如果条件不允许，至少也要取单盲质检一致率。

但也并非所有情况下都取双人盲审一致率。比如，当团队中的绝大多数成员准确率均较低时（主要发生于项目早期），双盲质检的准确率指标可能会偏高，此时应选取单盲质检一致率作为准确率指标。

4. 双盲质检与标准统一的关系

标准统一首先需要对于每一个样本有一致的结果，一致的结果是通过上述质检机制完成的，而"如何进一步优化评估员的行为"则需要项目信息的传递。

在固定周期的反馈中，评估团队应该做系统的数据梳理：今天的双人盲审一致率如何？较之前是有所改善还是变得更糟？今天评估的对象是否完成了既定任务量？

比如以每天或者每周为周期，收集整理所有标准不一致的"疑难杂症"，一般是质检标准的最终终审者作为"裁判"，对每个不一致的样本进行充分讨论，并达成一致，整理至标准文档中。

在此过程中，终审的"裁判"角色是最为重要的一环，他需要把控会议的进度，敢于做出终审裁决并领导团队经历数月打磨标准，最终让审核标准达到相当稳定的程度。

5. 实现"标准统一"目标的人员管理手段

在公司管理中，一家公司之所以能产生价值的重要因素是经过劳动沉淀了"公有知识"，而主观评估标准也是公有知识的一种，通过固定周期的项目讨论会，可以将大多数项目经验沉淀至公有知识中，新加入的员工只要熟悉该公有知识并了解处理流程，就可以快速上手工作。

另一个重要经验是在主观评估项目中，多数错误产生于少数人，所以提升准确率的重要手段是使用科学的质检方案找到容易出错的少数人。这对提升整体准确率是有帮助的。

6.4　如何度量 100 年内最佳体育教练

6.4.1　关于全局对内指标

6.3 节介绍了如何在有限集合（比如某家公司的全部员工）中进行对内指标的主观评估（加权平均值），从而确定最终职级。因为在职级评定问题中需要统一评估员的评估标准，所以需要对评估员频繁地进行培训和考核。这对评估员的专业性提出了要求，且评估员团体的流失率不能太高，否则会造成团队的标准波动。

本节将进一步讨论主观评估的另一种进阶情况，笔者将其称为全局对内指标。对外指标、局部对内指标和全局对内指标的分析如表 6-3 所示。

表 6-3　对外指标、局部对内指标和全局对内指标的分析

	"道"	"术"	举例
对外指标	追求可理解性 追求数值反作弊 追求数值提升的路径清晰	基于反作弊的数据，进行数值设计 对数值提升手段进行市场宣传并告知用户	微博影响力
局部对内指标	追求相对公平 追求内部价值观一致的准确率 不追求可解释性	科学设计标注及质检流程 产出主观评估标准（形容词＋名词＋案例） 岔路口：相对还是绝对	员工职级
全局对内指标	追求相对公平 追求内部价值观一致的准确率 不追求可解释性	单次评估精度要求较低 评估次数增加 全局性，可以跨品类评估	100 年内最佳体育教练

我们可以看到，全局对内指标和局部对内指标的"道"是一样的，因为本质上两类指标均为对内指标，都追求相对公平、内部价值观一致的准确率。但在"术"的级别是不同的，局部对内指标如 6.3 节介绍的那样，需要质检机制和人员管理机制，同时需要评估人员的流动性低、专业性强。与之相比，全局对内指标有三点明显差别。

- 单次评估精度要求低。全局对内指标的评估方法有一定的可靠性，可以容忍一定程度的误判。

- 评估次数增加。尽管单次评估精度要求降低，但全局对内指标的评估需要的评估量有大幅度增强。

- 全局性。可以评估量纲不同的指标，支持跨品类评估，评估对象不再囿于固定的有限集合。

换言之，全局对内指标评估的方法论是"以数量换精度"，有诸多实际应用场景，比如招聘市场中不同职位的职级评估，某音乐领域的 Top10 歌手（尤其是大众评审的情况下），O2O 领域不同菜系的商家排名等。

本节的实例为 2014 年美国大学生数学建模竞赛的 B 题，笔者作为团队的小队长参加了该届竞赛，并使用全局对内指标评估的思路撰写了论文。原文的题目如下。

"《体育画报》是一个为运动爱好者服务的杂志，正在寻找 1900 年以来史上最好的大学教练。建立数学模型选择以下体育项目中最好的大学教练：曲棍球或场地曲棍球、足球、棒球或垒球、篮球、足球。时间轴在你的分析中是否会有影响？比如 1913 年的教练和 2013 年的教练是否会有所不同？你会选取怎样的指标，并使用怎样的方法来实现不同性别组的教练、不同体育项目之间预期效果。最终利用你的模型输出一份三种不同体育项目（任选）中的前 5 名教练。"

这个问题的难点有三个。

- 需要将不同性别组的教练考虑进来，比如男子排球、女子排球的教练在执教不同性别的队伍时风格是不一样的，既定战术也是不一样的，都需要放到统一参考系中做评估。

- 需要将不同年代的教练考虑进来，比如 1913 年的教练和 2013 年的教练在项目和技术水平上一定有差别，举例来说，篮球项目的规则和战术一直在变化，考虑不同年代的教练水平时需要考虑到年代因素。

❑ 需要将不同的项目考虑进来，比如足球和篮球是两类不同的项目，而跳水和团体体操又是两类不同的项目，且其满分、计分制度均不同。足球的计分制度是以胜负和净胜球来计算，足球的净胜球很难超过10，而篮球的净胜球很容易超过10。团体体操项目中存在着多人得分的情况，团队得分往往在百级，需要考虑如何比较足球和篮球的评分。

针对上述三个问题，笔者经过对题目的深入理解及抽象，找到了合适的解法。和解决职级评定问题的思路一致，首先我们需要定义理想态。

6.4.2　"最好教练"的理想态是什么

什么样的教练是"最好教练"？顾名思义，体育比赛中教练的作用是为他所执教的团队带来胜利，所以，"最好教练"等价于"能为其执教的团队带来更多胜利的教练"。

但胜利的次数多一定代表这个教练的执教水平很高吗？答案是否定的。如果该教练是足球甲级联赛的教练，其执教球队与高中足球队比赛，纵使赢了几千场也不能说明其执教水平高，所以，最好教练应该等价于"能为其执教的团队带来更大胜利的教练"。

从"更多胜利"变为"更大胜利"，实际上是需要将胜利的价值量化，转换为数学上的语言是需要将"胜利的次数"变为"胜利的质量"。换句话说，一个好教练应该做到两件事。

❑ 把一支成绩很差的队伍变为一支成绩不错的队伍。

❑ 把一支成绩不错的队伍变为一支成绩更好的队伍。

于是，我们需要构建一个名为"战斗力得分"的指标去度量每个教练所执教队伍的胜利质量，所以一个教练的价值取决于两个时间点的战斗力得分。第一个时间点是他停止执教该队伍时的战斗力得分，记为 Score2；第二个时间点是他开始执教时该队伍的战斗力得分，记为 Score1，而该教练年度平均价值为：

$$教练年度平均价值 = \frac{(Score2 - Score1)}{(执教终止年份 - 执教起始年份)}$$

如果某个教练在一生中执教了多支队伍，则取其职业生涯中所有执教经历的均值来评价该教练的执教水平。现在教练的度量问题有了解决方案，该如何定义战斗力得分呢？

一个好教练要满足上述的两条规则，一个非常重要的点是要超出预期。一个较差的教练在执教一支一流强队的情况下，该队伍的表现可能也不会特别糟糕，重点是是否超出预期。显而易见，人们对于强队和弱队的预期值是不同的，假设在足球赛事中，某位足球教练刚刚接手一支队伍 Z，试想以下几种情况。

- 队伍 Z 常年处于甲级联赛的垫底，在该教练执教后首次迎战排名第一强队并获胜。
- 队伍 Z 常年处于甲级联赛的中游水平，在该教练执教后首次迎战排名第一强队并失败。
- 队伍 Z 常年是甲级联赛的卫冕冠军，在该教练执教后迎战实力垫底的弱队并获胜。
- 队伍 Z 常年是甲级联赛的卫冕冠军，在该教练执教后迎战实力垫底的弱队并失败。

对于上述的 4 种情况，相信读者心中已经有了答案。

第一种情况下，该教练执教球队远超预期地战胜了传统强队，此时我们将大幅提升该教练的能力评分，但这次胜利有可能是侥幸（比如对手状态较差或者主力队员并未上场），如果该教练可以再接再厉地拿下多场胜利，则我们将稳定提升该教练的能力评分。

第二种情况下，该教练所执教的队伍是中游水平，输给实力最强的队伍从结果上可以接受，此时我们对于该教练的评分虽然有所下滑，但下降幅度不会很大，仍然有理由相信教练在下一场比赛中迎战对等实力的队伍时有机会取得胜利。

第三种情况下，该教练所执教的队伍是卫冕冠军，虽然能够战胜实力垫底的弱队，但这很可能是由于队伍自身实力带来的，并没有充分的证据说明该教练在提升强队的战斗力上有任何作用。

第四种情况下，该教练所执教的队伍是卫冕冠军，但是败给了实力垫底的弱队，此时我们将大幅下调该教练的能力评分。虽然本次失败有可能是偶然发生的，很有可能在接下来的比赛中赢回来，但就本次比赛结果而言，教练的评分将由于冷门失利结果的爆出而大幅度降低。

决定是否超出预期的最重要的点是获胜概率，即强队战胜弱队时获胜概率大，对等实力的两个队伍在竞争时获胜概率接近于 1∶1，弱队战胜强队的获胜概率小。

通过以上的演绎过程，可以将战斗力得分与获胜概率这种数学化的描述联系在一起。让我们重新梳理一下这个过程。

（1）体育比赛中教练的作用是带领执教的队伍走向胜利，所以对教练执教水平的评估转换为对其执教队伍胜利的评估。

（2）由于教练一生中将执教多支队伍，同时为了平衡年轻教练和年长教练，按年度计算其执教价值，公式为执教期间队伍的战斗力增长总值除以执教年限。

（3）由于队伍的胜利取决于多个因素，不能简单地计算次数，要同时兼顾胜利的次数和胜利的质量，并将胜利的质量描述为超出预期的胜利。

（4）通过枚举 4 种情况下的胜利，将超出预期转换为数学语言的获胜概率。

至此，这个问题的数学建模的过程在思路上已经明晰，接下来的工作是更为细致的数学化的设计过程。

6.4.3　使用 ELO 等级分进行数值设计

在将战斗力得分数学化之前需要做一些基础假设，这些假设在现实中不一定绝对满足，但这些合理假设建立在对现实情况的简化之上。

❑ 假设每个教练在执教其队伍时，使出了全力。

❑ 假设每场比赛中每支队伍都是公平竞争，不存在黑哨、消极比赛等情况。

❑ 类比管理学中的彼得定理，假设每个赛季都足够长，每支队伍都能经历充分次数的比赛。也就是说，每个赛季结束的胜负情况可以反映每支队伍的真实水平。

上述假设是合理的。诚然，现实情况中教练可能在执教过程中有所保留，或者部分比赛存在着不公正情况的发生，但毕竟是少数情况，在长时间的历史比赛中，多数比赛是符合基础假设的。第三个假设的目标是保证每个比赛是充分竞争的，这条假设是对客观世界的近似模拟。

接下来，我们将选取国际象棋比赛中的 ELO 等级分来解决这个问题。ELO 等级分制度是一个基于统计学的评估棋手水平的方法。美国国际象棋协会在 1960 年首先使用这种计分方法。由于它比先前的方法更公平客观，因此很快流行开来。1970 年，国际棋联正式开始使用 ELO 等级分制度。ELO 等级分原先采用正态分布，但是实践显示棋手的表现并非呈正态分布，所以现在的 ELO 等级分计分系统通常使用的是逻辑分布。

ELO 等级分是该问题的唯一解吗？当然不是。对于该问题，我们有多个改进模型可以应用，比如 Whole-History Rating 和 Glicko-2 评分系统等（改进模型的使用范围更广，请读者自行查阅），但 ELO 等级分是最基础的初版模型。

ELO 等级分的计算公式中只考虑"胜平负"——胜利得 1 分，平局得 0.5 分，失败得 0 分，每一位选手在每一次比赛后，有如下的得分更新机制：

$$赛后更新得分 = 赛前历史得分 + K（实际表现 - 预期表现）$$

其中，K 的取值一般在 10 到 32 之间，用来控制得分变化速度，一般在大师赛中 K 值为 32，普通比赛中 K 值为 16，而实际表现和预期表现的计算公式如下。

$$实际表现 = 胜利场数 \times 1 + 平局场数 \times 0.5 + 失败场数 \times 0$$

$$预期表现 = \left(\frac{1}{1 + 10^{\frac{对手的得分 - 自己的得分}{400}}} \right)$$

预期表现是基于正态分布的获胜概率的近似数值算法，函数的输入为对手的得分与自己的得分，如果对手的得分比自己的得分高，则自己的获胜概率就小于 50%；如果对手得分和自己的得分相同，则自己的获胜概率为 50%。

Whole-History Rating 和 Glicko-2 改进算法主要改进了计算概率的方式，实际表现中概率分布用逻辑分布预估更为合理。

这两种方式解决了原问题中提到的三个点。首先，可以评估不同性别组的教练的效果，无论是男子比赛还是女子比赛，其胜负概率在对应的性别组内是相同的。其次，对于不同年代的比赛也一样，在每个年代中总是存在着强队和弱队，所以在不同年代的组内的胜负概率也不存在差别。最后，体育比赛可以分为两类，一类是直接对抗性的体育运动，有明确的"胜负平"的标准，比如足球、篮球、羽毛球等；另一类是评分类体育运动，比如跳水、体操等，同样由专家评审的打分决定输赢，可以转换为两两之间的"胜平负"关系。

介绍完这个问题的对应解法以后，对于全局评估指标的评估手段已呼之欲出，比如可以构建基于 ELO 等级分及其改进算法的方式，在每个待评估项目上集中大众的智慧做出投票，比如在某视频平台发起的选手人气评分的场景中，可以让非专业评审选择更喜欢 A 选手还是更喜欢 B 选手的表演。在经过多次、均匀地竞争之后会得到不同选手的 ELO 等级分的排序（实际操作中推荐使用其改进算法，请自行查阅相关资料），这是一种既科学又有效的打分方式。

本节主要介绍了一种新的全局对内指标的构建思路，并以美国大学生数学建模竞赛中的赛题作为引子。实际的项目经历和数学建模的思路是一致的，首先需要做出合理假设，将实际项目的问题转换为数学语言。在数学工具的选择中，本节选取了 ELO 等级分这一最基础的数学模型，将体育比赛的共性抽象成"胜负平"三类结果，至此解决了不同性别、不同年代、不同体育项目之间的数值壁垒，得出了相对科学合理的结果。类似的数学工具还可以解决需要普通用户参与的评分问题，比如"最佳人气选手"等。

6.5　内容型产品中，什么是优质内容

笔者在 5 年的内容型产品推荐策略工作生涯中，总是绕不开几个推荐策略的"灵魂拷问"，都是关于优质内容的。相信这几个问题也经常困扰着所有做内容型产品推荐的策略产品经理。

对于大多数策略产品经理来说，大多数工作场景离不开数据分析和假设驱动，对于内容的把控往往是策略产品经理的"死门"。对于内容的理解的难度恐怕高于产品经理基本能力模型中的同理心，因为对于策略产品经理来说，不仅需要在设计界面和策略时试图理解用户的感受，还需要了解内容的背景知识。只有成为自己产品的真正用户，才能被称为有内容感觉的产品经理。

笔者经常遇到的"灵魂三问"如下，问题非常直接，也是老生常谈。

□ 问题 1：什么是优质内容？

□ 问题 2：我们是否应该推荐优质内容？对指标有什么收益？

□ 问题 3：顺从用户还是应该改变用户？

第 1 章中提到通用策略的着力点在于"相关、优质、及时、多样"，但并没有仔细深究优质内容是怎样的。本章主要结合笔者项目经历分享关于优质内容的"灵魂拷问"的解决思路。

6.5.1　什么是优质内容

对于"优质"的定义，问题要回到优质的主体是谁。稍加思索就可以知道，优质的主体分为用户和平台两部分。而对于不同的主体而言，"优质"一词所代表的含义千差万别。所以对于主观性的定义，往往存在着两个视角。

□ 用户价值观：从用户的视角看，大多数用户集体行为表现出的价值观。（用户是一个人群的集合，每个人都有自己的独特价值观，但用户价值观指代大多数用户的共性价值观。）

□ 平台价值观：从平台的视角看，公司内部员工意志定义的价值观。

1. 用户价值观

对于"用户认为的优质内容"而言，我们判断的标准是收集足够充分的用户反馈，用户会通过他们的行为告诉我们他们喜欢什么。

正反馈的收集分为可测指标和不可测指标。对于可测指标，用户的正反馈往往是隐式的，用户很少"说"却经常"做"，比起用户告诉了我们什么信息，我们更相信用户做了哪些操作，比如在哪些页面停留了充分长的时间、阅读进度、是否有充分地互动行为等。同时，也可以收集到用户的负反馈，比如负面评价进入某个内容之后快速跳出、举报、点击"不感兴趣"按钮、应用商店负面评价或内容评论区的负面评论等。

对于可测指标，需要充分地收集用户反馈，因为无论是正反馈还是负反馈，都能一定程度上反映用户的喜好。推荐模型能够"学习"到的一般是用户的客观数据，所以模型是根据用户价值观而推荐的。

而对于不可测指标，用户的正反馈则更加隐秘，需要使用特定的产品功能加以收集，比如产品调查问卷（如 360 安全卫士在卸载时弹出的调查问卷、电商产品中的商品评价等）。

2. 平台价值观

在内容型产品中，平台价值观是内容调性的设定。这不仅包括平台鼓励生产哪些内容，还包括不鼓励生产哪些内容。标准的设定需要"形容词＋名词"的描述，同时需要给出相应的范例。

笔者经历的内容调性设定的会议，往往需要由内容部门的总负责人拍板，决定依据一般是同时兼顾法律风险、用户特质和竞品内容情况，期望做出差异化的内容并将其作为卖点。内容调性实际上是用户行为模仿的基础，同时也是用户打开该内容型产品的原始动力。

对于用户而言，他只会根据自己的世界观做出相应的行动，而不是根据平台设定的标准路线行动。用户的世界观是根深蒂固的，经由多年的生活环境浸润和所在的社会阶层影响，在已经形成世界观的用户群体中，连用户的亲人朋友都无法改变他们的世界观，又怎么能奢求一个 App 改变用户的心智模型呢？

在内容推荐领域，区分内容的用户价值观和平台价值观是推荐策略产品经理的必修课。这种想当然地认为平台价值观下的优质内容理所应当是用户喜欢的内容的想法是大错特错的。

用户并非是理智的，而是一个复杂的集合体。在下一节中我们将主要探讨用户群体心理的若干特点，包括但不限于用户的理性和感性、用户的"天使人格"和"恶魔人格"。

6.5.2　是否应该推荐优质内容

既然用户价值观与平台价值观在实例上呈现出较大的不同，我们应该怎样设定推荐策略呢。现在摆在我们面前的有三条路。

- ❑ **完全按照用户价值观推荐**：这可能会引起两个严重问题。第一个问题是在内容消费侧的短期数据很好，但长期数据会较差，因为用户的口味是会疲倦的，即使是时装也需要迎合趋势进行反复迭代。同理，一味地推荐符合用户价值观的内容往往会导致内容"水化"、高净值用户流失严重。高净值用户的流失也会使得 App 的广告价值锐减，从而影响产品盈利能力和公司估值。第二个问题是会引发内容生产端的"劣币驱逐良币"现象，创作成本较高的优质内容创作者不愿意在该平台发表内容，造成内容品类的匮乏。对于内容产品而言，这会导致该平台的日活用户数的"天花板"较低，还会引起一定的监管风险。

□ **完全按照平台价值观推荐**：这种情况下，读者看到的内容受到的人工干预较强，推荐模型能起到的作用微乎其微，所以推荐的个性化程度减弱，从而导致用户的客观数据较差，对日活用户数的"天花板"有较大影响。

□ **融合推荐**：将平台价值观和用户价值观以一定的比例融合推荐，是大多平台的做法，兼顾用户的喜好，同时鼓励平台优质内容分发，有助于发扬产品品牌效应，同时让用户阅读数据处于行业中不错的水平。

笔者与多位产品经理有过深度辩论和探讨，达成如下共识。

□ **共识1**：尽管对优质内容额外曝光后还缺乏显著指标收益，我们也应长期坚持这个方向，因为存在着诸多难以量化的长期正向指标。

□ **共识2**：如果某一项实验使得短期指标得以极速上升，则长期指标大概率会下跌。"物极必反"的道理在任何时候都存在，推荐策略是逐渐优化迭代的。即使存在短期指标极速上升的合法手段，在长期看也是一种"毒药"。

□ **共识3**：平台优质内容是用户选择使用 App 的理由。对于新闻客户端而言，内容要准确及时。对于漫画连载客户端而言，内容要正能量且有趣。对于职场社区而言，内容要容易引发同行互动和共鸣。只有鲜明的内容品牌，才能唤起用户使用内容型产品的欲望。用户为什么选择打开某个应用？内容相同时，数量大的产品获胜；内容有差异时，更好地"抓"用户的"心"的内容产品获胜。

融合推荐是最好的选择，但问题是以何种方式进行融合？假设我们有充分的手段来识别内容的优质与否（参照 6.3 节和 6.4 节的内容），又该如何以合理的手段来人工干预？平台价值观内容和用户价值观内容的合适比例如何确定？笔者认为这两种价值观的重要差异是人性中是否有足够的自律。假设用户群可分为以下三类。

□ **A类用户**：知道哪些内容是有营养的深度内容，并且有意愿改变自己。

□ **B 类用户**：知道哪些内容是有营养的深度内容，但大多数情况下不愿意改变自己。

□ **C 类用户**：不知道哪些内容是有营养的深度内容，或即使能够区分也完全没有意愿改变自己。

对于内容消费，用户都是有着七情六欲的普通人，在同时面对一条轻松有趣的内容和一条深度严肃的内容时，大多数人往往会选择轻松有趣的那条内容。对于 A 类用户而言，他可以克制自己尽量少地沉溺于轻松有趣内容中，而强迫自己阅读一些更有价值的深度内容，这类用户是高度自律的。《思考，快与慢》一书介绍了人脑的两种不同系统。

□ **系统 1**：它的运行是无意识且快速的，完全处于自主控制状态，无法关闭。

□ **系统 2**：它需要将注意力转移到需要费脑力的活动上来，它的运行通常与行为、选择和专注等主观体验相关联。

对于 A 类用户而言，他不需要费力地将系统 1 切换至系统 2。同理，B 类用户知道哪些内容对他是有益处的，但很难控制自己的行为，即有判断力但缺乏自我掌控力。C 类用户的占比是最高的，他们往往不知道自己想要的目标是什么，对内容也缺乏判断力，在自我意识下选择听从系统 1 的意见。

确定平台价值观内容和用户价值观内容的合适比例实际上是对 A、B、C 三类用户的分布预估的过程，可以通过数据分析对产品的用户进行更细致的画像分析，对用户历史浏览行为进行充分回溯。对于 A 类用户，平台应推荐更大比例的平台价值观内容，B 类用户次之，C 类用户再次之。

在确定比例的过程中，策略产品经理需要频繁地进行数据分析和策略调优。从平台的视角看，笔者往往倾向于使用户真正需要的平台价值观的优质内容比例高一点，鼓励所有用户向着 A 类用户进行转化，这也是推荐策略产品经理理应扛起的社会责任。

6.5.3 "天使价值观"与"恶魔价值观"的人性选择题

本节的第一个观点是"用户总是心口不一的"，所有立志于做产品经理的人都应该听过那句话："消费者说需要一匹更快的马，其实他需要的是汽车。"与这句话类似的观点是："不要看用户说了什么，而是要看用户做了什么。"

笔者经历的几个项目都印证了该观点。

- 在做用户问卷时，询问用户对推荐效果的主观评价，大多数用户反馈缺乏深度内容。但追溯其曝光历史和点击行为时，发现其曝光历史中深度内容的占比并不高（至多是平台价值观的深度内容比例），在深度内容和轻松有趣的内容同时出现时，用户往往点击了轻松有趣的内容。

- 在用户第一次登录 App 时，有一个产品机制会询问用户下载 App 的目的，有许多用户选择了希望通过 App 学习新的知识，于是产品团队在对应的冷启动推荐策略上做了相应的调整，但发现效果并不好。即使用户告诉平台自己希望学习，也往往不喜欢点击艰深的深度内容。数据表明至少有一半的用户是"心口不一"的。

该怎么理解用户的"心口不一"现象呢？这就要引出两个新的概念，即"天使价值观"和"恶魔价值观"。

- 天使价值观反映了用户渴望成为的自己，比如"我要努力奋斗""我要好好学习""我要减肥变得更漂亮"，用户在思考自己渴望成为什么样的人的时候，内心浮现的就是"天使价值观"，此时大脑的"系统 2"发挥作用，需要集中注意力并产生联想。

- 恶魔价值观反映了用户顺应自己本心的价值观，比如"今天不奋斗也没什么，明天再努力吧""今天多吃一顿也没什么，明天再减肥好了"，内心浮现的是"恶魔价值观"，此时大脑的"系统 1"发挥作用，属于无意识行为的自然表现。

在用户使用 App 的大多数场景中，往往身边并无旁人，此时用户并不需要考虑他人对自己的评判，只需要遵从内心最真实的意念。此时如果处于一天中的碎片时间（如午休、吃饭、等车时），很少有人能够抵御"恶魔价值观"的诱惑，即使用户随后意识到自己竟然不知不觉浪费了这么多时间在"时间黑洞"上，也很少有用户能够做出改变。

那推荐策略产品经理应该利用人性让尽可能多的用户跌入"时间黑洞"吗？当然不。从价值观的层面讲，应"不作恶"，用足够多的产品机制（比如防沉迷机制）去提醒用户，唤起用户的"天使价值观"，让用户成为更好的自己。

对于用户的主观反馈数据，策略产品经理需要慎之又慎地看待。在任何情况下，只要是从用户侧收集到的主观数据，笔者都会在心底打一个问号，这个用户反馈是用户的哪种价值观？用户说的真的是事情的真相吗？任何做推荐策略的产品经理都需要能破解人性区分的难题。

试着回答一下本节最初的三个问题。

- 问题 1：什么是优质内容？优质内容的定义需要区分视角，分为用户价值观的优质内容和平台价值观的优质内容。
- 问题 2：我们是否应该推荐优质内容？对指标有什么收益？应该推荐优质内容。对长期不可测指标有收益，对提升日活用户数的"天花板"有正收益，对作者生态的建设有正收益。尽管对短期的用户客观指标有损害，但长期有益，所以应该坚持推荐优质内容。
- 问题 3：顺从用户还是应该改变用户"应该顺从用户，但应该有基本的产品价值观，不应该完全顺应用户的"恶魔价值观"。策略产品经理应该设计多种产品机制唤起用户的"天使价值观"，比如防沉迷机制。

6.6　内容稀缺性的度量方法

在不同的内容型产品中，我们往往面临一个难题："如何运用数据手段刻画内容稀缺性？"

举例来说，当前平台中存在多种分类的内容，在内容生产时应该选择哪种分类的内容投入更多精力？假设将精力投入到 A 类内容的集中生产中，如何证明 A 类内容是平台最缺少的内容？

对于内容稀缺性的度量，针对不同内容形式有不同的解决办法，笔者的经验如下。

- 对于生产成本高的 IP 类内容，比如漫画、电影、电视剧等需要重度前期投入的内容，更多地依赖相应领域的专家判断。比如国产漫画崛起是绝大多数数学模型无法预测的"黑天鹅事件"，因为模型是依赖过去数据进行未来判断的，而国产漫画的历史数据过于稀疏，显然不是数学模型擅长的领域。
- 对于单次生产成本较低的 UGC、PGC、OGC 内容，比如贴吧社区中的帖子，由于历史数据量较大，可以使用模型进行近似拟合，使用数学手段进行稀缺性的度量。

关于第一种情况，笔者的第二份互联网工作是在一家漫画公司，身边接触到的是动漫行业最出色的内容团队，他们对于市场容量的判断以及此时应该推出何种漫画品类、在剧情和人设上进行何种打磨的能力都是机器所不能及的，这种能力倚仗于行业多年的浸润，也是人工智能时代不可取代的。

关于第二种情况，我们可以使用数据策略的方法论进行预估。接下来，笔者将简述关于稀缺性度量的两种思路。

- ❑ 基于用户画像的度量：如果平台已经有了充分可用的内容画像，可以使用活跃用户画像及内容画像进行匹配计算。此时的计算并非完全是数据导向的，需要加入平台价值观的判断，即对于某种类型的用户，他们大概率会喜欢阅读哪种类型的内容。这种思路偏向于相信人的判断，用户画像和内容画像只作为辅助信息，适合做长期的内容趋势判断。
- ❑ 基于 A/B 测试实验的度量：如果平台的内容体量已经足够大，能够承担起试验期间数据的损失，就可以选择使用 A/B 测试实验进行更为定量的稀缺性度量。基本思路是用砍掉一部分某分类内容带来的损失，来预估增加相应内容带来的收益。这种方式是由数据驱动的，在数据量较大时效果较好，适合做短期内容趋势的判断。

6.6.1 基于用户画像的度量

最容易想到的解决方案一定是基于用户画像的。这种方法往往基于当前的平台用户画像进行度量，对于长期内容趋势的预测将更有效果。最简单的例子是：

- ❑ 平台中到底有多少男性用户、多少女性用户？
- ❑ 男性用户当前最喜欢看的内容品类 Top3 有哪些？
- ❑ 在未来，这些男性用户的兴趣品类是否会发生大的变化？

但通过用户画像来预测内容稀缺性依赖于两个假设：第一个假设是用户画像准确且长期稳定；第二个假设是平台价值观正确，对用户有充分的了解，能做出中长期兴趣预测。

很明显，这两个假设只能近似满足。基于用户画像的稀缺性度量主要是基于当前的用户属性分布（比如性别、年龄、兴趣分类等）进行判断，短期数据偏好可以通过数据分析得到，长期数据偏好需要依据运营人员的行业知识判断得到。但这种方式并非是完美的，通过用户画像得到的用户稀缺性存在着若干已知问题。

- □ 用户画像更新有滞后性，难以预测用户未来的兴趣。比如，如果没有《哪吒》这部动画电影的热播，很可能用户自己也不知道自己会喜欢看国产动漫。
- □ 短期兴趣易变动，长期兴趣虽然稳定但难以与短期兴趣区分。用户的兴趣分为长期兴趣和短期兴趣。短期兴趣容易受到多种因素影响而不规律变动，比如《哪吒》热播会让用户画像上对国产动漫有了偏好。同时，长期兴趣难以和短期兴趣区分出来，比如很难判断是否由于近期动画电影《哪吒》的火爆让用户点击了更多和动漫相关的内容。如果无法区分兴趣的有效期，就难以判断此类人群对特定内容品类的需求强度。
- □ 用户的兴趣画像和推荐系统本身推荐的内容有耦合。如果推荐系统在多样性上探索不够（比如没有强化学习等兴趣探索的召回），用户画像的兴趣维度就更新较慢。但如果对用户画像进行充分的兴趣探索，势必会降低短期推荐效果，因为从用户体验上看，平台推荐了许多平时不感兴趣的内容。这是一个两难的选项。

笔者曾经看到一条通过数据分析得出的结论："平台的男性用户占比 20%，男性用户历史上最喜欢看的漫画作品为恋爱向作品，因为无论从男性用户的喜爱作品比例上看还是从绝对数量上看，恋爱向作品都是最多的。"

这条结论显而易见是不严谨的。不严谨之处的第一点在于平台的内容推荐并非随机推荐，所以用户难以遍历所有品类的作品，在用户画像级别就出现了越推越窄现象。想象一种极端情况，比如用户画像中恋爱向作品的权重很高，则很可能在推荐中出现 100% 的恋爱向作品，这又重新影响了用户画像的生成。第二点是平台男性用户占比 20%，使得平台存在着幸存者偏差。如果未来做用户增长，男性用户的比例就会上升，那些男性用户和当前喜爱恋爱向作品的男性用户的数据表现会差别很大。第三点需要考虑恋爱向作品在整体作品中的占比，占比过高也会导致这种现象的发生。正确的数据分析办法应该排除以上因素，比如使用"作品在男性用户中点击率的排序"来代替"绝对数值",同时在点击率上需要做"威尔逊估计",这样才可能得到更接近真实的结论。

所以笔者的建议是,如果是基于数据分析的思路做内容稀缺性的短期预测,推荐使用下述的 A/B 测试实验方法;如果是基于主观判断的思路做长期预测,需要充分考虑两个必要假设的可行性,这部分工作十分依赖人的判断。(比如判断某个电影能不能成为现象级的票房电影。)

6.6.2 基于 A/B 测试实验的度量

正如上节所说,短期内容品类稀缺性的判断可以使用基于 A/B 测试实验的方法,这种度量思路可以描述为:"对实验组用户砍掉一部分目标分类的内容,观察实验组的数据损失,使用砍掉相应量级的内容带来的数据损失,来预估增加相应量级内容带来的数据收益。"

此种情况下,对照组即线上的某用户群,对实验组用户采取策略,砍掉其 A 分类 10% 的内容,观察数据损失。如果用户量充裕,可以做多组不同阈值的实验,对第二实验组的用户砍掉 20% 的内容,对第三实验组的用户砍掉 30% 的内容……以此类推,得到不同实验组与对照组的用户侧指标损失情况。

在做内容预测前,要假设内容是没有达到饱和的。这条假设非常重要,比如对于内容量特别充裕的分类,增加 100 条内容和增加 200 条内容效果基本接近,因为用户阅读兴趣已经饱和。如果第一实验组砍掉 100 篇内容带来了 50% 的数据损失,那么增加 100 篇该分类内容就可以带来 5% 的数据提升。其他实验组同理。

A/B 测试实验度量内容稀缺性需要两个前提条件,并不是任何平台都可以通过该方法进行稀缺性度量的。

❑ 平台侧能接受 A/B 测试实验期间带来的数据损失。因为该实验方法是对实验组用户砍掉一定比例的随机内容,势必会带来用户量等指标的损失。一部分公司是不允许进行预测数据为负向的实验的,尽管该实验的目的是得到不同品类内容的稀缺性的定量数值。

❑ 使用该方法的平台需要内容候选集的体量较大。举例来说,比如平台中只有 10 篇目标分类的内容,此时无论是对实验组用户砍掉 1 条还是 2 条内容都没有意义，数据过于稀疏，并且凭借经验也能判断出这个分类是缺乏内容的。这种方法只适用于百级别以上的目标分类内容，此时得出的数值才有统计意义。

但需要指出的是，如果你经历过相近的实验，会发现内容量的增大和减小所带来的收益和损失都是非线性的，并不是增加 200 篇带来的收益是增加 100 篇内容的两倍。这里有两个效应存在，一个是"规模效应"，另一个是"最后一根稻草"效应。

举例来说，对于某个分类砍掉 300 条内容带来的损失应该比砍掉 100 条内容带来的损失的三倍还大一些。因为从用户角度看，如果某个分类砍掉 100 条内容时还能勉强接受看下去，但是砍掉 300 条内容时，大多数用户的"最后一根稻草"就被砍掉了，所以会让用户直接放弃该分类内容的消费行为。

这个道理用数学化的思维也很好理解。假设有 100 个对 A 分类感兴趣的用户，但不同的是每个用户的消费频次和深度是不同的。假设 1 号用户平时需要看两条 A 分类的内容。举例来说，假设 A 分类为足球相关内容，这两条内容可能是足球比赛的备战情况、足球比赛的结果情况。如果没有这两个 A 分类内容，1 号用户就会流失。2 号用户可能有三条 A 分类的内容消费需求，3 号用户可能一条就够了……

那通过砍掉不同条数的内容供给，可能切断的是不同用户的"最后一根稻草"，比如对于 1 号用户，若缺少了足球比赛的结果情况，1 号用户可能就不会选择该产品。而砍掉的"稻草"越多，涉及的用户人数就越多。用户行为是趋同的，一旦砍掉了"关键稻草"，会造成更大的非线性跌幅。

以上这个分析是对这种 A/B 测试实验思路的合理推测和数学化表达，希望读者可以理解这个思路以及非线性的真正原因。

在阐述了两种定量度量稀缺性的思路后，接下来的问题变成了如何进行内容生态的建设，是选择配额的"计划经济"，还是选择"市场经济"？"市场经济"的好处是不做特定领域内容的爆发增长，生态会解决供需的问题，让大热内容由大多数人竞争，小众内容由少数人竞争。但站在读者角度想，"市场经济"可能会导致部分分类供给过剩（市场能调节到最优，但存在着资源不均的情况），所以也需要平台基于上述两种手段进行不同类型内容的定向生产，作为"市场经济"的有力补充。

6.7 内容型产品中关于评论的策略设计

内容型产品的通常形态是"内容＋评论"的模式，在内容消费的场景下评论是一种重要的消费主体，所以需要对内容型产品的评论区进行策略设计。现在有这样的一种场景，某策略产品经理收到了来自内容发布者的私信，说他创作的内容下方充斥着大量反感的评论，同时表达了希望能收到更多高质量的评论的愿望。

是否对用户的这种诉求予以回应呢？我们认为应该满足用户的这一诉求，因为要优化内容发布者体验。对于内容社区而言，内容发布者是社区的"灵魂"，只有让内容发布者的体验变得更好，才会带来社区的蓬勃发展。

不妨分析一下用户为何会产生此类需求。通过对多个相近用户反馈的归纳提炼，可以得到以下的产品洞察。

- ❑ 不同用户对不同意见评论的接纳程度是不一样的，部分用户敏感而部分用户则不那么敏感。对于敏感用户而言，他们在收到负面评论后往往会在心理层面产生较大的压力。
- ❑ 不同的用户对评论的需求是不同的。对于部分用户而言，他们更追求评论的数量（内容热度）；对于部分用户而言，他们更看重评论的质量（即有少数知音评论即可，不看重评论数量）。
- ❑ 一部分用户的内容在平台价值观的视角上看内容质量较差，团队内部讨论后认为消费者对其负面评价是应该允许的。

一旦确定了这件事情的方向是正确的，下一步则进入解决方案的阶段。需要特别说明的是，笔者经历的不同产品中对于不同的时期、不同的用户类型做出的产品决策是不一样的。本节并不会给出参考答案，旨在分析做出决策的思考过程，希望用这样的方式帮助读者理解策略产品经理在业务顶层设计时是如何思考的。

所有的策略设计的第一个步骤都是定义理想态，所以不妨来思考一下内容型产品的评论区的理想态是什么？

6.7.1 评论区的理想态是什么

和 6.4 节中关于"什么是优质内容"的讨论类似，评论区的理想态定义需要区分出哪些是平台价值观的理想态，哪些是用户价值观的理想态。

对于平台而言，平台视角中最为理想的评论区应该是这样的。

- 评论者在评论区形成专有调性。评论区形成了独特的调性，评论者之间形成了专有的"暗号"，能够形成社区的"自运转"。

- 评论内容优质、互动性高。评论区仅仅有"黑话"和"暗号"是不够的，还需要评论区的内容是优质的、有深度的、具有话题性和互动性的，吸引其他不经常评论的读者进入评论区，彼此互动。

- 无评论行为的读者能够爱看评论区，产生社区认同感。越来越多的人在消费主帖内容的同时看"神评论"，这种对评论区内容的二次消费的行为，有助于让全体用户产生社区认同感。

另一方面，对于内容发布者而言，大多数内容发布者的理想态如下。

- 评论者的身份要求。不同平台的内容发布者身份是不一样的，兴趣聚合社区中一般为兴趣一致，专业内容聚合社区中往往是"评论者地位身份与我持平，或者比我的层级更高"。

- 评论内容要求。大多数内容发布者希望收到他们认为专业的、轻松有趣的评论内容。

- 情感倾向性要求。大多数内容发布者喜欢听褒扬的评论，不喜欢听贬低的评论，这是人性决定的。

可以看到，用户视角中的理想评论和平台视角的理想评论是有差别的。举例来说，对于内容质量较差的内容发布者而言，他们的诉求往往是减少负面评论的数量，但平台的诉求是希望保证评论区公正性和互动性。这个道理很好理解。在评论区策略设计上，如果给予内容发布者更大的权限，则读者消费体验一定会变差（基于人性，内容发布者会删掉所有的负面评价）。举一个不恰当的例子，如果在某电商平台的商品评价中只有好评而没有差评，用户就无法客观地了解商品的好坏。对于内容领域也是一样，如果评论中只有正向评论而没有负向评论，评论区不会"热闹"，一定乏味可陈。

但在另一个极端上，如果完全不给予内容发布者对评论区的控制权，则内容发布者中的部分敏感用户就会迁移到其他更宽松的内容平台上，甚至彻底退出内容创作。事实上，经常存在"键盘侠"等令人讨厌的读者每天发表大量负面评论，而这些负面评论（往往使用粗鄙语言）是没有道理的情感发泄，只是这些用户自诩的"理想自我"对社会抛出的"情感垃圾"。站在平台的角度来看，的确有必要控制这类不受欢迎的评论，以保护内容发布者和平台的整体生态。

6.7.2　前置型策略设计

所谓"前置型策略"，是指在内容发布者收到劣质评论之前的策略，也就是"防患于未然"的策略。与后置型策略相比，如果可能，尽量在前置型策略中解决问题。尽量减少作者收到劣质评论的前置型策略如下。

❑ 内容可见范围控制
- 内容发布者发布内容时决定哪些人可以看到他的内容。
- 先由平台判断内容发布者的敏感程度，再由平台决定他的内容分发范围。

❑ 评论可见范围控制
- 内容发布者可以选择关闭评论。
- 内容发布者可以选择哪些人可以评论。

首先讨论内容可见范围控制手段。它是一种可行的减少劣质评论的前置型策略。

因为劣质评论通常产生于大规模推荐的情况下，一般在极小范围的精准曝光中很难产生劣质评论（劣质评论的定义属于用户价值观，即"用户不希望见到的评论"）。举例来说，如果将曝光范围限制到自己的好友、粉丝等范围，则收到劣质评论的概率会小很多。微信朋友圈在发送时是支持自选范围的，可以选择"谁可以看"和"谁不能看"，这种情况下收到劣质评论的概率是较低的。其优缺点如表 6-4 所示。

表 6-4　评论分发策略的优缺点分析

	优点	缺点
用户选择 分发范围	如果出现了劣质评论，平台责任更轻 内容发布者使用体验更好，有可能会增加人均发布量	平台在文章分发范围失去主动权，影响数据指标的"天花板"
平台选择 分发范围	更大的策略优化空间，平台可以根据预测的内容发布者的敏感程度，设计复杂的曝光策略来降低劣质评论数量	如果出现了劣质评论，平台责任较重 在价值观层面平台策略和内容发布者自选有差异，所以出现劣质评论的概率更大

这两种选择都可以，大多数平台选择将曝光范围的控制交给平台自身，因为这样数据目标的"天花板"更高，原则上一个好的产品应该尽量减少用户做选择的次数。但这带来了更高的成本，对平台来说需要做分类器，以判断用户是不是敏感用户。这个样本标注和特征的选取是有难度的，大多数情况下只能根据平台价值观也就是策略产品经理自身对用户的理解来做，比如设定 A 类型的用户应该对 B 类型的用户敏感，降低 B 类型用户的曝光权重。这种产品洞察可以通过策略产品经理自身经验得到，也可以通过少量问卷或者用户访谈得到，但很难得到统计定量的预判，并且由于策略产品经理的价值观和用户价值观的不同，劣质评论出现的概率反而相对更高。

另一种选择是将其交给用户进行抉择。这需要在发布页面设计并开发客户端产品功能。那应该如何设计？是像微信朋友圈发布时一样选择固定分组的人群可见（但大多数内容型产品并没有用户分组的概念）？还是像部分相亲软件一样选择年龄、地域、学校的筛选器？抑或者是像 Bilibili 一样将弹幕屏蔽等级分为 1 ～ 10 级（级别越高，屏蔽效果越强）？手段有很多，在真正应用到自己的产品时需要反复斟酌，原则是预期收益更高，主要是作者体验变好，提升发布数量。

对于这两种选项，笔者的建议是，如果有充分的先验信息判断（比如准确率高于 80% 时），可以选择平台判断用户是不是敏感用户，否则将这项权利放开到用户功能。

至于评论可见范围的功能模块主要是作者侧客户端功能的设计，一般来说倾向于用户"自留地"定位的私有平台，比如微信、微博；倾向于媒体性质的、需要激起固定话题讨论的平台，不建议设计这种功能，因为会导致平台的评论量减少，从而使平台内容可读性变差。

6.7.3　后置型策略设计

后置型策略是指已经产生了劣质评论之后的策略。让我们回到理想态的定义：希望收到他们认为专业的、轻松有趣的评论内容。但接下来的问题是，每个人认为的"专业、轻松有趣"的评论内容的标准是一致的吗？如果每个人对于"优质"的标准是不一致的，那如何进行价值观层面的个性化预测呢？

对于用户价值观的"优质"，笔者的项目经验中有三点产品洞察。

现象1：大多数用户在"劣质内容"上有共性认知，在"优质内容"上缺乏共性认知。

每个人的价值观是不同的，历史数据表明用户对于"优质"的判断是不同的，即不同的两个用户认为的优质内容很大概率完全不同，而对于劣质内容的判断则有较大的趋同性，即不同的两个用户在什么是劣质内容上往往更容易达成一致。

举例来说，假设所有线上的用户我们都能随时采访到，随机采访10个用户，他们告诉你的好评论内容（不是描述，而是具体的例子）往往随机性非常大。这件事情本身不难理解，体育爱好者用户甲可能更喜欢对体育比赛评论，而文学爱好者用户乙不这么认为，这是由于不同用户的信息量是不同的，所以对于优质内容的标准也是不同的。

但是大多数用户对于劣质内容，比如低俗色情、没营养、病句的内容有较多共鸣，这是由于社会整体语境对于劣质内容有比较明确的定义。

现象2：模型不擅长识别优质内容，更擅长识别劣质内容。

第二个现象是模型并不擅长识别优质内容。有监督模型的训练样本对于优质内容和劣质内容的判断难度是不同的，标注优质内容的样本比标注劣质内容的样本难度大很多。优质内容的识别不仅在模型训练上更难，在模型结果主观评估上也更难。"优质内容认知迥异，劣质内容认知趋同"的现象导致标注员对于劣质内容的评估更能达成一致意见，从而项目迭代速度会更快。

另外，劣质内容分类器起步较早，因为劣质内容识别的场景更多、需求强度更高。比如在PC搜索时代就有基于机器学习的反垃圾模型，在行业内有许多成型的模型可以参考，并形成了规模效应。

现象3：只要对极端实例做处理，即可满足需求。

现象3主要是基于产品洞察，由于现象1和现象2同时存在，模型在识别劣质内容上更为得心应手，标注员在劣质内容上也更能达成一致意见，这是一个重要的先决条件。

基于用户访谈和对人性的理解，大部分用户并非是"广域敏感"的人，只需要排除掉极端劣质的共性评论内容。对于其他的评论内容而言，大多数用户内心还是希望评论数量越多越好。这对平台而言也是需要的，只有大多数的评论都展现，可阅读消费的内容才更多，更容易形成评论区调性。

基于以上原因，我们做了充分的用户调研，对于用户发布内容后收到的评论采取的可行后置型策略有用户删除策略和评论折叠策略。用户删除策略包括"允许用户删除部分评论"，以及"允许用户举报部分评论并经过平台审核后再予以删除"。这两种方式主要取决于平台的顶层设计，在作者侧更重要的产品阶段（比如内容量较少），建议选择前者，在消费侧更重要的产品阶段（比如内容量重组），建议选择后者。评论折叠策略指的是可以对一部分极其劣质的评论进行折叠，当前知乎社区采用了这一策略设计，用来维护社区内容健康发展。

6.8　策略模型的构造法数值设计

本节主要介绍策略设计中的数学模型构建，将涉及一些高中数学知识。笔者和算法工程师沟通的时候，算法工程师经常会说"这个需求可以靠写个公式解决"。实际工作中也需要算法工程师设计数学公式，比如不同的召回模型在输出最终得分时的融合公式等。对于算法工程师而言，设计数学公式是日常工作，但为什么策略产品经理也需要使用数学知识设计公式呢？

二者是有区别的。算法工程师的公式设计往往在模型内部，而策略产品经理需要设计的公式往往在模型外部的业务模块逻辑，比如 6.2 节中提到的复杂社交资本的设计、度量用户浏览偏好得分的对外指标设计等。但大多数策略产品经理在涉及与数学有关的工作时内心往往会比较抵触，本节试图用浅显易懂的语言介绍笔者使用构造法设计公式时的一些方法。

构造法公式有以下特征。

❑ **构造法公式可以迭代**：不同影响因素的权重可自动调节。

❑ **构造法公式难以达到全局最优解**：由于公式不唯一，很难达到全局最优解，仅能达到局部最优。

❑ **构造法公式具有可解释性**：公式本身对于固定的输入有固定输出，所以具有可解释性。

❑ **构造法公式具有局限性，迟早会被模型取代**：构造法公式仅仅是在模型数据不充分时采取的临时短期方案，对于长期效果的提升来说，使用模型效果更优。

6.8.1　找到因子和因子的关系

在使用构造法设计公式的时候，重点是要找到因子与因子之间的关系，即找到下述三个问题的答案。

❑ 最终结果与哪些因素正相关？

❑ 最终结果与哪些因素负相关？

❑ 影响最终结果的不同因素之间的权重排序如何？

其中，目标结果指的是构造法公式的最终输出，影响最终结果的一种或多种因素称为变量，也就是函数的输入，即我们要构造这样一个函数表达式：

$$F（因素 1，因素 2，因素 3，\cdots，因素 n）= 目标结果$$

本节主要以笔者实际工作中的真实案例为引子来介绍相关知识点，项目背景是对漫画连载产品做推荐策略，策略上将用户已阅读漫画和未阅读漫画分别召回。此时的问题是，对于用户已阅读漫画而言，应当如何度量用户真实的喜欢程度呢？

第一步是进行数学化表达，即理解"问题是什么"并做出逻辑化的表达，分析哪些是已知项，哪些是未知项。

❑ 已知数据（输入）：（用户 ID，漫画 ID）级别的行为数据，包括但不限于用户浏览行为、关注行为、登录行为等。

❑ 未知数据（输出）：用户已知漫画的阅读满意度得分，即输出为（用户 ID，漫画 ID，满意度得分）。

❑ 数据限定范围：对用户已阅读漫画进行计算，对其他情况不需要计算。

第二步是设计思路，我们的思路是在模型数据不充裕的前期，可以使用构造法度量已阅读漫画的阅读满意度，并设定该数值与用户满意度正相关，即：满意度越高意味着用户对于该作品的兴趣越强，满意度越低意味着用户对该作品的兴趣越低。

第三步是寻找影响变量，在本例中即哪些变量会最终影响阅读满意度。实际上有很多办法可以度量用户对于看过的作品的满意度。

❑ 阅读时长：该因素是一个正相关因素，一般来说用户对一部漫画的阅读时长越长，对其的满意度越高。但单独使用阅读时长存在一些问题，阅读时长和作品题材有较大的关系，不同题材之间的阅读时长做比较是不公平的，比如推理类漫画中嵌字较多，而少女漫画中大多数以唯美剧情为主、字数较少，后者的用户阅读速度往往较快。

❑ 阅读百分比：该因素是一个正相关因素，但单独使用时会存在问题。比如对于总长度只有 5 话的作品，用户阅读 1 话的阅读占比为 20%，而另一部漫画一共有 50 话，用户阅读 10 话，阅读占比也是 20%，但很显然用户对于后者的喜欢程度更深，但阅读百分比却相同。

❑ 阅读总章节数：该因素是一个正相关因素，但也并非是十全十美的。对于连载作品而言，比如目前，《海贼王》的章节数已经接近 1000 话，用户阅读了其中的 10 话显然与另一部只有 20 话总长度的作品阅读相同章节数的权重是不同的。另外存在一个问题是，如果只使用阅读行为，有可能存在"数据污染"，比如用户误操作却被计入了阅读行为等。

❑ 有效阅读章节数：这是对于阅读章节数的一个有效改进。其可以由客户端上报用户在某部作品章节下的最大浏览进度，来定义某个比例以上的阅读进度为有效阅读，此时会减少边界情况，比如用户误操作行为等，但仍然无法单独使用。

❑ 主动行为：主动行为可以表征用户对该连载作品的喜爱程度，是一个正相关因素。比如用户关注了该漫画或者多次打开该漫画，或者每一次登录都第一次搜索该漫画并点击到主页。这些行为无一例外地提升了该漫画在用户心中的满意度。主动行为的问题主要在于用户行为十分稀疏。

❑ 具体操作的时间戳：只以用户的关注行为度量用户对某漫画的喜欢程度是不充分的。比如用户 365 天以前关注的一个作品而最近 300 天都没有重新翻看，此种情况下即使有关注行为，也必须要和时间有相关性才可以。另外，并非所有用户都有关注漫画的习惯，用户会经常使用"浏览历史"进入阅读，也是要考虑的。

❑ 连续阅读行为：用户的阅读行为能释放很多信息，对于剧情连续的连载漫画而言，连续阅读行为是最佳行为。用户从第 1 话开始阅读，分别看了第 2 话、第 3 话乃至最新话，是连续阅读；也可能存在跳跃着看漫画的行为，数据分析发现此比例并不低。如果用户的阅读章节是跳跃的、不连续的，应该在最终的得分策略上有所体现。

❑ 有效阅读的具体章节位置：基于对漫画业务的理解，大多数漫画的世界观与情节交代在相对靠前的位置，如果用户看过前几话则说明用户对该漫画的理解更深刻，掌握了更多的信息。另外，如果用户的阅读章节是跳跃的、不连续的，跳过中间章节的用户回顾比跳过两端章节的用户回顾的难度更大。

第四步是权重比较，将第三步找出的变量做比较。笔者所用的方法是"控制变量推演"，只保留两个变量，其他变量全部相同，反复权衡以下问题。比如，"一个用户阅读了 30 行，每一行的阅读率均为 100%，阅读时长为 15 秒"和"一个用户阅读了 30 行，每一行的阅读率均为 50%，阅读时长为 30 秒"，哪种情况会代表用户更喜欢这部漫画？第一种行为可能代表着用户快速从头到尾浏览了一遍，第二种行为可能代表着用户慢速浏览，但都没有看到底部。在这个例子中，第一种行为下的阅读进度的权重高于阅读时长权重。

也可能存在相近的情况，比如，"一个用户阅读了 30 行，每一行的阅读率均为 100%，阅读时长为 15 秒"和"一个用户阅读了 30 行，每一行的阅读率均为 80%，阅读时长为 30 秒"，后者的阅读比例从 50% 调整到 80% 时，第二种行为可能代表着用户大多数都看到了底部，并且停留了较长时间，且 80% 和 100% 已经差异不大，所以第二种行为的阅读满意度得分应该更高，可以得出权重条件为当阅读比例均超过 80% 时，阅读时长的权重更高。（预期的数据趋势是可以通过公式设计体现的，比如分段函数的形式。）

使用以上方法进行权重之间的反复推演，得到因素之间的权重排序，再使用该排序构造公式。下节将介绍公式设计的一些基本方法。

6.8.2 设计曲线的理想形状

有了以上因素，就可以进行数值设计了。我们先做各个变量的定义域设计、值域设计、锚点设计。

- 定义域设计：即函数输入的数值范围是多少，比如阅读时长的定义域为 $[0,+\infty)$、阅读百分比的定义域为 $[0,1]$、阅读章节数的定义域为 $\{x|x \in Z$ 且 $x>0\}$。
- 值域设计：即函数输出的数值范围是多少，本例中的输出值的值域为 $[0,1]$。

❑ 锚点设计：即函数给定输入以后，期望输出是多少，一般需要指定边界值，如表 6-5 所示。

表 6-5　锚点设计与边界值定义举例

单话平均阅读时长	平均阅读百分比	有效阅读章节	总章节数	是否关注	输出
0 秒	0%	0	30	否	0
120 秒	100%	30	30	是	1
90 秒	90%	27	30	是	0.9
90 秒	80%	27	30	是	0.85
90 秒	90%	30	30	是	0.95

表 6-5 所示的数据仅供参考，笔者在设计锚点的时候往往会改变其中的一个变量，控制其他变量不变，给出多组输出值，根据输出值在纸上描绘出期望的曲线形状。

接下来构造设计公式。在设计数据公式时一般有两种加权方式，分别是线性加权和非线性加权，其中线性加权适用于多数情况。

❑ 线性加权：大多数情况适用，即构造 $y=k_1x_1+k_2x_2+\cdots+k_nx_n$ 的形式，k_i 为线性加权的权重参数，x_i 为输入值。优点是权重的调整可理解性强，随着自变量变化比较容易预测到因变量的变化。

❑ 非线性加权：少数情况适用，实际操作中一般会先进行调研（即类似场景下的公式、历史项目中有无经验可以借鉴），然后对之前的公式做改进。常见的函数形式如下。

● 对数函数：对数函数是非线性函数中最经常使用的，一般会选取 $\log_{10}(1+x)$ 或者 $\log_e(e+x)$ 的数值形式。

● 三角函数：笔者最常用的是 $y=\mathrm{Tanh}(x)$ 函数。

● Sigmoid 函数：函数形式为 $y = \dfrac{1}{1 + e^{-x}}$，输入值的定义域是实数，输出值的值域是（0，1）。

● zScore 函数：对输入值定义域进行数值标准化操作，公式为 $x_i' = \dfrac{x_i - \mathrm{mean}(x)}{\mathrm{std}(x)}$。因为均值和方差属于样本的描述型统计量，所以 zScore 函数得到的数值并非绝对数值。

一般情况下，笔者选择的最终函数形式类似于 $f(x_i, y) = (k_1x_1 + k_2x_2) \log_{k_3} (1 + y)$，这种公式相对普适。

之后就可以使用数学软件进行参数拟合并绘制曲线图了。笔者推荐使用 Python 包或者 Matlab 的 curvefit 工具箱。Python 更通用，但配置环境难度大一些。Matlab 在科学计算上是佼佼者，在数值设计时往往选择 Matlab。上述数学软件均支持自行设定函数形式、自行设定输入值和输出值，程序会经过数值算法得到目标参数值。下列代码为使用 Python 语言进行函数拟合的实例。

```
from scipy.optimize import curve_fit
import numpy as np
x = np.arange(1, 17, 1)
y = np.array([4.00, 6.40, 8.00, 8.80, 9.22, 9.50, 9.70, 9.86, 10.00,
10.20, 10.32, 10.42, 10.50, 10.55, 10.58, 10.60])
def func(x,a,b):
    return a*np.exp(b/x)
popt, pcov = curve_fit(func, x, y)
a=popt[0]
b=popt[1]
```

上述代码拟合了 $y=ae^{b/x}$ 的函数形式，并给出了期望的输入值和输出值，使用 Python 工具包 scipy.optimize 中的 curve_fit 函数就可以求解出 a 和 b 的参数值。

谨记高中函数口诀中的"左加右减，上加下减"进行自变量的加减调节。最后，绘制图形是必须的步骤，以检验目标函数值是否符合预期。

当存在多个因素时，逐个控制其他因素不变，看单个自变量对因变量的影响，此时图形为 2D 图形，也可以选择两个自变量对因变量的影响，直接绘制三维曲线图形。

6.8.3 构造法设计公式的迭代思路

构造法设计的公式是可以进行迭代优化的，有两种优化方式：离线优化和在线优化。

❑ **离线优化**：即在离线环境下对公式做优化，主要基于实例仔细分析比较之前设定的权重在线上用户的离线数据中的表现是否符合预期，主要看主观评估排序的合理程度。比如本例中的"阅读满意度得分"，可以分别选取同一用户的不同漫画的排序，与真实用户做"1 对 1 访谈"，确定用户真正的兴趣排序和公式排序的差异值（可以使用 nDCG 进行度量）；也可以选取不同用户对同一漫画的排序，观察数据上是否有突变点、断点或者其他不合理的数据，从而不断修正公式排序。

❑ 在线优化：即在在线环境中校验参数的适配程度。一般根据 A/B 测试实验进行调优，通常公式中的影响因素并不会太多，可以使用数值分析中的"二分法"进行迭代优化。比如公式为 $f(x)=ae^{bx}$，可以固定其中的参数 b，开启 5 组 A/B 测试实验，分别将 a 设置为 0.2、0.4、0.6、0.8、1.0，然后选取其中效果最好的两组继续开启第二次试验，假设 0.4 组和 0.6 组最优，第二次的实验就可以将 a 设置为 0.4、0.45、0.5、0.55、0.6，继续这样的迭代过程。但这种方法在参数较多的时候很难考虑到不同变量之间的参数关系。一旦遇到多种变量参数的最优解的问题，我们可以使用更加复杂的机器学习方法，但这部分工作已经超出了策略产品经理的工作领域，所以本书不再赘述。

6.9　本章小结

本章主要介绍了策略产品经理的"术"和多个通用案例。笔者认为策略产品经理的"术"有最小产品原则、追求规模效应、策略做粗、特征做细、正则为王、先解决上游策略问题、决策时始终紧盯目标，这 7 条策略设计原则贯穿在整个内容推荐策略中。本章还分别介绍了简单社交资本、复杂社交资本的设计思路，并深入探讨了对外指标、局部对内指标和全局对内指标的"道"和"术"的差异。本章最后探讨了老生常谈的关于优质内容推荐策略的思路、内容稀缺性的度量方式、对于优质内容用户规则设计的若干思路和基于构造法进行数值设计的方法论，期望对读者的日常工作有所帮助。

数据中台

超级畅销书

    这是一部系统讲解数据中台建设、管理与运营的著作，旨在帮助企业将数据转化为生产力，顺利实现数字化转型。

    本书由国内数据中台领域的领先企业数澜科技官方出品，几位联合创始人亲自执笔，7位作者都是资深的数据人，大部分作者来自原阿里巴巴数据中台团队。他们结合过去帮助百余家各行业头部企业建设数据中台的经验，系统总结了一套可落地的数据中台建设方法论。本书得到了包括阿里巴巴集团联合创始人在内的多位行业专家的高度评价和推荐。

中台战略

超级畅销书

    这是一本全面讲解企业如何建设各类中台，并利用中台以数字营销为突破口，最终实现数字化转型和商业创新的著作。

    云徙科技是国内双中台技术和数字商业云领域领先的服务提供商，在中台领域有雄厚的技术实力，也积累了丰富的行业经验，已经成功通过中台系统和数字商业云服务帮助良品铺子、珠江啤酒、富力地产、美的置业、长安福特、长安汽车等近40家国内外行业龙头企业实现了数字化转型。